HINAULT / GENZLING · IM RENNSATTEL

Taktik·Technik·Training im Straßen-Radsport

BERNARD HINAULT / CLAUDE GENZLING
Übersetzung von Renate Daric

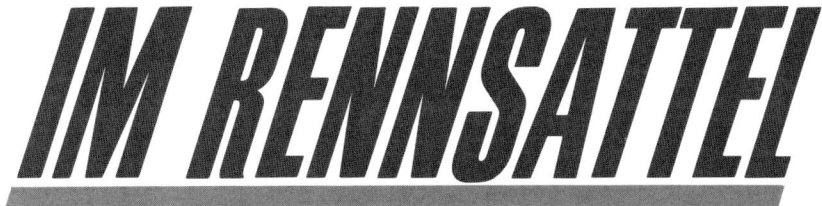

MOTORBUCH VERLAG STUTTGART

Einbandgestaltung: Siegfried Horn, unter Verwendung eines Dias von Presse-Foto Baumann.

Copyright © by Robert Laffont, 1986.
Die französische Ausgabe ist erschienen bei: Editions Robert Laffont S. A., Paris, unter dem Titel: ‚Cyclisme sur Route'

ISBN 3-613-01244-8

2. Auflage 1990
Copyright © by Motorbuch Verlag, Postfach 103 743, 7000 Stuttgart 10.
Ein Unternehmen der Paul Pietsch-Verlage GmbH & Co.
Sämtliche Rechte der Speicherung, Vervielfältigung und Verbreitung
in deutscher Sprache sind vorbehalten.
Satz und Druck: Röhm GmbH, 7032 Sindelfingen.
Bindung: E. Riethmüller, 7000 Stuttgart 1.
Printed in Germany.

Inhalt

Straßen-Rennsport
Taktik – Technik – Training 7

Einleitung 12

Radsport – ein besonderer Sport 15

Das Material
Die Wahl des Rahmens 19
Das Gewicht 20 / Die Steifheit 22 / Der mechanische Wirkungsgrad 22 /
Die Wahl der Laufräder 24
Die Felgen 24 / Die Speichen 25 / Die Reifen 26 /
Die Wahl der richtigen Übersetzung 27
Etwas Theorie 29 /
Alain Descroix präpariert das Rennrad Bernard Hinaults 33
Rennübersetzung 40 /
Wie sich meine Übersetzungen geändert haben 43
Spezialräder 44
Der Trägheitsfaktor bei Scheibenrädern 44 /
Der Luftwiderstand 44 /

Körperbau, Sitzposition und Rahmenform 47
Das Rad messen 47
Die Strukturmaße 50 / Die Positionsmaße 51 /
Den Fahrer messen 54
Optimale Sitzposition und Radmaße 55
Die Räder Bernard Hinaults oder die Geschichte einer Sitzposition 56
Die Ermittlung der Positionsmaße 59 /
Allgemeine Grundsätze bei der Ermittlung der optimalen Sitzposition 65
Ermittlung der Individuellen Radmaße 67 / Mit Geduld die endgültige
Sitzposition ermitteln 71
Wahl der Tretkurbeln 73
Die Tretkurbeln Jacques Anquetils 74
Die Arretierung der Schuhplatten 76
Die Fuß-Stellung 79 / Die Hakenlänge 79 /

Die Bewegungsabläufe 81
Die Sitzposition 81
Die optimale Sitzposition 84
Die Tretbewegungen 84
In der Ebene 90
Die Tretbewegung 94 / Mit großen Übersetzungen fahren 95 /
Die Arme richtig benutzen 96 /

Gegen die Uhr   98
Bergauf   98
    Bergfahren mit vorgelegenem Sattel 99 / Bergfahren mit zurückversetztem Sattel 100 /
    Bergfahren im Wiegeritt 101 /
Sprinten   102
Bergfahren – eine Kunst   108
Bergab   109
Bereit zum Richtungswechsel   110
Geschicklichkeit auf dem Rad   112

Die Taktik   115
    Trainieren   116
    Beobachten   117
    Sich gut plazieren   118
        Der Wind 119 / Steigungen 120 / Enge und schwierige Passagen 120 /
    Angreifen   121
    Gegenangriff   124
    Den Gegner mürbe machen   124
    Bluffen   125
    Das Renntempo steigern   126
    Sprinten   126
    Gegen die Uhr   127

Die Vorbereitung   129
    Die Psyche   130
    Die Ernährung   133
        Grundlagen der Ernährungsphysiologie 134 /
    Meine Ernährung   141
        Der tägliche Nahrungsbedarf 143 /
        Die Erholungskost 148 / Die Trennkost 149 /
    Trennkost beim Großen Preis der Nationen   150
    Das Training   152
        Die Trainingsbelastung 154 / Die Kategorien der Reizintensität bei der Trainingsarbeit 155 / Sich selbst kennenlernen 162 / Trainingsformen 164 / Die psychischen Eigenschaften des Radsportlers 166 / Die Trainingsprogramme 169 /
    Wie wird die maximale Herzfrequenz gemessen   173
    Disziplinen zur Gesundheitspflege und körperlichen Ertüchtigung   179
        Gymnastik 181 / Das Muskeltraining 182 / Das Streching 184 /

Medizinische Aspekte des Radsports   187
    Krankheiten des Radsports   187
        Funktionsweise der Gelenkverbindungen der unteren Gliedmaßen 187 / Knorpelerkrankungen der Kniescheibe 188 / Entzündungen der Achillessehne 188 / Entzündungen der drei Kreuzmuskeln 194 / Die Behandlung der Sehnenentzündungen 195 / Grundregeln zur Verhütung von Sehnenentzündungen 197 / Schmerzen der Fuß-Sohle 198 / Zerrung der Sitz- und Schienbeinmuskeln 199 / Lendenschmerzen 200 / Schmerzen am Ellenbogenfortsatz 202 / Unter medizinischer Aufsicht 203 /

Was ich dem Radsport verdanke   205
Ein Herz fürs Radfahren   206

Straßen-Radrennsport
Taktik – Technik – Training

Dieses Buch haben Bernard Hinault und ich gemeinsam geschrieben. Nur wenn es sich vom Thema her ergab, haben wir einige für den Leser äußerlich leicht erkennbare Abschnitte getrennt behandelt und unserer persönlichen Meinung Ausdruck verliehen.

Am Anfang dieses Buches möchte ich kurz über die Bedeutung sprechen, die Bernard Hinault im Laufe der Zeit für mich gewonnen hat.

Unsere erste Begegnung stand auf eigenen Wunsch im Zeichen der Technik, obwohl wir an jenem Tag kein einziges Wort gewechselt haben. Es war am 21. Juni 1978 beim Zeitfahren auf der Etappe Metz – Nancy der Tour de France, auf der Bernard das gelbe Trikot errungen hatte, das er bis zum Ziel beihielt, um zum ersten Mal Sieger des großen Radsport-Klassikers zu werden. Von meinem einen ungehinderten Rundblick gewährenden Standpunkt filmte ich schon seit mehreren Stunden ununterbrochen mit einer Teleobjektiv-Kamera die Fahrer, um ihre Sitzposition und ihre Tretbewegungen zu analysieren.

Ich sehe noch die athletischen Schultern Marc Demeyers vor mir, ein eindrucksvolles Bild von Muskelkraft und Aerodynamik, den zu hoch aufgerichteten Oberkörper Joseph Bruyères, des ehemaligen Leutnants von Eddie Merckx, und die profilierte Silhouette Henk Lubberdings, langgliedrig wie ein Windhund, dessen fließende Fortbewegung mich an die von Jacques Anquetil erinnerte, wie er hinter der Steigung von Châteaufort auftauchte, als er mit 19 Jahren seinen ersten Großen Preis der Nationen gewann.

Die Minuten vergingen, und plötzlich, viel früher als im Zeitplan vorgesehen – kündigten die gelben Scheinwerfer der Motorräder, noch weit entfernt, ganz oben am Anfang der lang abfallenden verdeckten Senke das Nahen Bernard Hinaults an, was die wachsende Aufregung der Zuschauer um mich herum bestätigte.

Ich hatte noch mehrere Meter Film auf der Spule, und sobald der Bretone mit dem blauweißroten Trikot der Nationalmeister im Sucher meiner Kamera auftauchte, filmte ich, ohne ihn aus den Augen zu lassen. Er fuhr an mir vorbei, wobei mir im Surren der mit 70 Bildern pro Sekunde laufenden Kamera die ungewöhnlich kraftvollen Tretbewegungen und der besonders flüssige Bewegungsablauf auffielen, bei dem der tote Punkt über der Senkrechtachse durch einen unmerklich schnellen Übergang in die Druckphase nahezu ausgeschaltet wurde, sobald das Knie die maximale Position erreichte.

Ein Jahr später lernte ich Bernard Hinault in Opio während einer Trainingsperiode der Mannschaft Renault-Gitane persönlich kennen, als ich mit ihm zusammen einige Touren im Hinterland von Cannes fahren durfte.

Wahrscheinlich war die Saison 1979 die brillanteste all derer, die Bernard Hinault je bestritten hat. Seine mit geradezu unverschämter Leichtigkeit errungenen Siege im Wallonischen Pfeil, dem Kriterium des Dauphiné-Libéré, der Tour de France, dem Grand Prix der Nationen und der Lombardei-Rundfahrt erhoben ihn in jenem Jahr wirklich in den Rang eines Super-Champions. Dank einer neuen, wissenschaftlich einstudierten Sitzposition war er in technischer Hinsicht auf der Höhe seiner Kunst angelangt und nichts schien ihm widerstehen zu können.

Das Eintreffen bei der Tour de France 1979 war einfach überwältigend. Die beiden Ersten in der Gesamtwertung, Bernard Hinault und Joop Zoetemelk, waren dem Spitzenfeld im Tal der Chevreuse einfach davongefahren – noch nie dagewesen! Rad an Rad, „auf Du und Du", wie es im Radsport heißt, fuhren die feindlichen Brüder stolz die Champs-Elysées hinunter. Ich konnte sie in aller Ruhe von meiner idealen Position neben der Zielfahne herankommen sehen. Ich kannte die Abmessungen der Räder, die Bernard im Laufe der Zeit gefahren hatte, fast alle auswendig und hatte daher jeden Positionswechsel genauestens verfolgt. In der Euphorie dieses zweiten, mit solcher Brillanz errungenen Sieges kam es mir vor, während ich ihn immer wieder mit weit zurückversetztem Sattel und fast waagerecht über den Lenker gebeugtem Oberkörper die Tribüne passieren sah, als wäre ich es selbst, der an seiner Stelle fuhr. Diesmal hatte er den zahllosen Fahnen in den Nationalfarben entlang den Champs Elysées den Vorrang gelassen und sein altes blauweißrotes Trikot gegen ein enganliegendes gelbes Hemd eingetauscht. Bernard, der wesentlich schneller war als Zoetemelk, holte sich den Sieg mit einem Sprint unter den Augen der Bronzestatue, die ihr sich aufbäumendes Pferdegespann vor dem die Sonne reflektierenden Glasvorbau des Grand Palais zügelt – wie bei großen feierlichen Ereignissen, bei denen die Zeit stillzustehen scheint.

Der Zufall wollte, daß der Aufstieg Bernard Hinaults im Jahr 1977 mit dem Beginn der Studien und Forschungsarbeiten zusammenfiel, die ich – Ergebnis einer langjährigen Passion – dem Radsport widmete. So kam es, daß meine Abstecher in zyklo-technische Sphären von den Siegen des bretonischen Meisters unterstrichen wurden, genau wie die Siege Louison Bobets die Radtouren meiner Jugend begleitet hatten. Schließlich ist Saint-Méen nicht allzu weit von Yffiniac entfernt – und das scheint mir mehr als ein bloßer Zufall zu sein.

Ich kann daher ohne Übertreibung sagen, daß mich der Gedanke, zusammen mit Bernard Hinault ein Buch über den Radsport und seine Technik zu schreiben, begeistert hat – zumal ich Bernard gut genug kenne, um zu wissen, wie sehr ihn dieses Thema interessiert. Allerdings war ich nicht auf die Präzision vorbereitet, mit der er seine Tretbewegungen und die Art und Weise analysierte, wie er seinen ganzen Körper benutzt, um schneller als die anderen voranzukommen. Gewiß setzte er Kopf und Beine gleichermaßen ein, aber bei ihm schien sich der Kopf in den Beinen zu befinden.

Die Fachpresse hat aus Bernard Hinault eine Kämpfernatur gemacht, die mit Vollkraft in die Pedale tritt, ihr Rad mit rücksichtsloser Siegergewalt fährt, die da durchkommt, wo andere mit Radbruch liegenbleiben – kurz, eine Naturgewalt. Eine „Natur", von der Bernard selbst mit verhaltener Leidenschaft spricht. Seine in der Hitze des Gefechts abgegebenen, oft spektakulären Formulierungen haben dieses Bild in der Öffentlichkeit noch verstärkt.

Dabei hatte Bernard Hinault während seiner dritten siegreich beendeten Italien-Rundfahrt nach der zwölften gegen die Uhr ausgetragenen Etappe, bei der er mit einer Durchschnittsgeschwindigkeit von 49 km/h als Erster vor Francesco Moser eintraf, erklärt:

„Ich habe gewonnen, weil ich ein Künstler in meinem Fach bin und genau weiß, was ich tun muß!"

Ein richtiger Künstler also?

Ja, ganz ohne Zweifel.

Heißt es nicht bei einem Spitzensportler, der mit höchstem Einsatz und optimaler Wirksamkeit ein Rennen bestreitet, daß er eine Vorstellung gibt? Als er mir eines Tages die Notwendigkeit erklärte, mit möglichst entspanntem Oberkörper, Armen und Händen zu fahren, wenn man seine Höchstleistung erreichen will, fiel ihm plötzlich folgende Formulierung ein: „Man müßte beim Radfahren Klavier spielen können, sogar wenn man den Berg hinauffährt."

Unerwartete, manchmal sogar verletzende Formulierungen, für die Bernard Hinault eine unbezähmbare Neigung zeigt, sind deshalb so aufschlußreich, weil sie von einer Feinfühligkeit zeugen, der weder die Härte der Wettkämpfe noch die stets wachsende Bedeutung der Technik im Radsport etwas anhaben konnten.

Das Paradoxe eines Mannes vom Temperament Bernard Hinaults besteht vielleicht darin, daß sein Aufstieg mit dem historischen Augenblick des Aufkommens wissenschaftlicher Methoden in einer bis dahin vor allem auf Erfahrung basierenden Sportart zusammenfällt, obwohl ihn sein ursprünglicher Charakter und seine bäuerliche Abstammung eher zu einer instinktiven Äußerung seiner physischen Kraft als zu Laborexperimenten vorherbestimmte – aus denen er trotz allem geschickt Nutzen zu ziehen verstand.

Bernard Hinault ist eine Synthese aus beiden Komponenten geglückt, und eben das gibt seiner Aussage ihren besonderen Wert – weit über seine außergewöhnlich brillante Siegesserie hinaus ...

Ein Bravo für den Künstler!

Claude Genzling

Einleitung

Im Gefolge weltweiter tiefgreifender Veränderungen macht auch der Radsport eine Mutationsphase durch. Die Spitzenfahrer des alten Europa – Wiege des Radsports – treten innerhalb und außerhalb ihrer Landesgrenzen gegen ihre nord- und südamerikanischen Rivalen an, und die rein nationalen Mannschaften werden immer seltener. Das Rad selbst, „die kleine Königin", das lange in scheinbar unantastbarer Perfektion verharrte, unterliegt neuerdings Wandlungen, die eine Ära neuer Rekorde einleiten, seit Francesco Moser damit den an und für sich glänzenden Stundenrekord von Eddie Merckx weit unterbot.

Diese Metamorphosen betreffen jedoch nicht nur das Rennrad. Man sieht Räder der „dritten Art" auftauchen, „Bi-Cross"-Räder und diverse „Mountain-Bikes", deren robuste Formen und breite Profilreifen im Gegensatz zur Idee stehen, die man sich allgemein vom Radsport machte, die aber – wie etwa im Moto-Cross, erstaunliche Manöver ermöglichen – ein unerwartetes Betätigungsfeld.

Wer hätte vor einigen Jahren noch gedacht, daß der Motor Mensch eines Tages mit einem Rad solche spektakulären Kapriolen vollführen würde? Wer hätte voraussehen können, daß es eine Alternative zu den eleganten Renndemonstrationen eines Fausto Coppi oder eines Jacques Anquetil geben würde? Amerika hat den Weg gewiesen, und die Öffentlichkeit hat mitgemacht.

Diese Mutation im Radsport ist nicht nur eine Folge der gerade aktuellen Modetendenz, sie zeugt vielmehr von der Fähigkeit dieser Sportdisziplin, durch Einsatz wissenschaftlicher Methoden das Versäumte nachzuholen und sich dem 20. Jahrhundert anzupassen. Ohne auf Henri Desgranges, den Gründer der Tour de France für Fahrräder zurückzugehen (der 1893 den ersten Rennbahn-Stundenrekord aufstellte), kann man ohne Übertreibung sagen, daß sich Roger Rivière, als er am 23. September 1958 seinen Rivalen Ercole Baldini auf der Mailänder „Vigorelli" mit 46,923 km auf den 2. Platz verdrängte, nach den gleichen Trainingsmethoden auf das

Rennen vorbereitet hatte, wie 46 Jahre zuvor Oscar Egg. Auch das Helium, mit dem er seine Reifen aufpumpte, ändert nichts an dieser Tatsache.

Wenn aber Francesco Moser am 19. Januar 1984 nach einem 50 km langen Bahnrennen in Mexico vom Rad steigt und erklärt: „Es war weniger anstrengend als der Endspurt im Paris-Roubaix – in vier Tagen fange ich wieder von vorne an", und wenn er am 23. Januar mit 51,151 km/h einen neuen Rekord aufstellt, grenzt das ans Wunderbare und kann nur durch eine radikale Modifikation der Rennvorbereitung erklärt werden. Denn wenn auch die Konzeption des Rennrades und der große persönliche Wert des italienischen Champions am während der beiden oben genannten Rennen erzielten, bemerkenswerten Leistungsniveau nicht unbeteiligt waren, so ist die erneute Demonstration nach nur vier Tagen ausschließlich dem auf medizinischer Basis wissenschaftlich ausgearbeiteten und programmierten Konditionstraining zuzuschreiben.

Das Radsportmilieu hat sich während der letzten 20 Jahre im Vergleich zu dem der Leichtathletik eher konservativ gezeigt. Man entdeckte erst vor kurzem, daß Sitzposition und Bewegungstechnik einen Einfluß auf das Leistungsniveau des Rennfahrers im Wettbewerb haben, während Athleten in Disziplinen wie Diskus- und Speerwerfen, Kugelstoßen, Stabhochsprung und sogar dem einfachen Hochsprung seit langem von den Ergebnissen eingehender Recherchen profitieren, die in ihren einzelnen Fachgebieten durchgeführt werden.

Heute wird auch der Radsport von einem Wirbel wissenschaftlicher Untersuchungen, Recherchen und Experimenten erfaßt, was bedeutet, daß sich der überlieferbare Wissensfundus in den nächsten Jahren notwendigerweise grundlegend ändern wird und wir deshalb diesbezüglich keine endgültigen Angaben machen können.

Weshalb also dieses Buch?

Wir haben kein „Lehrbuch für Trainer" schreiben wollen, denn es ist für alle Freunde des Radsports gedacht und nicht nur für eine Minderheit von Spezialisten. Allerdings finden vielleicht auch versierte Radsportler in diesem Buch neue Gedankenanstöße und Anregungen zur Verbesserung ihrer Fahrtechnik – zumindest hoffen wir es –, denn es ist eine grundlegende Wahrheit, daß der Lernprozeß für den nie abgeschlossen ist, der sich selbst stets das Beste abverlangt.

Allerdings soll dieses Buch auch kein „Trainings-Handbuch" für den Radsportler sein, das den Anspruch erhebt, die zahlreichen sportlichen Leiter, Mannschaftskapitäne, Trainer und Sportärzte zu ersetzen, die sich in den Radsportvereinen der Aus- und Weiterbildung der ihnen anvertrauten Sportler widmen. Nichts kann den direkten Kontakt und ein Training unter Anleitung ersetzen, denn es gibt zwar allgemeingültige Grundregeln auf diesem Gebiet, aber ihre Anwendung kann nur unter Berücksichtigung der individuellen Fähigkeiten, des Charakters und der Lebensbedingungen im konkreten persönlichen Einsatz auf dem Terrain selbst geschehen.

Aber es ist auch nicht nötig, einen qualifizierten Trainer zur persönlichen Verfügung zu haben, um in den Genuß sportlichen Radfahrens zu kommen. Ein gutes Rennrad und ein Minimum an Kenntnissen genügen, wenn man ein gutes Leistungsniveau erreichen will und bereit ist, etwa zehn Stunden pro Woche dafür zu opfern.

Wir haben deshalb die der Wahl des Materials, der Sitzposition und der Bewegungstechnik gewidmeten Kapitel besonders eingehend auf der Basis aktueller Forschungen und Erfahrungen im Rennbetrieb behandelt. Radfahren entwickelt eine besondere Beziehung zum eigenen Körper, die mit der Aneignung einer guten Fahrtechnik beginnt, bevor man zum intensiven Leistungstraining im Hinblick auf den Rennsport übergeht, weil dieser – vor allem von einem bestimmten Alter an – besser nicht allein und unvorbereitet betrieben werden sollte.

Die Kapitel über die physische Vorbereitung und das Konditionstraining sollen einen der Widersprüche unserer heutigen Zeit aufzeigen: Einerseits gibt es verbindliche, auf gesundem Menschenverstand und langbewährter Tradition basierende Grundregeln einer gesunden Lebensweise, andererseits lassen verschiedene, aus immer fundierteren Analysen der biologischen Mechanismen resultierende Entdeckungen vermuten, daß wir in eine neue Ära eintreten, während der sich das physische und psychische Potential des Menschen beträchtlich vergrößern wird. Danach wäre jeder von uns bei intensiver sportlicher Betätigung gewissermaßen sein persönliches Laboratorium. Die Buchhändler haben ein wachsendes Interesse des Publikums für Bücher über „Körper-Kultur" festgestellt – ein interessantes Phänomen, das der Sache des Sports nur dienlich sein kann, solange man im Alltag die Füße auf der Erde, oder auf den Pedalen behält.

Dabei gibt es im Grunde nichts einfacheres, als Rennhose, Trikot und Rennhandschuhe anzuziehen, die Rennschuhe zu schnüren, eine Thermosflasche zu füllen – aber nicht mit irgend etwas –, die Reifen aufzupumpen, kurz zu prüfen, ob alles funktioniert und endlich loszufahren – bei Regen, Sturm oder Sonnenschein – mit Freude im Herzen beim Gedanken, hundert Kilometer vor sich zu haben! Eigentlich ist nur das allein wichtig!

Denn das Rad, wie die Kultur, ist das, was bleibt, wenn man alle Theorie vergessen hat.

Die Verfasser

Radsport – ein besonderer Sport

In zahlreichen Sportarten steht den Leistungssportlern wie den Freizeitsportlern für Krafteinsatz und Geschicklichkeitstraining ein Hilfsmittel zur Verfügung – eine Anlage, ein einfaches Gerät oder eine mehr oder weniger komplizierte Maschine. Wenn der Läufer auch nur ein Paar Spezialschuhe benutzt, sind Stabhochspringer, Diskus-, Speer- oder Hammerwerfer, Skifahrer, Golfspieler, Drachenflieger, Windsurfer oder Segelsportler untrennbar mit ihrem Hilfsmittel verbunden, ohne das sie nichts weiter als gewöhnliche Durchschnittsmenschen sind. Auf die sogenannten „mechanischen" Sportarten, in denen die treibende Kraft kein von Herz und Lungen angetriebenes Muskelsystem, sondern die Maschine selbst, d. h. ein Motor ist, wollen wir hier nicht eingehen.

Unter all diesen Sportarten ist der Radsport die einzige sportliche Disziplin, die eine so vollkommene Symbiose zwischen dem Menschen und seinem maschinellen Fortsatz ermöglicht. Die Füße an den Pedalen befestigt, die Hände am Lenker, Gesäß und Becken fest im Sattel – bildet der Straßen-Radsportler stundenlang (von wenigen Ausnahmen abgesehen), und nicht nur für die kurze Dauer eines Wettkampfs, eine Einheit mit seiner Maschine.

Wenn Sie dem entgegenhalten, daß Ähnliches auch beim Ski-Langlauf der Fall ist, so möchten wir dazu bemerken, daß Skier nur lange, über den Schnee gleitende Schuh-Fortsätze sind, während es sich beim Fahrrad mit seinen Schalthebeln, Zahnrädern und Lagern um eine vollwertige Maschine handelt, die durch ihre Metallstruktur zum künstlichen Pferd wird. Der Radsportler scheint sich, wenn er dieses Stahlroß besteigt, in einen modernen, vom mythologischen Pantheon herabgestiegenen Zentaur zu verwandeln, was den Lyrismus der Presse bezüglich der Spitzensportler dieser Disziplin erklärt. Diese Metamorphose wird vielleicht noch deutlicher, wenn er wieder von seinem Stahlroß herabsteigt und seine stolze, fließende Fortbewegung dem unbeholfenen Gang eines Fußgängers Platz macht, der für einen kurzen Höhenflug den Kontakt mit dem Erdboden verloren hatte. Wie Roger Bastide von Fausto Coppi sagt: „Zu Fuß wirkte er steif und ungeschickt, so als wäre er sich selbst eine Nummer zu groß. Er sah wie ein Albatros mit gefalteten Flügeln auf einer Schiffsbrücke aus. Nur auf seinem Rad wurde er ganz er selbst, und seine langen Gliedmaßen fügten sich wie durch Zauber zu Linien von vollendeter Harmonie. Seine fließende Fortbewegung war von quasi unirdischer Leichtigkeit."

Wie schön sie sind, die Starts der Tour de France, wenn sich die Fahrer wie ein Schwarm Zugvögel sammeln! Mit der Fußspitze suchen sie das Pedal, schlüpfen hinein, und während sie den Oberkörper aufrichten und sich langsam in Bewegung setzen, sprechen sie noch miteinander, lachen und tauschen mit einem am Geländer lehnenden Zuschauer nebensächliche Bemerkungen aus. Sie weilen schon nicht mehr ganz unter den gewöhnlichen Sterblichen, und ihre Beinmuskeln zucken nervös, wenn sie ihre Maschinen zurückhalten, um die nächststehenden Fahrer nicht anzustoßen, oder wenn sie ihren Eifer vor der Abfahrt zu bremsen versuchen.

Fausto Coppi, der Albatros, Bahamontes, der Adler von Toledo, Charly Gaul, der Engel der Berge und alle die anderen begnadeten Bergfahrer, die Flügel zu haben schienen, sind Sinnbilder des Fliegens, wie sie seit jeher im Radsport üblich sind. Vergleicht man einen Rennfahrer in voller Aktion nicht mit einem Flugzeug oder mit einem Vogel, den die Luft trägt und der sich durch rhythmisches Flügelschlagen vorwärts bewegt? Beim Radfahrer wird das Rad zum tragenden Element und die zyklisch ablaufende Tretbewegung zur treibenden Kraft.

Und was sind die Laufräder anderes als Luftpolster? Jacques Goddet schrieb 1950 im Sportjournal „L'Equipe" einen Tag nach dem phantastischen Sieg Fausto Coppis im Radsport-Klassiker „Paris – Roubaix":

„Coppi erschien wie ein übernatürliches Wesen auf dieser höllischen Strecke, die nur von altmodischen Pferdefuhrwerken benutzt wird. Er glitt über das abscheuliche Kopfsteinpflaster, von dem ihn unsichtbare Stoßdämpfer zu isolieren scheinen. Auf dieser Strecke, auf der ich seit 20 Jahren die Weltmeister wie Schiffe an einem Riff zerschellen sah, wo die Größten versagten und wie Anfänger wirkten, wurde Fausto großartig... Mit Rückenwind während der letzten 40 Kilometer schienen seine Bewegungen ätherisch, und man hatte den Eindruck, als flögen die Laufräder buchstäblich über das chaotische Steingewirr."

Es stimmt, daß die sich schwungvoll in uanbänderlicher Kreisbewegung drehenden Pedale die Füße jedweden Kontaktes mit dem Erdboden entbinden – eine bislang nur... Engeln vorbehaltene Fähigkeit – Engeln mit Flügeln, oder Merkur, dem Götterboten, dessen geflügelte Sandalen machtvolles Empor- und schnelles Fortbewegen symbolisieren. Ein ehrgeiziges Programm für einen zukünftigen Meister!

Aber kehren wir auf die Erde zurück, und zwar mit einer Analyse des Radsports in der Fachsprache sportlicher Ergonomie.

Der auf seinem Sattel sitzende Radfahrer kämpft nur beim Bergauffahren gegen die Schwerkraft an, was bedeutet, daß er auf flacher Strecke bei geringer Geschwindigkeit für seine Fortbewegung nur wenig Energie aufzuwenden hat: Knapp 60 Watt für 20 km/h, von denen die Hälfte auf den beim Fahren auftretenden Rollwiderstand entfällt und die andere Hälfte auf den Luftwiderstand. Ohne die Erfindung des Motors wäre das Rad zweifellos das ideale Beförderungsmittel des modernen Menschen geblieben – eine Rolle, die es während des letzten Weltkriegs wegen der allgemeinen Energiekrise innehatte.

Alles bisher Gesagte ändert sich, wenn der Radfahrer seine Geschwindigkeit erhöhen will. Um von 18 auf 25 km/h zu kommen, muß er seine Leistung verdoppeln – für 40 km/h gar versechsfachen. Bei dieser Geschwindigkeit muß er eine Leistung von 400 Watt erbringen und stößt damit in den Bereich des Leistungssports vor. Die besten Radsportler – d. h. talentierte, spezialisierte und durchtrainierte Rennfahrer – registrieren ihr Optimum, das sie nicht länger als eine Stunde durchhalten können, bei ca. 600 Watt.

Der große Anreiz, den der Radsport auf den Freizeitsportler ausübt, liegt in seinen breitgefächerten Möglichkeiten. Mit einem Rad kann er sich „abreagieren" oder seinen Krafteinsatz je nach Alter, Motivation und Kondition dosieren. Keine andere Sportart bietet Gleichwertiges. Zugegeben, dieses etwas idyllische Bild wird von der Notwendigkeit, Steigungen zu überwinden, leicht getrübt – obwohl es immer möglich ist, mit besonders kleinen Übersetzungen und einem vernünftigen, der Steigung angepaßten Tretrhythmus energiesparend zu fahren. Ein mittelgewichtiger Freizeitsportler, der mit Gehgeschwindigkeit eine Steigung von 5 % hinauffahren will, verbraucht nur eine Leistung von etwa 40 Watt und für ein Tempo von 10 km/h etwa 100 Watt, was für jedermann im Bereich des Möglichen liegt.

Es sei an dieser Stelle daran erinnert, daß die Leistungseinheit Watt die Arbeit darstellt, mit der ein Gewicht von 102 Gramm in 1 Sekunde 1 Meter hochgehoben wird. Ein ungeübter Radfahrer erbringt eine Durchschnittsleistung von 200 – 250 Watt.

Der Krafteinsatz „à la carte", den der Radsport Menschen jeglicher physischen Kondition ermöglicht, bietet eine zweite interessante spezifische Besonderheit: Er kann ohne Erschütterungen bei regelmäßigem Bewegungsablauf und später unter präzise dosierbarer Stimulierung des Herzmuskels und des Kreislaufs geleistet werden, und ist daher sowohl für die sportliche Aktivität Herzkranker als auch für intensive Trainingsarbeit der Leistungssportler geeignet. Es sind die spezifischen Vorzüge der Fortbewegung auf Rädern und die große Stabilität des Körperschwerpunktes beim Radfahren, die dem Radsport seinen unbestreitbaren physiologischen Vorteil verleihen. Da diese Sportdisziplin die stärksten Muskeln des menschlichen Körpers beansprucht, entwickelt sie gleichzeitig auch das Atemvolumen doppelt so stark wie Gehen und Laufen.

Schließlich arbeitet der gesamte Organismus beim Radfahren wegen der spezifischen Körperhaltung und der zyklischen Tretbewegung unter grundsätzlich anderen Bedingungen als jenen, die der Mensch seit jeher kennt. Es werden Stimmen laut, die darin einen Nachteil sehen und sich nicht scheuen, Radfahren als „un-natürliche" Sportart zu bezeichnen. Wir sehen darin lieber eine Quelle von Entdeckungsmöglichkeiten und eine Gelegenheit gewinnbringender Erlebnisse, welche die physischen Fähigkeiten und die Eigenständigkeit aller jener beträchtlich verbessern, die das Radsport-Abenteuer reizt und die einen Versuch wagen wollen.

Das Material

Das Fahrrad hat seit Verschwinden des Hochrades Ende des letzten Jahrhunderts, als die Überlegenheit eines angetriebenen Hinterrades mit Kraftübertragung durch eine Kette offenbar wurde, seine Basisstruktur unverändert behalten.

Diese einfallsreiche Vorrichtung, die anfangs nur die Sattelhöhe reduzieren sollte – der Fahrer thronte bis dahin in gefährlicher Höhe auf einem Rad mit großem Durchmesser – führte etwa 30 Jahre später zur Erfindung einer Übersetzungsvorrichtung, der Gangschaltung, deren Unkompliziertheit und Wirksamkeit auch heute noch den Einsatz moderner Systeme überflüssig macht.

Trotz ihrer etwas ungewöhnlichen Form besitzen die sogenannten revolutionären Räder nahezu den gleichen Aufbau wie die anderen, d. h. sie bestehen aus einem Rahmen, an dem die statischen Stützpunkte des Fahrers – Sattel und Lenker –, die dynamischen Stützpunkte – Kurbeln und Pedale –, die Organe zur Weiterleitung der Tretkraft – Kettenblatt und Kette – und die Laufräder angebracht sind, von denen das Hinterrad einen Wechselkranz (Sporträder), oder einen festen Zahnkranz (Bahnrennräder) besitzt.

Anders gesagt: Das Fahrrad besteht vor allem aus einem Rahmen, der seine Form und die hauptsächlichen mechanischen Eigenschaften bestimmt. Es ist daher wichtig, den Rahmen seines Rades besonders sorgfältig auszusuchen, und zwar in Anbetracht der Tatsache, daß dieses wesentliche Bauteil später durch das entsprechende Zubehör alle für die verschiedenen Nutzungsarten – von Radtouren bis zu Wettbewerben – erforderlichen Modifikationen möglich machen soll.

Die Wahl des Rahmens

Wir werden in einem anderen Kapitel noch einmal auf die Rahmenform zurückkommen, wenn wir seine Maße im Hinblick auf den Körperbau des Fahrers ermitteln. Als zentraler Bestandteil des Rades zeichnet sich der Rahmen durch sein Gewicht, seine Steifigkeit und seine mechanischen Eigenschaften aus. Der ideale Rahmen ist leicht, gleichzeitig auch steif und soll bei verstärktem Krafteinsatz „mitmachen" – alles Qualitäten, die vom

Fabrikationsmaterial bestimmt werden, sei es Stahl, Aluminiumlegierung, Kohle- oder Glasfaser – sowie von den Herstellungsverfahren.

DAS GEWICHT

Seit den Anfängen des Fahrrads ist das Gewicht der Feind Nummer Eins, denn – selbst wenn es noch andere Maßstäbe gibt – ein schweres Rad ist logischerweise hinderlicher als ein leichtes, vor allem an Steigungen, aber auch auf ebenem Gelände, da der zu überwindende Rollwiderstand sich proportional zum Gesamtgewicht Mensch – Maschine verhält.

Oben: Ein ca. neun kg schweres Standard-Rennrad mit Stahlrahmen wie es Berufsfahrer benutzen.
Unten: Spezial-Rennrad für Zeitfahrwettbewerbe mit Schrägrahmen und Scheibenrädern.

Der Rahmen ist mit etwa einem Viertel am Gewicht des Rades beteiligt, was das Bemühen um Gewichtsreduzierung rechtfertigt. Der Grenzfaktor ist dabei die Steifheit, die bei einer Verringerung des Rahmengewichts ebenfalls abnimmt. Handelt es sich dabei um einen Stahlrohrrahmen, so ändert sich das Gewicht je nach Wanddicke der Rohre (3, 5, 6 oder 7 Zehntelmillimeter), wobei die Steifheit präzise durch die Wanddicke bestimmt wird. Für die meisten Verwendungsmöglichkeiten eines Sportrades mit Stahlrahmen liegt der ideale Kompromiß bei Rohren von $5/10$ oder $6/10$ mm. Nebenbei bemerkt ist das Rahmengewicht bei Abfahrten wie bei Talfahrten mit leichtem Gefälle eher eine Hilfe, weil es die Fahrstabilität erhöht und die bei hoher Geschwindigkeit daraus resultierende größere Steifheit der Maschine ein besseres Fahrverhalten verleiht. Das ist vor allem spürbar, wenn der Straßenzustand oder gelegentliche Unebenheiten der Straßendecke Vibratrionen auslösen. Der Fahrer, der einen Abhang hinunterrollt, hat ein etwas schwereres Rad besser im Griff als ein zu leichtes.

Der Einsatz von Aluminiumlegierungen – zu deren Verbreitung das Struktur-Klebeverfahren beigetragen hat – und noch mehr die Verwendung von Rohren aus Kohlefaser, haben zu einer Gewichtseinsparung von mehreren hundert Gramm geführt. Räder aus diesem Material haben – von einigen anfänglichen Zwischenfällen abgesehen – den unbarmherzigen Test des Rennsports erfolgreich überstanden, inbegriffen das für das Material schonungslose Straßenrennen „Paris – Roubaix".

Das Gewicht eines Rahmens hängt außerdem von seiner Größe ab. Wir haben die Unterschiede in der nachstehenden Tabelle zusammengefaßt, die bei einem Vergleich zwischen verschiedenen Rädern – unabhängig von den anderen Bauteilen – berücksichtigt werden sollte.

Höhe Material	50 cm	52 cm	54 cm	56 cm	58 cm	60 cm
Stahl $7/10$	2,54	2,59	2,65	2,74	2,80	2,87
Stahl $5/10$ Reynolds 531	2,27	2,32	2,37	2,45	2,50	2,57
Stahl $5/10$ Reynolds 753	2,15	2,19	2,22	2,27	2,31	2,37
Stahl $3/10$ Reynolds 753	2,11	2,14	2,17	2,22	2,26	2,30
Dural	1,63	1,67	1,71	1,75	1,79	1,83
Kohlefaser	1,59	1,63	1,67	1,70	1,74	1,78

Gewicht des Rahmens in kg, nach P. G. Hugaud, „Le Cycle".

DIE STEIFHEIT

In der Nähe der Verbindungsstellen, wo die mechanische Belastung am stärksten wirkt, muß der Rahmen die größte Steifheit und Festigkeit aufweisen. Die Hersteller bieten deshalb sogenannte verstärkte Rohre an, d. h. Rohre mit größerer Wanddicke an den Lötstellen. Das Tretlagergehäuse muß – vor allem im Wettkampf, wenn der Rennfahrer beim Beschleunigen, Sprinten oder an einer Steigung im Stehen fährt – besonders großen Belastungen gewachsen sein. Die daraus resultierende elastische Verformung kann leicht nachgewiesen werden, wenn man das Rad mit aufgepumpten Reifen aufrecht hinstellt und von der Seite mit dem Fuß kräftig gegen das Tretlagergehäuse drückt: Der Rahmen gibt dem Druck nach und biegt sich.

Je nach Material, Montagetechnik, Rohrdicke und Lötqualität (bei Stahl), Querschnitt der Grundflächen und Form der Verbindungsmuffen – soweit vorhanden – zeigt sich diese Elastizität mehr oder weniger deutlich. Bis heute, und trotz der enormen Fortschritte bei den im Klebeverfahren hergestellten Dural- oder Kohlefaser-Leichtmetallrahmen, weisen die Rahmen aus Stahl in der Mitte, d. h. am Tretlager, die größte Steifheit auf, vorausgesetzt, die Wanddicke der Rohre beträgt mindestens $5/10$ mm.

DER MECHANISCHE WIRKUNGSGRAD

Hierbei handelt es sich um ein nicht ganz so leicht zu beurteilendes Phänomen, das vom persönlichen Gefühl und dem Fahrstil des Fahrers abhängt. Ein anpassungsfähiger, gelenkiger Fahrer mit flüssiger Trittechnik und „rundem" Tritt wird andere Ansprüche stellen als ein Fahrer, der sein Rad weniger rücksichtsvoll behandelt.

Der Rahmen muß elastisch auf die Anforderungen reagieren, die der Fahrer an ihn stellt, und auf die Erschütterungen, denen er ausgesetzt ist, d. h. daß er nach jeder elastischen Verformung seine ursprüngliche Form so schnell wie möglich, d. h. in Sekundenbruchteilen, wieder einnehmen soll. Dabei spielt die Qualität der Rohre, wenn es sich um Stahlrohre handelt, eine entscheidende Rolle. Die leistungsfähigsten Rohre geben einen hellen Ton ab – vor allem bei geringer Wanddicke –, wenn man mit dem Zeigefingernagel kurz dagegen schnippt.

Lange Zeit hielt man Rahmen aus Dural für zu weich, was sowohl auf die Legierungen als auf das Montagesystem zurückzuführen war. Heutzutage sind die normalerweise verwendeten Alulegierungen härter als früher, und da der Klebstoff die Bewegungsimpulse unverzüglich weiterleitet,

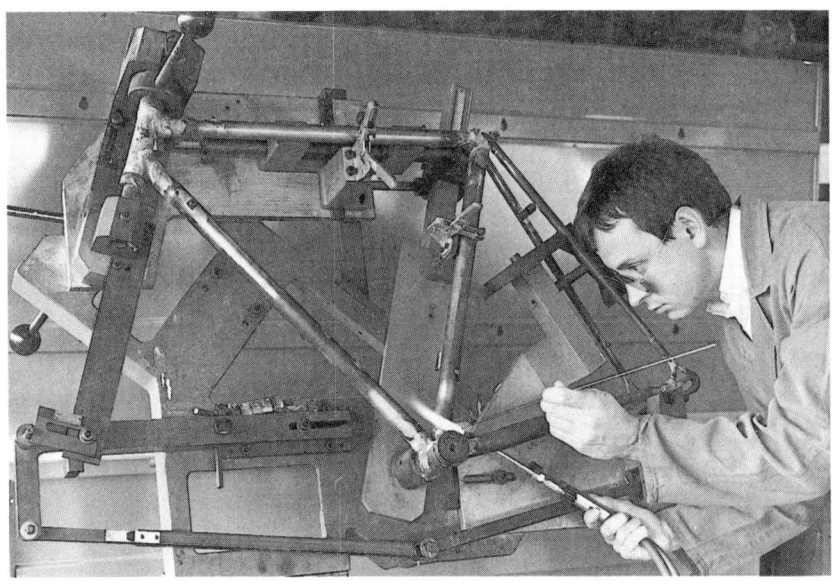

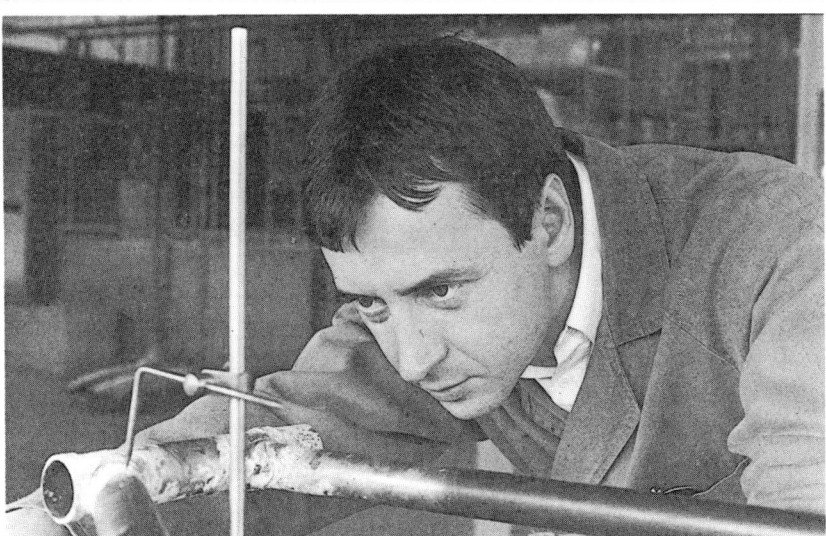

Alain Descroix, der Mechaniker Bernard Hinaults, fertigt einen Rahmen an. Bei der Hartlötung wird die Temperatur genau kontrolliert. Die Rahmengeometrie muß stimmen.

reagieren die geklebten Muffen besser auf Belastung als die ehemaligen durch Lötverfahren verbundenen Rohre. Wie es scheint, besitzen Rohre aus Kohlefaser in dieser Hinsicht trotz allem die besten Eigenschaften, obwohl für zahlreiche Amateur- und Berufssportler nichts über die Reaktionsfähigkeit eines Stahlrahmens geht – vorausgesetzt, daß dabei die auf

23

dem Markt verfügbaren, hochleistungsfähigen Rohre zur Verwendung kommen und daß sie durch das Zusammenlöten nichts von ihrer Qualität verlieren.

Der Hauptvorteil eines Rahmens aus Stahl – wir werden in einem anderen Kapitel noch auf seine Bedeutung eingehen – liegt in der Möglichkeit seiner individuellen Anfertigung. Dieses „Maßschneidern" ist ein Luxus, wenn man einen Standard-Körperbau besitzt, eine Notwendigkeit dagegen bei morphologischen Besonderheiten, wie ungewöhnliche Maße des Oberkörpers, der Arme oder der Beine, insbesondere des Oberschenkelknochens, der den wichtigsten Hebelarm des Radfahrers darstellt.

Die Wahl der Laufräder

Beim Sportrad empfiehlt es sich, sogenannte „700"er Laufräder zu verwenden, von Spezialmaschinen mit Schrägrahmen und kleinerem Vorderrad abgesehen, die von den meisten Rennsportlern beim Zeitfahren verwendet werden, wenn es Streckenführung und Gelände erlauben. Die Bezeichnung 700 sagt nichts über den exakten Durchmesser eines Laufrades aus, das in Wirklichkeit – je nach Reifenwahl – zwischen 670 und 680 mm mißt, wobei auf die Felge allein etwa 635 mm entfallen.

Das 700er Laufrad, das früher den Rennrädern vorbehalten war, hat sich heute auch für Radausflüge und Radtouren eingebürgert, vor allem seit es leichte Reifen gibt, deren Querschnitt den des Schlauchreifens nicht übersteigt und deren Wirkungsgrad vergleichbar ist.

Diese Wahl ist um so empfehlenswerter, als der Raddurchmesser die Rahmengeometrie auf entscheidende Weise beeinflußt und der gleiche Rahmen je nach Jahreszeit oder Lust und Laune des Radbesitzers für große Radtouren, Trainingsfahrten oder Wettbewerbe geeignet ist. Es genügt dann, wenn diverses Zubehör ausgewechselt und beispielsweise Schutzbleche, ein oder zwei Gepäckträger sowie ein mit Batterie funktionierendes Beleuchtungssystem angebracht werden, die aus einem Rennrad ein ganz akzeptables Touren-Sportrad machen können.

DIE FELGEN

Welche Felgen und welche Speichen? Die Berufsmannschaft „La Vie Claire" benutzt – je nach Wettkampf – vier Felgenmodelle:

– 420-Gramm-Felgen für sogenannte „normale" Rennen, die im freien Gelände auf Strecken verschiedener Beschaffenheit ausgetragen werden.

– 340-Gramm-Felgen für Etappen in bergigem Gelände, auf denen mehrere Gipfel erklommen werden müssen.

– Profilierte 430-Gramm-Felgen beim Zeitfahren in hügeligem Gelände mit mehreren langen Steigungen und zahlreichen Kurven, bei denen Scheibenräder die Vorteile verlieren, die sie unter anderen Einsatzbedingungen auszeichnen.

– 1600 Gramm wiegende Scheibenräder für Zeitfahren auf geraden Strecken ohne allzu große Höhenunterschiede. Je nach Gegebenheit und Vorliebe der Fahrer montieren die Mechaniker manchmal auch eine Kombination von Profilfelgen und Scheibenrädern – letztere allerdings nur hinten und bei starkem Wind.

Diese Angaben sind für alle Rennsportler gültig, weil der Wettbewerb für das Material, das dabei einer besonders langen und harten Belastung ausgesetzt wird, der zuverlässigste Prüfstein ist. Dem Freund besonders leichter Räder steht es natürlich frei, schmalere Felgen zu montieren, allerdings muß er eine regelmäßige Trettechnik besitzen, brutales Anfahren vermeiden (um das Hinterrad zu schonen) und vor allem bei den Abfahrten Schlaglöchern und Steinen ausweichen, sonst droht Bruchgefahr!

DIE SPEICHEN

Die Mannschaft „La Vie Claire" verwendet normalerweise vorne und hinten Räder mit 32 Speichen, von den 36-Speichen-Rädern für Querfeldeinrennen abgesehen. Die Speichen werden im Dreier-Kreuz angebracht, d. h., daß jede Speiche zwischen Nabe und Felge drei andere Speichen kreuzt.

Beim Zeitfahren werden für das Vorderrad Profilfelgen mit 24 geraden und für das Hinterrad mit 28 schräg montierten Speichen versehen. Außer der günstigeren aerodynamischen Form verleihen die schrägen Speichen dem Hinterrad eine größere Steifigkeit.

Die Spannung der Speichen muß stark genug sein, denn die Zeit, in der man über die Vor- und Nachteile der Radelastizität diskutierte, ist in Anbetracht der heutzutage allgemein guten Straßenverhältnisse vorbei. In diesem Zusammenhang empfehlen wir, in jedem Fall die Speichen miteinander zu verbinden, weil dadurch der Verformungswiderstand des Rades erhöht wird und der Fahrer außerdem bei Speichenbruch nach Hause kommen kann, ohne auf die Reparatur warten zu müssen.

Falls der Leser zufällig einen Rennfahrer aus dem Team Paul Köchlis beim Training mit nicht verbundenen Speichen überrascht, so liegt das am Zeitmangel und nicht an der fixen Idee eines Mechanikers. Es ist praktisch unmöglich, diese Methode das ganze Jahr über beizubehalten.

DIE REIFEN

Die Hersteller bieten eine nach Querschnitt, Gewicht und Fabrikationsverfahren verschieden große Auswahl an Reifen an.

Fausto Coppi, der vorzugsweise mit 32-mm-Reifen fuhr – und nicht nur im Paris-Roubaix-Rennen mit seinem Kopfsteinpflaster – gab damit dem Komfort den Vorrang. Die heute allgemein übliche Reifenbreite liegt zwischen 18 und 25 mm, was die Lauffläche verringert und damit auch den Reibungs- und Rollwiderstand. Es sei hinzugefügt, daß der Luftwiderstand mit abnehmendem Reifenquerschnitt ebenfalls abnimmt – ein Ziel, das sich die Firma Wolber bei der Konzeption des ersten 18 mm breiten Rennreifens gesetzt hatte, mit dem das „Profil" genannte Rennrad des Teams Renault-Gitane bei der Tour de France 1979 ausgestattet war.

Je leichter ein Reifen, um so geringer der Rollwiderstand. Aber noch mehr als die Gewichtsminderung trägt die dadurch bedingte erhöhte Elastizität zur Verbesserung des Wirkungsgrades bei. Ein solcher Reifen absorbiert Unebenheiten der Straßendecke besser, weil er – bei vorschriftsmäßigem Luftdruck – schneller wieder seine ursprüngliche Form annimmt. Bei einem schweren und daher weniger elastischen Reifen ist das Trägheitsmoment größer und die Reaktionszeit länger.

Das Optimum ist mit einem Reifen mit Seidendecke und einem ultradünnen Latex-Schlauch erreicht (wenn man keine Angst vor Plattfüßen hat), aber ein solches Fabrikat ist teuer und wird außerdem, selbst von den Super-Champions, die sie früher beim Zeitfahren benutzten, immer seltener eingesetzt – von Bahnrennen abgesehen.

Als Information für Interessenten sei bemerkt, daß das Team „La Vie Claire" fast ausschließlich 260 g wiegende Schlauchreifen mit Baumwolldecke und einem Querschnitt von 21,5 mm verwendet. Für Zeitfahrwettbewerbe werden 210-g-19-mm-Reifen aufgezogen. Dabei handelt es sich um handgeklebte Reifen, deren getrennt vulkanisierte Lauffläche auf einer nicht vulkanisierten Karkasse befestigt wird. Dieses Verfahren härtet den Gummi, mindert seine Elastizität und erhöht die Abrieb- und Verschleißfestigkeit.

Aber auch die weniger aufwendigen Reifen sind nicht zu verachten. Sie reichen völlig für Training oder Freizeitsport, vor allem in der schlechten Saison und bei Regenwetter, wenn vermehrt Reifenpannen auftreten. Diesbezüglich sei darauf hingewiesen, daß einige Reifen mit einem Schutz gegen Pannen versehen sind, die diese zwar nicht ausschließen, aber ihre Frequenz zumindest verringern.

Was die leichten Reifen betrifft, so haben sie sich zwar nicht im Rennbetrieb durchsetzen können, stellen aber trotzdem eine interessante Neuerung dar. Die besten in dieser Kategorie sind den normalen Schlauchreifen der unteren Preisklasse weit überlegen, weshalb sich die Anschaffung passender Felgen lohnt.

Die Wahl der richtigen Übersetzung

In der Pionierzeit des Radsports verbargen die Rennfahrer den am Hinterrad fest angeschraubten Zahnkranz vor den Blicken ihrer Konkurrenten, um die gewählte Übersetzung geheimzuhalten. Einige trieben die Vorsichtsmaßnahmen sogar so weit, das Ritzel in allerletzter Minute auszuwechseln, entweder um den Rivalen irrezuführen oder weil sich der Wind gedreht hatte und plötzlich günstig stand, was den Einsatz eines Zahnrades mit 14 Zähnen – bis in die 50er Jahre als Tollkühnheit angesehen – ermöglichte.

Heute verfügen die Rennfahrer mit dem doppelten Kettenblatt und einem Siebenfachzahnkranz über eine ganze Skala von Übersetzungsmöglichkeiten und Zahnradgrößen, so daß es schon mit dem Teufel zugehen muß, wenn am bestimmten Tag und zur bestimmten Stunde nicht die genau richtige Kombination zur Verfügung steht. Das dreifache Kettenblatt erhöht das Leistungspotential des Radfahrers und manchmal sogar des Rennprofis noch mehr, wie Giovanni Battaglin zeigte, der 1981 bei der Italien-Rundfahrt mit drei Kettenrädern auf den Bergetappen dominierte – aber unseres Wissens ist er der einzige Rennfahrer, der diesen Verstoß gegen die Regeln gewagt hat.

Bevor wir die im Rennbetrieb verwendeten Zahnkränze untersuchen, möchten wir allen Radsportlern, die ein gutes Leistungsniveau erreichen und daher mit einem regelmäßigen Training anfangen wollen, einige Grundsätze in Erinnerung rufen.

Von der Wahl der Übersetzung kann der Sieg abhängen. In einer komplett ausgestatteten Werkzeugkiste gibt es Zahnkränze aller Größen.

ETWAS THEORIE

Das Übersetzungsverhältnis wird von Zahnkranz und Kettenrad bestimmt, d. h. von der Zahl der Zähne des am Tretlager angeschraubten Kettenblattes oder Kettenrades und der des Zahnkranzes selbst. Das Verhältnis beider Werte (ZZV = Zahnzahlverhältnis) ergibt, mit dem Umfang des Hinterrades multipliziert, die sogenannte Übersetzungszahl, aus der die „Trittstrecke", d. h. der bei einer Pedalumdrehung zurückgelegte Weg, ermittelt wird. Bei einer Übersetzung von 52/16 legt ein 700er-Rad mit 22 mm Reifenquerschnitt 3,25 × 2,08 m = 6,76 m zurück. Dieses Beispiel trägt nicht nur dem Reifenquerschnitt, sondern auch dem Rollwiderstand als der rechtwinklig zur Fahrbahn wirkenden Kraft Rechnung, weshalb der Wert niedriger ist als die in den Tabellen allgemein angegebenen 6,94 m, denen ein Radumfang von 2,136 m zugrunde liegt und die sich bei einem Versuch als unkorrekt herausstellen. Mit einem 18-mm-Reifen führt die Übersetzung von 52/16 nur noch zu 6,70 m.

Die Trittstrecke hängt ihrerseits von Tretkraft und Trittfrequenz ab, die der Fahrer der Streckentopographie und der Intensität des Krafteinsatzes anpaßt. Ideal wäre eine Art Leistungswandler, der auf Trittstrecken zwischen 2 und 10 Metern für ein kontinuierliches Aufbringen der Leistung sorgt. In Ermangelung eines solchen gibt es – je nach Zahl der Ketten- und Zahnräder – Gangschaltungen mit 10 bis 15 Gängen, was schon gar nicht so schlecht ist.

Reibungsloser Ablauf des Schaltvorgangs

Der mechanische Wirkungsgrad einer Kettenschaltung ist ausgezeichnet, wenn die Kette reibungslos über sämtliche Kränze und Kettenblätter läuft, was allgemein der Fall ist, wenn sich die beiden jeweiligen Zahnräder genau gegenüberstehen und die Kette einwandfrei auf dem gewünschten Kranz läuft. Bei extrem schlechter Ausrichtung kann die Leistungseinbuße durch Verwindung bis zu 10 % betragen – etwas Aufmerksamkeit empfiehlt sich daher. Es dürfen also weder das kleine Kettenrad und der kleinste Zahnkranz noch die beiden größten miteinander verbunden sein. Bei einem Wechselkranz mit 7 Ritzeln können zwecks einwandfreien Schaltvorgangs die beiden äußeren Ritzel nach Bedarf ausgeschaltet werden – allerdings sollte man dem bei der Wahl der Gangabstufungen, d. h. der Ritzelgröße Rechnung tragen, wenn man „Sprünge" wegen der fehlenden Gangstufen vermeiden will

Überschneidung der Gänge vermeiden.

Es hat wenig Zweck, mit zwei verschiedenen Kranzgrößen auf dem entsprechenden kleinen und großen Kettenblatt eine nahezu gleiche Übersetzung zu erreichen. Bei mangelnder Aufmerksamkeit kann das leicht vorkommen. Wer so ungewollt auf einen zusätzlichen Gang verzichtet, verringert damit die Auswahl seiner Übersetzungsmöglichkeiten, obwohl in hügeligem Gelände und bei starken Steigungen eine möglichst breite Abstufung zwischen den beiden Extremen anzustreben ist. Im Rennbetrieb wird eine Überschneidung manchmal in Kauf genommen, wenn das gewählte Verhältnis einen anderen Vorteil bietet (denn ein Rennfahrer benutzt selten alle ihm zur Verfügung stehenden Übersetzungsmöglichkeiten).

Unterschiede zwischen zwei aufeinanderfolgenden Gängen reduzieren

Da eine kontinuierliche Leistungserbringung immer angestrebt werden sollte, empfiehlt es sich, die Unterschiede zwischen zwei aufeinanderfolgenden Schaltstufen so gering und gleichmäßig wie möglich zu halten. Diese Regel führt zum Einsatz von Stufenkränzen mit jeweils einem Zahn Unterschied vom kleinsten bis zum größten. Bei großen Übersetzungen sollte diese Regel besonders beachtet werden, wenn man weiß, daß ganze 69 cm die Stufen 52/12 und 52/13 trennen – und 128 cm die Übersetzungen 52/12 und 52/14. Bei großen, für Bergfahrten verwendeten Zahnkränzen müssen beim Schaltvorgang zwei oder sogar mehr Zähne übersprungen werden, um einen möglichst breiten Übersetzungsbereich zu erzielen. Beim Schalten vom kleinsten mittels Kette über das große Kettenblatt laufenden Zahnkranz auf den größten über das kleine Blatt laufenden Kranz sollte der Unterschied nach Möglichkeit der gleiche sein wie zwischen den anderen Gangstufen

Kettenräder staffeln.

Um häufigen Wechsel der Kettenräder zu vermeiden, was vor allem bei Bergfahrten nicht ganz leicht ist, empfiehlt sich ein einmaliger Wechsel bei doppeltem Kettenblatt (wenn man den gesamten Übersetzungsbereich benutzen will) und ein zweimaliger Wechsel mit dreifachem Kettenblatt.

Gangabstufung soll dem Leistungsniveau angepaßt sein

Die goldene Regel für den Anfänger besteht darin, keine zu großen Kranzabstufungen zu wählen und sich zuerst mit kleineren Übersetzungsunterschieden (bei mühelosem Schalten) eine flüssige Bewegungstechnik anzueignen. In der Mitte des Feldes haben sogar die Rennfahrer meist nur einen 16er-Kranz aufliegen, der die Geschmeidigkeit und den Muskeltonus erhält und unnötige Produktion von Schlackstoffen (Milchsäure) verhindert. Deshalb ist es ratsam, daß der Anfänger zu Beginn mit einem 15er-Kranz fährt und anschließend einen 17er (oder nach einer Einübungsphase auch den 16er) auflegt, denn das rechte äußere Ritzel dient nur zu kurzfristigem intensiven Krafteinsatz, um die Muskulatur zu kräftigen.

Welches Kettenblatt soll dazu gewählt werden?

Anfangs genügen Scheiben mit 51 oder sogar nur 50 Zähnen. Profis legen zum Saison-Aufbautraining eine 51er-Scheibe auf und behalten ihre Zahnkranzpakete mit dem äußeren 13er-Ritzel bei.

Wenn man eine Tabelle der mit verschiedenen Übersetzungen zurückgelegten Trittstrecken (bei einer Pedalumdrehung zurückgelegte Fahrstrecke) betrachtet, stellt man fest, daß entsprechende Übersetzungen mit verschieden großen Kettenrädern erzielt werden, wobei die Frage auftaucht: Warum sollte man als Basis nicht die Übersetzung von 55/17 dem ZZV 52/16 vorziehen und die restlichen Zahnräder diesem Ausgangsverhältnis anpassen? Dem steht nichts im Wege, außer der persönlichen Kondition. Bei gleicher Trittstrecke läßt es sich mit großen Kettenrädern leichter fahren, d. h. daß sie für einen kontinuierlichen Bewegungsablauf und Krafteinsatz günstiger sind. Francesco Moser zog 1984 bei seinem Stundenrekordversuch in Mexico-City die Übersetzung von 57/15 dem nahezu gleichen Verhältnis von 53/14 vor. Kleinere Kettenräder lassen sich dagegen nach einer Verlangsamung besser wieder ankurbeln. Sie werden übrigens von Bahnfahrern beim Sprinten bevorzugt, die lieber 47/14 als 54/16 wählen. Diese Überlegenheit kleinerer Kettenräder, wenn nach einer Verlangsamung wieder höhere Umdrehungszahlen erreicht werden sollen, macht sie für Freizeitsportler geeignet, die es mit größeren „Scheiben" versuchen können, sobald sie ein höheres Leistungsniveau erreicht haben. Denn wie beim Radfahren ständig mit dem Wind gerechnet werden muß, muß nach Rhythmuswechseln ständig wieder „angekurbelt" werden . . .

Gangabstufung soll dem Gelände und dem Leistungsziel angepaßt sein.

Wir fangen mit dem Sportrad mit doppeltem Kettenblatt an.

Der Freizeitsportler benötigt nicht mehr als zwei Standard-Übersetzungen, denn er hat keinen Mechaniker, der ihm vor jeder Fahrt die der Streckenführung angepaßten Kränze und Kettenräder auflegt. Es genügen daher:

- eine Übersetzung für jede Geländeart;
- eine Bergübersetzung.

Die Geländeübersetzung ist für Strecken nahezu aller Schwierigkeitsgrade geeignet. Man erreicht damit – je nach Gangwahl – eine Trittstrecke zwischen 3,50 m und 7,50 m. Ein Beispiel: 52 und 42 Zähne auf den beiden Kettenblättern und 7 Zahnkränze mit jeweils 15-16-17-18-19-21-23 Zähnen geben 10 nutzbare, gut abgestufte Gänge ab. Bei den ersten 5 läuft die Kette über das große, bei den letzten 5 über das kleine Kettenblatt.

Sobald man fähig ist, an Steigungen den Kraftaufwand gut zu dosieren, können mit 13-14-15-16-17-19-21 kleinere Kranzgrößen gewählt werden, mit denen fast alles möglich ist, inklusive mit der größten Übersetzung von 52/13 zu fahren.

Die Bergübersetzung empfiehlt sich, sobald größere Steigungen zu bewältigen sind. Ohne aus unserem Beispiel eine Regel machen zu wollen, ist anzunehmen, daß ein durchtrainierter Fahrer mit gut entwickelter Muskulatur ohne große Probleme mit 42/23 einen Berg der ersten Kategorie hinauffahren kann. Wenn er aber eines Tages auf eine besonders steile Strecke stößt, oder wenn er mehrere Anhöhen hintereinander erklimmen will, wird er mit dieser Übersetzung unverhältnismäßige Schwierigkeiten haben oder sogar vom Rad steigen müssen. Es ist daher klüger, kleinere Übersetzungen zu wählen und – falls das gleiche Rad verwendet wird – z. B. 42/28 aufzulegen, d. h. schneller auf die Faustregel des Stufenkranzes mit „einem Zahn Unterschied" zu verzichten – wie z. B. bei der Kombination: 52/42 und 15-16-17-19-22-25-28. In diesem Beispiel werden die ersten vier Zahnräder mit dem großen und die fünf weiteren mit dem kleinen Kettenblatt gefahren. In der Ebene bleibt die Abstufung mit einem Zahn Unterschied gewahrt. Dabei ist nur ein Gang nicht fahrbar, nämlich 52/22, der sich mit 42/17 überschneidet – aber manchmal sind Kompromisse unumgänglich; es sei denn, man verzichtet bewußt auf die großen Übersetzungen und fängt mit einem 16er-Kranz an, d. h. 16-17-19-21-23-26-29.

Diese Hinweise gelten für Radsportler, die in der Ebene wohnen und ihr Fahrrad mit doppeltem Kettenblatt zum Bergfahren benutzen, indem sie die Zahnkränze an Ort und Stelle auswechseln.

Wenn man kein Rennfahrer ist, besteht die beste Lösung darin, drei Kettenblätter zu montieren, was mit dem Siebenfachzahnkranz eine weitreichende Abstufung ergibt – der Leser urteile selbst: 52.40 und 28 Zähne vorn auf den drei Kettenblättern und hinten 14-15-16-17-18-20-22, was, mit 22-mm-Reifen, bei optimaler Nutzung der Schaltstufen (fünf Zahnkränze für jedes Kettenrad) zu einer von 2,74 m bis 7,73 m regelmäßig abgestuften Trittstrecke führt.

Alain Descroix
präpariert das Rennrad Bernard Hinaults

Alle Räder der Mannschaft „La Vie Claire" werden auf die gleiche Weise gewartet, allerdings widme ich – seit sechs Jahren bin ich der persönliche Mechaniker Bernard Hinaults – seinem Rad besondere Aufmerksamkeit. Zuerst prüfe ich, ob alle drehenden Teile gut „rundlaufen".

Tretlagerwelle

Ich nehme die Kurbeln ab, um die Welle frei zu bekommen, und prüfe, ob sie beim Drehen gerade den nötigen Spielraum hat. Zu diesem Zweck drehe ich den Konus langsam in die Nabe hinein, die ich vorher etwas – nicht zuviel – nachgefettet habe, und ziehe dann den Gegenkonus als Kontermutter an.

Zum Grand Prix der Nationen habe ich das Kugellager ohne die Lagerschalen und ohne das übliche Lagerfett eingebaut und mit Motoröl geschmiert. Die Tretlagerwelle hat so einen besonders leichten Lauf, und der Reibungswiderstand ist auf ein Minimum reduziert. Allerdings bedarf es zu einer solchen Montage großer Fingerfertigkeit, deshalb nehme ich sie nur selten vor, denn sie ist bruchempfindlicher und müßte täglich wiederholt werden.

Radachse

Ich wähle fabrikneue Naben aus und kontrolliere, ob sie nicht zu eng sind und ob sich die Achse leicht dreht. Dazu blockiere ich sie in den Ausfallenden eines Rahmens, bevor ich die Laufräder montiere.

Normalerweise lasse ich sie so, wie sie sind, scheide aber alle aus, die mir nicht gut genug scheinen. Zum Großen Preis der Nationen entferne ich das Schmierfett, montiere sie mit Motoröl und lasse dabei, wie bei der Tretlagerwelle, gerade genug Spiel zu optimalem Lauf.

Gangschaltung

Es ist wichtig, daß die Schaltungsrädchen in perfektem Zustand sind und so wenig Spiel wie möglich haben, um das „Springen" der Kette zu vermeiden – vor allem bei Sporträdern mit sieben Zahnkränzen. Problematisch wird es, wenn große und kräftige Sportler im Wiegetritt fahren, denn dann muß der Rahmen am Tretlagergehäuse dem größten Druck standhalten. Das darunter befindliche Schaltkabel spannt sich unter der Belastung und die Kette springt manchmal, wenn die Schalträdchen nicht in optimalem Betriebszustand sind. Deshalb wechsle ich sie immer gleichzeitig mit der Kette aus.

Die Schaltachsen dürfen ebenfalls nur wenig Spiel haben – da man sie nicht einstellen kann, wechsle ich beide Schaltkörper aus, sobald es nötig wird. Falls das Schaltgetriebe neu ist, hebe ich es zur späteren Verwendung auf.

Die Kabelzüge für den Kettenradumwerfer vorn und den Kranzwechsler hinten dürfen nicht zu straff gespannt sein. Wenn nötig, gebe ich am Schalthebel etwas nach, sonst funktioniert der Umwerfer nicht einwandfrei.

Wechselkränze

Es kommt vor, daß bei defektem Gewinde der Hinterradnabe die Zahnräder eines Wechselkranzes nicht so „rundlaufen", wie ich es gern hätte. Das ist beim Schalten mit bloßem Auge zu sehen, wenn die Zahnräder seitlich Spiel haben und sich unregelmäßig drehen. Ich prüfe sie im Einsatz mit einem Komparator und behalte nur die besten. Wenn ich das Spiel beseitigen kann, montiere ich den Kranzkörper mit einem Paßstück.

Unser Team benutzt nur Zahnkränze aus Stahl, deren Zahnräder eine Lebensdauer von höchstens 5000 km haben. Dural-Leichtmetallkränze sind zwar leichter, aber weniger haltbar, denn im intensiven Einsatz reißen die Rennsportler die Zähne ab. Kranzkörper aus Dural verwende ich überhaupt nicht. Wenn ich die Zahnräder auswechsle, ist meist auch die Kette „ausgezogen" und ersatzreif.

Kette

Sie muß täglich gewartet werden, selbst bei schönem Wetter. Ich reinige sie zuerst mit Dieselkraftstoff, der alle Schmutzpartikel in den Gliedern und auf der Kettenachse entfernt, ohne zu sehr zu entfetten, weil er selbst etwas fett ist.

Dann wasche ich das ganze Rad mit Wasser ab, dem ich ein Spülmittel beigegeben habe, und anschließend spüle ich es mit fließendem Wasser ab. Dann schmiere ich die Kette und gleichzeitig die Schaltungsrädchen mit Vaselinöl ein.

Eine Kette sollte nach etwa 2000 km gewechselt werden, aber am Saisonanfang erneuere ich sie fast jedesmal, weil sich wegen der den Fettfilm hinwegspülenden Frühjahrsregen Reibungsstellen bilden, die zu schnellerem Verschleiß führen.

Alain Descroix prüft die Lenkung.

Ein Blick auf den Ansatz des Bremskabels im Bremsgriff zeigt etwaige Funktionsfehler.

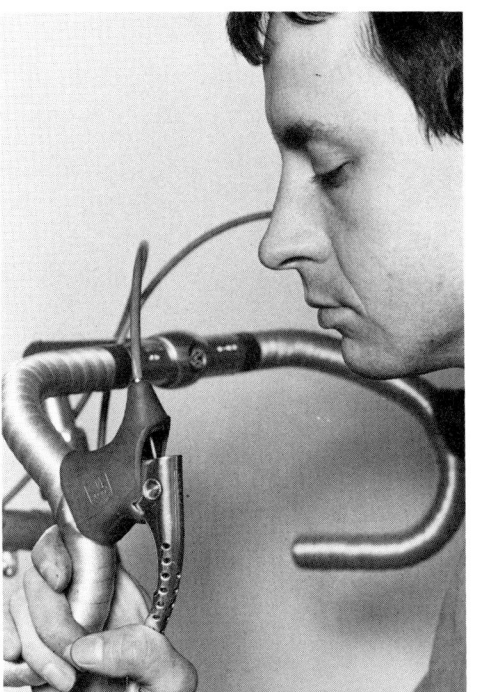

35

Die Tretlagerwelle wird abgeschraubt.

Die Kettenblätter werden abmontiert.

Die Zahnkränze werden abgeschraubt.

Die Vorderachse wird gelöst.

Der Lenker wird abmontiert.

Der Lenkervorbau wird abgeschraubt.

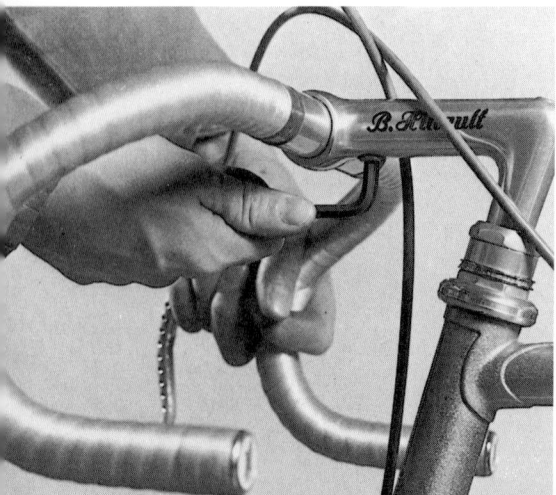

Kranzwechsler der Kettenschaltung.

Kettenblattumwerfer.

Zahnkränze und Kette.

Hinterradbremse.

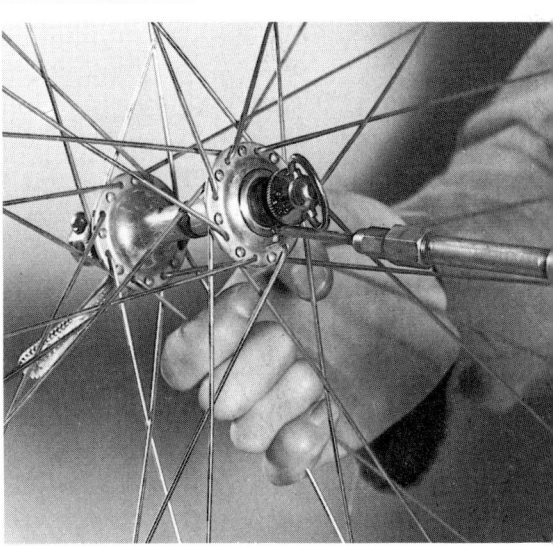
Vorderradnabe.

Sattelstütze.

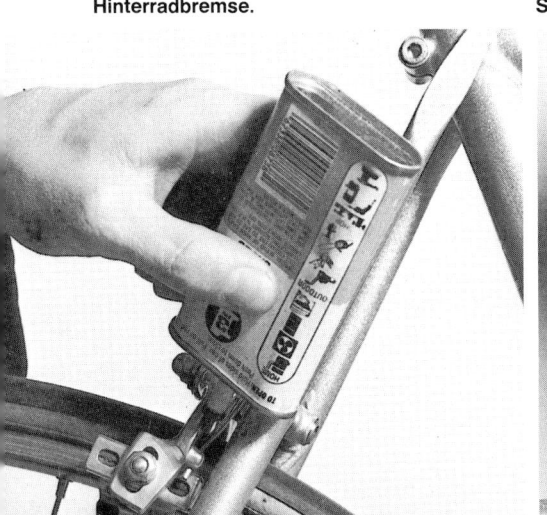

Tretlagerwelle.

Vorderradachse.

Kranzkörper der Hinterradnabe für den Wechselkranz.

Kontrolle der Kettenspannung.

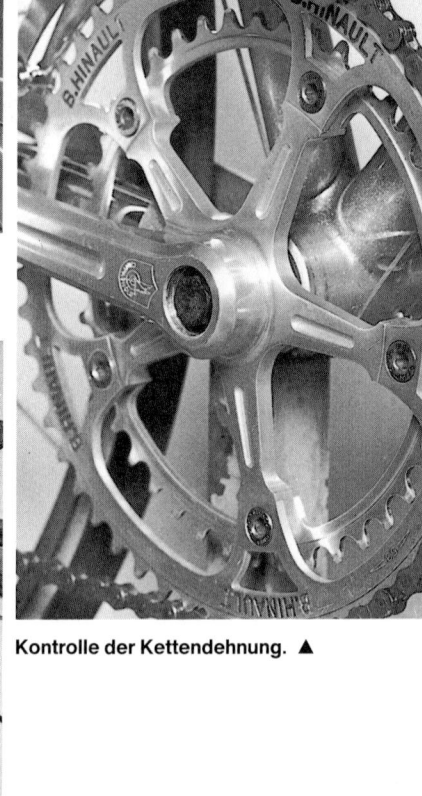
Kontrolle der Kettendehnung. ▲

Lenkung

Auch hier muß ein Kompromiß angestrebt werden, damit die Beweglichkeit des Lenkrohrs im Lenkkopfrohr gewährleistet ist. Ich kontrolliere täglich die Lenkung. Wenn sie „knorpelt", d. h. wenn etwas mit dem Kugellager nicht in Ordnung ist, wechsle ich den ganzen Lagersatz aus. Dabei ist mir aufgefallen – was nicht allgemein bekannt ist –, daß die Lenkung oft während des Transports beschädigt wird und nicht etwa während der Benutzung des Rades. Ich schließe das aus der Tatsache, daß die meisten Lenkungen einen Defekt in Nähe der Radachse aufwiesen – und das sogar bei Rädern, die noch nie benutzt worden waren. Unser Rennteam befestigt beim Transport die Räder mit der Gabel am Wagendach, eine offenbar schlechte Methode, bei der die Lenkung alle Stöße ungemildert mitbekommt. Leider geht es nicht anders, wenn wir den Rennfahrern so schnell wie möglich zu Hilfe kommen wollen, aber es wäre besser, wenn die Räder während des Transports an Sattel und Lenker befestigt würden.

Pedale

Auch hier werden die Lager kontrolliert, mit Lagerfett versehen und mit einem Komparator geprüft, ob sich die Pedalachsen nicht – durch einen Sturz zum Beispiel – verformt haben.

Bremsen

Jeden Tag gebe ich einen Tropfen Öl hinter die Bremsfedern, um Quietschen zu vermeiden. Ich wechsle regelmäßig die Bremsgummis, die Kabelhüllrohre und die Kabel aus, vor allem das der Hinterbremse, weil der Bremsweg länger ist.

Sattelstütze und Lenkervorbau

Nach jedem Regen und spätestens alle drei Monate fette ich sie ein, um Festfressen zu vermeiden. Wenn der Lenker knarrt (weil die Duralteile aneinander reiben), montiere ich den Lenker ab und schmiere die Manschette des Vorbaus. Beim Zusammenbau eines neuen Rades mache ich das ganz automatisch, denn wenn der Lenker richtig festgeschraubt ist, besteht keine Gefahr, daß er sich in der Manschette bewegt.

Laufräder

Die Reifen werden jeden Abend kontrolliert und beim geringsten Defekt ausgewechselt. Ich widme dem Einsetzen der Räder die größte Aufmerksamkeit, weil ich kein Spiel von mehr als 1 mm toleriere. Daher benötige ich meist eine halbe Stunde für jedes Rad. Um Quietschen zu vermeiden, werden die Speichen vor der Montage in Talg getaucht. Ich befeile die Felgen am Felgenstoß, um Unebenheiten zu beseitigen. Dann wird sie mit Kork abgerieben und mit einer Schutzschicht aus Klebstoff überzogen, die ich 24 Stunden lang trocknen lasse. Bevor ich den Reifen aufziehe, kommt eine weitere Schicht Klebstoff auf Felgenboden und Reifengewebe. Nach zehn Minuten Trockenzeit wird der Reifen aufgelegt, wobei ich darauf achte, daß das Pfeilprofil des Protektors (falls ein solches vorhanden ist) nach vorn in Fahrtrichtung zeigt, um bei Regen und Bremsen optimale Bodenhaftung zu bieten.

RENNÜBERSETZUNGEN

Auf höchstem Niveau vereinheitlichen sich die Übersetzungen, weil alle Rennfahrer in der Lage sein müssen, etwa gleiche Kränze und Kettenblätter zu fahren – evtl. mit einem oder zwei Zähnen Unterschied –, wenn sie sich nicht sehr schnell von den Konkurrenten abhängen lassen wollen. Daher bestimmen Terrain und Wettkampfart die Wahl der Rennübersetzungen. Es gibt vier Standard-Übersetzungen für:
– leichte Rennstrecken,
– stark hügelige Streckenführung,
– Bergetappen,
– Zeitfahrwettbewerbe.

Die Grundregel des kleinstmöglichen Unterschieds zwischen zwei aufeinanderfolgenden Gängen muß hier mit größter Präzision eingehalten werden.

Leichte Rennstrecke

Hier genügt ein Stufenkranz, bei dem die Zahnräder jeweils einen Zahn Unterschied haben, außer manchmal dem größten für eine etwas stärkere Steigung oder Bodenwellen – aber das ist nicht unbedingt nötig. Mit seinem Siebenfach-Zahnkranz legte Eddie Merckx gern vorn 53/44 und hinten 13-14-15-16-17-19 auf.

In diesem Beispiel entspricht die Übersetzung 53 × 17 ungefähr 44 × 14, die daher nicht benutzt wird. 42 Zähne auf dem kleinen Kettenblatt führt zu einem weiteren Gang, 42 × 14, der wegen der Verwindungsgefahr der Kette zwischen Blatt und Zahnkranz nicht zu empfehlen ist. Eddie Merckx zog seinerseits das 44er-Blatt für Bergfahrten vor.

Siebenfach-Zahnkränze machen es heute möglich, bei der oben genannten Kombination außen einen 12er-Kranz zu fahren, oder den 18er einzuschieben, um den Sprung zwischen 17 und 19 zu überbrücken.

Hügelige Streckenführung

Wegen der Zahl und Intensität der Steigungen muß bei Sechsfach-Kränzen hinten ein größeres Zahnrad aufgelegt und das 12er eventuell entfernt werden. In einem solchen Fall legte Eddie Merckx mit einem 6er-Kranz vorn oft 53/44 und hinten 13-14-15-17-19-21 auf.

Sieben Zahnräder haben bei dieser Kombination den Vorteil, zusätzlich das 16er-Zahnrad auflegen zu können oder das 12er hinzuzufügen – das kommt ganz auf das Gelände an. Ein Schlußsprint bei leichtem Gefälle kann zur Wahl eines 12er-Außenritzels führen – starke Steigungen zu 22 und 23 als größtes Innenritzel – selbst wenn dabei Sprünge zwischen den Gängen in Kauf genommen werden müssen. Logisch ist auch in diesem Fall wieder ein 42er-Kettenblatt, mit dem – vor allem bei Strecken mit großem Schwierigkeitsgrad – ein breiterer Übersetzungsbereich möglich ist.

Bergetappen

Meist genügt das 23er-Ritzel, und es bedarf wirklich starker Steigungen, wenn sich die Rennfahrer für Ritzel mit 24, 25 oder 26 Zähnen entscheiden. Das ergibt z. B. folgende Kombination: 53/42 vorn und 12-13-15-17-19-21-23 hinten.

Der 12er-Kranz wird nur verwendet, wenn eine lange Talfahrt zur Rennstrecke gehört, die vielleicht auch noch leicht abschüssig ist. Ist das nicht der Fall, empfehlen sich – je nach Schwierigkeitsgrad –, Kranzpakete mit jeweils 13-14-15-17-19-21-23 oder 13-14-16-18-20-22-24 Zähnen.

Die Wahl hängt, wie gesagt, von den topographischen Gegebenheiten der jeweiligen Etappe ab – eine feste Regel gibt es nicht.

Die Faustregel „ein Zahn Unterschied", die für die großen Ritzel meist nicht eingehalten wird, könnte wieder gültig werden, wenn das durchschnittliche Gefälle und das Profil der Steigungen dazu geeignet sind, wie in folgendem Beispiel: 53/42 vorne und 13-14-15-17-19-20-21 hinten.

Rennfahrer benötigen keine so gleichmäßigen Gangabstufungen wie Amateur-Freizeitsportler, denn die Mechaniker können täglich unter Berücksichtigung der Streckenführung die Übersetzungen neu berechnen und die entsprechenden Kombinationen wählen.

Zeitfahrwettbewerbe

Die niemals dicht an dicht und immer im Höchsttempo fahrenden Sportler brauchen beim Zeitfahren keine komplette Übersetzungsreihe, es sei denn, die Rennstrecke beinhaltet alle möglichen Geländevarianten – was selten der Fall ist. Um Zeit zu sparen, vermeidet man, zu oft die Kettenblätter zu wechseln, und wählt gleich große Übersetzungen, um schneller voranzukommen. Auf einer Etappe gegen die Uhr mit ebenem Gelände und einer Steigung kann er z. B. zwei Kränze für die Ebene mit vier Kränzen für die Bergfahrt kombinieren, z. B. 53/44 und 12-13-18-19-20-21. Lucien Van Impe wurde mit einer solchen Wahl Etappensieger der Tour de France – er hatte 53/47 und 13-14-15-19-20-21 aufgelegt.

Beim Zeitfahren wird oft der Sechsfach-Zahnkranz verwendet, und zwar auf normalen wie bergigen Strecken. Damit läuft die Kette verwindungsfreier zwischen Kränzen und Kettenrädern, und das Hinterrad läuft besser geradeaus. Die Standard-Kranzserie ist in dieser Radsportdisziplin 53/42 und 12-13-14-15-16-17, aber es kann auch mit einer Übersetzung von 53 × 13 angefangen werden.

Übersetzungen mit drei Kettenrädern

Berufsfahrer verwenden keine dreifachen Kettenräder, aber für die Sportradindustrie und für erfahrene Radsportler, die gern mit Neuem experimentieren, ist diese Alternative von Interesse.

Hier zuerst ein klassisches Beispiel mit einem Sechsfach-Zahnkranz, das den Vorteil einer präzisen, verwindungsfreien Kettenführung bietet, weil jedes Kettenrad nur mit jeweils vier Zahnrädern gefahren wird: 52/42/35 und 12-13-14-15-15-17. Mit einem Zahn Unterschied sind die Gänge gleichmäßig abgestuft, und mit der Übersetzung 52 × 13 kann man sogar „Bäume hochklettern".

Das zweite Beispiel ist wirklich originell, denn es löst das Problem der mit den Zahnkränzen 12, 13 und 14 erzielten, besonders großen Übersetzungsunterschiede: Die Lösung wäre, zwischen den Gängen 52 × 12 und 52 × 13 die Gangstufe 54 × 13 einzuschalten, indem man rechts ein Kettenblatt mit 52, in der Mitte eines mit 54 und links ein kleines mit 42 Zähnen montiert – damit wäre die Lücke zwischen den Gängen ausgefüllt. Durch einfaches Wechseln des großen Kettenrades erzielt man so für jeden

Zahnkranz zwei eng abgestufte Gänge, was trotz etwas komplizierter Manipulationen, wenn man alle vorhandenen Übersetzungen nutzen will, seine Annehmlichkeiten hat. Alles Sache der Gewohnheit...

So ergeben 52/54/42 vorne und 12-13-14-15-16-17-18 hinten folgende Übersetzungen: 52 × 12 (Trittstrecke in Meter: 9,01), 54 × 13 (8,64 m), 52 × 13 (8,32 m), 54 × 14 (8,02 m), 52 × 14 (7,73 m), 54 × 15 (7,49 m), 52 × 15 (7,21 m) und 54 × 16 (7,02 m), was eine außergewöhnlich gute Gangabstufung ergibt. Ein Versuch lohnt sich, selbst wenn die Gewohnheit dagegen spricht...

Wie sich meine Übersetzungen geändert haben

Robert Leroux, der mich im Kindesalter in den Radsport einweihte, hat mir gezeigt, wie man die Beine schnell und gleichmäßig bewegt. Das vergißt man nicht mehr, es wird zum bleibenden Besitz. Als junger Fahrer bin ich 50 × 16 gefahren, was mich nicht gehindert hat, Rennen zu gewinnen. In der Juniorenklasse habe ich nie 51 × 14 überschritten, obwohl die Übersetzungen nicht mehr begrenzt waren. Nur bei der französischen Meisterschaft 1972, die damals „Premier Pas Dunlop" hieß, habe ich 51 × 13 gewählt – und gewonnen.

Heute nehme ich große Übersetzungen beim Zeitfahren oder beim Sprint auf der Bahn, aber nur, wenn es renntechnisch möglich ist. Das große Kettenblatt hat meist 53 Zähne, aber ich lege auch manchmal 54er-, ja sogar 55er-Kettenblätter auf – allerdings sehr selten.

Beim Bergfahren wähle ich kleinere Übersetzungen als am Anfang meiner Laufbahn als Profi. Dort, wo ich früher einen 22er-Kranz aufliegen hatte und dabei öfter im Wiegetritt fahren mußte, um die Drehzahlen zu halten, benutze ich heute einen 24er und bleibe viel länger im Sattel. Ich sitze weiter hinten, und meine Tretbewegungen sind gleichmäßiger.

Ich trainiere nie mit einem festen Kranz, weil ich die vor meinem 18. Lebensjahr erworbene Tretgeschwindigkeit behalten habe.

Beim Saisonaufbautraining im Frühjahr nehme ich ein großes Blatt mit 51 Zähnen und fahre viel mit 16er- und 15er-Kränzen, schalte aber schnell auf die 14er und 13er herunter, ja sogar auf den 12er-Kranz. Das hängt vom Wind, dem Terrain und der Lage der Strecke ab. Sobald man wieder bei Kondition ist, soll in jedem Fall mit Wettbewerbsübersetzungen trainiert werden. Außerdem bleibe ich nicht gern einen ganzen Tag bei einer einzigen Übersetzung, das ist mir zu langweilig. Das Radfahren ist immer noch ein Spiel für mich – beim Training wie im Rennen.   *Bernard Hinault*

Spezialräder

Bei Straßenrennen auf Etappen gegen die Uhr wie bei Verfolgungsrennen auf Bahnen fahren fast alle Rennsportler heute Spezialräder, die zwei Vorteile haben, solange es sich nicht um kurvenreiche oder bergige Strecken handelt.
- Der Trägheitsfaktor der Scheibenräder, die schwerer sind als Speichenräder;
- der Luftwiderstand, der bei den Scheibenrädern geringer ist als bei den herkömmlichen Modellen.

DER TRÄGHEITSFAKTOR BEI SCHEIBENRÄDERN

Das Gewicht dieser Räder ist ganz unterschiedlich. Bei Zeitfahrwettbewerben auf ziemlich ebenem Gelände benutzt Francesco Moser besonders schwere Laufräder – 2 kg für das Vorderrad, 2,6 kg für das Hinterrad. Mit nahezu identischen Rädern brach er damals den Stundenrekord in Mexiko. Durch dieses hohe Gewicht entsteht ein Trägheitsfaktor, der das Überwinden des toten Punktes über der Kurbel-Senkrechtachse erleichtert und den Effekt einer leichten Drehzahlminderung abschwächt – vor allem, wenn der Rennsportler über eine gut durchtrainierte Muskulatur verfügt. Dieser Trägheitsfaktor wird zum echten Handikap, sobald eine Steigung auftaucht, was Alain Descroix bestätigen kann, der auf der Italien-Rundfahrt 1985 die Zwischenzeiten Francesco Mosers und Bernard Hinaults kontrollierte.

Es gibt heute leichtere, ca. 1,6 kg wiegende Scheibenräder, deren Luftwiderstandsbeiwert geringer und deren Trägheitsfaktor niedriger ist, was ihre Verwendung auch bei unterschiedlicher Streckenführung möglich macht.

DER LUFTWIDERSTAND

Die ersten Untersuchungen mit dem Ziel, den Luftwiderstand des Rades und den der Einheit Mensch/Maschine unter Berücksichtigung der Sitzposition des Fahrers zu verringern, wurden erstmals 1977 von Maurice Ménard, Direktor des Aerotechnischen Instituts in St.-Cyr-l'Ecole und Professor an der Technischen Hochschule durchgeführt. Daraus ging zuerst das während der Tour de France 1979 erprobte Rennrad „Profil" hervor, dem

„Delta" folgte, das Laurent Fignon bei der Tour de France 1984 auf Etappen gegen die Uhr benutzte.

Damals waren in den Ostblockstaaten bereits Räder mit Niederrahmen, kleinerem Vorderrad und „Kuhhorn"-Lenker aufgetaucht. Sie wurden anfangs bei Mannschaftsrennen gegen die Uhr verwendet – in denen, nach dem Prinzip des „Steyer", die Rennposition über dem tief liegenden Lenker und dem kleinen Vorderrad den Fahrern besseren Windschutz gewährt. Dann wurden diese Räder auf der Bahn bei Verfolgungsrennen und 1-km-Zeitfahrten eingesetzt, bis man feststellte, daß sie einen besseren Cw-Wert hatten als die Speichenräder.

Aber erst 1984, als Francesco Moser auf einem Rad mit Niederrahmen und Scheibenrädern einen neuen Stunden-Weltrekord aufstellte, fing man an, aerodynamische Studien im Radsport ernst zu nehmen.

Dabei war das Rennrad Francesco Mosers kein im eigentlichen Sinn aerodynamisches Rad gewesen. Der Rahmen bestand aus Rohren mit rundem Querschnitt ohne spezifisch strömungsgünstige Profilgebung. Der verbesserte Cw-Wert war vor allem den Scheibenrädern und der tief über den Lenker gebeugten Haltung des italienischen Athleten zu verdanken.

Abgesehen vom Modell „Delta" sind heute fast alle in Zeitfahrwettbewerben eingesetzten Rennräder Ableitungen der Maschine Mosers, die noch viel Ähnlichkeit mit den ersten Rädern mit Niederrahmen der sowjetischen Rennfahrer hat – von den Scheibenrädern abgesehen. Gegenüber den herkömmlichen Speichenrädern sind diese Räder – ohne profilierte Felgen und ohne Flachspeichen – auf ebener Strecke 2 bis 3 Sekunden pro Kilometer schneller, und es ist kaum möglich, den Anteil an Zeitgewinn zu berechnen, der auf das Konto der Scheibenräder kommt.

Die aktuelle Forschung geht den 1977 in St.-Cyr-l'Ecole aufgezeigten Weg weiter, nach dem durch Formveränderungen am Fahrrad und durch Erfindung neuer Bauteile der Luftwiderstand des Rades selbst reduziert werden soll. Ein Beispiel ist der schon 1980 von Maurice Ménard erfundene und von mehreren Fabrikanten heute imitierte Lenker im Flugzeugflügel-Profil.

Wie weit wird man wohl noch gehen können? Mit dem Delta-Modell betrug der Leistungsgewinn fast 120 Watt von den 200, die ein herkömmliches Rad bei der Überwindung des Luftwiderstandes verbraucht.

Obgleich weniger strömungsgünstig, verzeichnen die heutigen Rennräder im „Moser-Stil" dank ihrer Scheibenräder einen vergleichbaren Leistungsanstieg, und man kann wohl bei der neuen, 1985 auf der Mailänder Ausstellung vorgeführten Generation aerodynamischer Rennräder mit weiteren 50 Watt Leistungsgewinn rechnen.

In Anbetracht der Tatsache, daß ein Spitzenfahrer mit einer Leistung von ca. 600 Watt fährt, kann man mit diesen neuen Rädern in einer Stunde Fahrt einen Leistungsgewinn von 170 Watt erzielen, was den Stunden-Weltrekord in der Höhenlage von Mexiko problemlos auf 53 km verbessert, oder beim Zeitfahren eine Durchschnittsgeschwindigkeit von 51 km/h ermöglicht – vorausgesetzt, das erneut in Frage gestellte Reglement läßt den Einsatz solcher Maschinen zu.

Körperbau, Sitzposition und Rahmenform

Ein Radsportler erreicht seine Bestleistung nur, wenn sein Rad in ausgewogenem Verhältnis zu seinem Körperbau steht. Das ist allerdings leichter gesagt als getan. Es gibt diesbezüglich eine bestimmte Anzahl mehr oder weniger zuverlässiger, überlieferter Regeln, die wir anführen und deren Gültigkeit und Sachdienlichkeit wir untersuchen wollen. Vor allem aber möchten wir hier die Grundlinien einer modernen Methode aufzeigen, die einerseits aus aktuellen, zum Teil von uns selbst durchgeführten und zum Teil übernommenen Recherchen und Studien, andererseits aus unserer Kenntnis des Spitzen-Rennsports hervorgegangen ist.

Wir meinen hier natürlich den im Sinn – wenn nicht nach dem Gesetz – des Wettbewerbs betriebenen Radsport, der im Sportler den Wunsch weckt, sein gesamtes Leistungspotential zu entwickeln, und nicht das Radfahren als Vergnügungssport (das sicher auch Genugtuung verschafft, für den aber andere Mittel zur Verfügung stehen).

Das Rad messen

Ein Sportrad wird durch zwei Reihen von Maßen gekennzeichnet:

- die unveränderlichen, die seine Struktur bestimmen und vom anmontierbaren Zubehör unabhängig sind;
- die veränderlichen, die von der Wahl des Lenkervorbaus sowie der Höhe und Lage des Sattels beeinflußt werden.

Es sind dies die eigentlichen Positionsmaße, die bei Radwechsel auf das neue Rad übertragen werden, oder – wenn man mehrere Räder besitzt – für alle gültig sein sollten, vorausgesetzt, die Rahmen sind identisch.

Alain Descroix hat ein Gerät entwickelt, das eine präzise Ermittlung der Sattelhöhe möglich macht.

Distanz des Sattels zur Tretlagerachse. **Distanz des Sitzrohrs zur Tretlagerachse.**

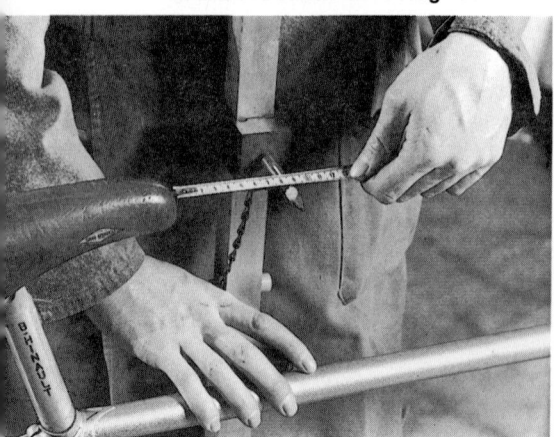
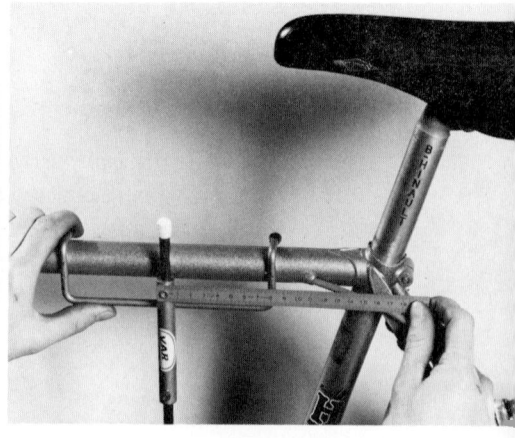

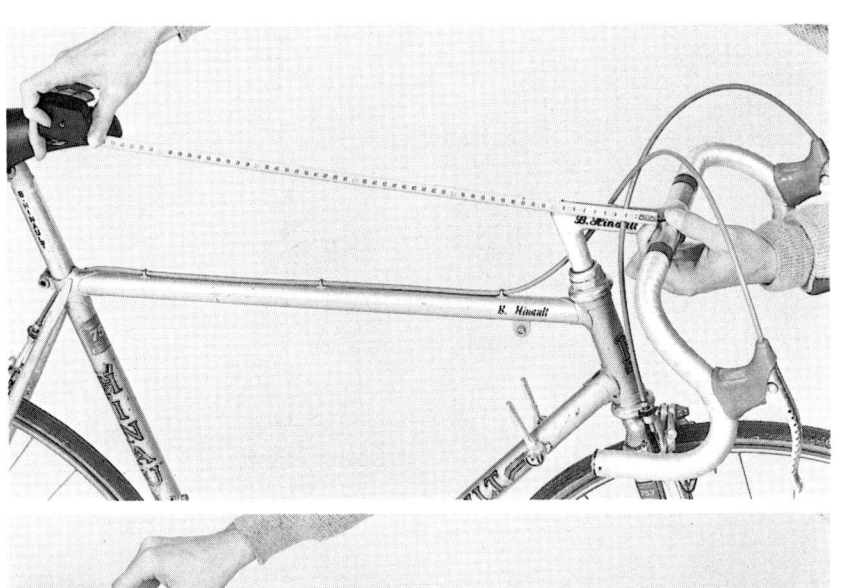

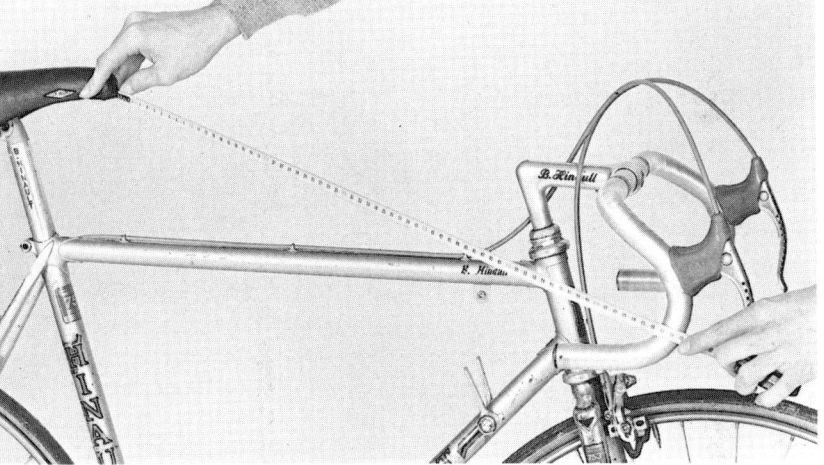

Oben: Ermittlung der Sitzlänge.

Mitte: Distanz der Lenkerbeuge zur Sattelspitze.

Nebenstehend: Kontrolle der Distanz des Lenkers zum Boden.

DIE STRUKTURMASSE

Diese Nomenklatur ist vielleicht nicht sehr ansprechend, dafür aber praktisch, weil sie hilft, sich im Text besser zurechtzufinden.

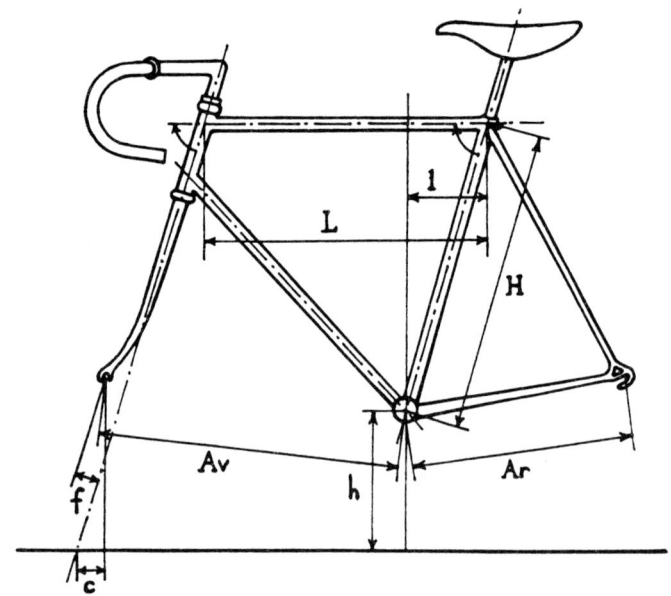

H = Rahmenhöhe zwischen Tretlagerwaagerechten und Oberrohr.
L = Rahmenlänge zwischen Sitzrohr- und Lenkrohrsenkrechten.
h = Abstand zwischen Tretlagerwelle und Boden.
l = Sitzrohrwinkel
Av = Vorderlänge zwischen Tretlagersenkrechten und Vorderradachse.
Ar = Hinterlänge zwischen Tretlagersenkrechten und Hinterradachse.
f = Gabelkrümmung.
c = Nachlauf.

Das Ermitteln dieser Maße erfordert etwas Sorgfalt, deshalb geben wir für drei von ihnen einige Hinweise.

– **H – Rahmenhöhe.** Sie wird parallel zum Sitzrohr gemessen, indem man einen Zollstock auf das Tretlagergehäuse aufsetzt. Zum gefundenen Wert 2 cm zuschlagen, sie tragen der Außenwölbung eines Tretlagers aus Stahl Rechnung. Bei den meisten Dural-Tretlagern müssen 2,2 cm gerechnet werden. Im Zweifelsfall den Gehäuse-Durchmesser mit einer Schieblehre messen.

– l – **Sitzrohrwinkel.** Ein wichtiges Maß, das Lage und Einstellung des Sattels beeinflußt. Man kann sagen, daß L (Rahmenlänge) nur im Zusammenhang mit l die richtige Position ergibt. Wenn der Schnittpunkt von Oberrohr- und Sitzrohrachse leicht zu ermitteln ist, so bedarf das Auffinden des vom Oberrohr und der Tretlager-Senkrechten gebildeten Punkts größerer Sorgfalt. Dazu das Rad mit aufgepumpten Reifen auf eine ebene und völlig waagerechte Unterlage stellen, leicht zur Seite neigen und ein Lot vom Oberrohr durch die Tretlagerachse fällen. Die Stelle am Oberrohr markieren und l ausmessen.

– f – **Gabelkrümmung.** Auch dieses Maß ist nicht leicht zu ermitteln. Es ist der von der Achse des Lenkkopfrohres und einer parallel dazu durch die vorderen Ausfallenden gezogenen Linie gebildete Winkel. Man kann diese Achse mittels einer straff gezogenen, am Lenkkopfrohr angeklebten Schnur darstellen und die Distanz zwischen dieser Schnur und dem Ausfallende messen. Zu zweit läßt sich diese Messung leichter durchführen, weil dabei gleichzeitig geprüft werden kann, ob die Schnur auch präzise in der von der Gabel und damit gleichzeitig vom Lenkkopfrohr gebildeten Achse liegt.

DIE POSITIONSMASSE

Die Positionsmaße bestimmen die geometrischen Verhältnisse, in denen die Stützpunkte des Fahrers zueinander stehen, d. h. Sattel und Lenker als feste Punkte und die beweglichen Pedale. Zum leichteren Auffinden der strategischen Punkte ersetzen wir die Pedale durch ihre gemeinsame Rotationsachse, d. h. durch die Tretlagerachse.

Die Sitzposition des Fahrers wird durch die Lage von Sattel, Lenker und Tretlagerachse bestimmt, wobei der Körperschwerpunkt über der durch die Tretlagerachse gehenden Senkrechten liegen muß. Es stimmt zwar, daß der Fahrer von seinem Rad getragen wird, aber während der Fahrt wirken die Gesetze der Schwerkraft weiter auf die verschiedenen Teile seines Körpers ein und tragen so zu seinem dynamischen Gleichgewicht bei.

Es gibt noch andere, interessante Methoden zur Berechnung der Positionsmaße, aber mit der von uns gewählten Methode kann der Leser die Messungen leicht nachvollziehen und problemlos auf ein Fahrrad herkömmlichen Typs übertragen.

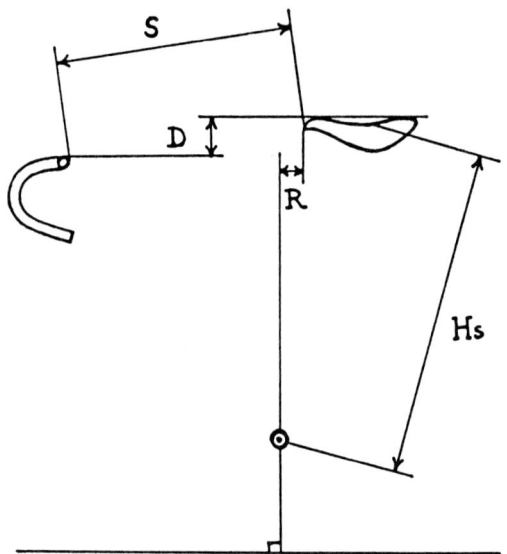

Hs = Sattelhöhe, das Maß von der Tretlager-Waagerechten bis zur Mitte der Satteloberkante.
R = Lage des Sattels. Abstand zwischen Sattelspitze und Tretlager-Senkrechten.
S = Abstand zwischen Sattelspitze und Oberlenker (Sitzlänge).
D = Höhenunterschied zwischen Satteloberkante und Oberlenker.

– **Hs – Sattelhöhe.** Sie wird ermittelt, indem man ein Winkeldreieck flach auf den Sattel legt und wie bei der Ermittlung der Rahmenhöhe die Distanz vom Gehäuse der Tretlagerwelle bis zum Rand des Winkeldreiecks mißt. Auch hier den Gehäusedurchmesser hinzurechnen.

– **R – Die Lage des Sattels.** Sie ist leicht zu ermitteln, wenn man ein Winkeldreieck an dem Punkt anlegt, an dem die Tretlagersenkrechte das Oberrohr schneidet, und den Abstand bis zur Sattelspitze mißt.

– **S – Sitzlänge.** Sie wird ermittelt, indem man einen Zollstock an der Manschette des Lenkers an- und auf die Sattelspitze legt. Die infolge des Höhenunterschiedes von Lenker und Sattel entstandene Schräglage stört dabei nicht. Wer will, kann diesen mit dem Oberrohr gebildeten Winkel berechnen oder ausmessen.

– **D – Höhenunterschied zwischen Satteloberkante und Oberlenker** ist ebenfalls leicht zu ermitteln, indem man mit dem Zollstock eine von der Manschette des Lenkers ausgehende Gerade bildet und den Abstand bis zur Oberkante der Sattelspitze mißt.

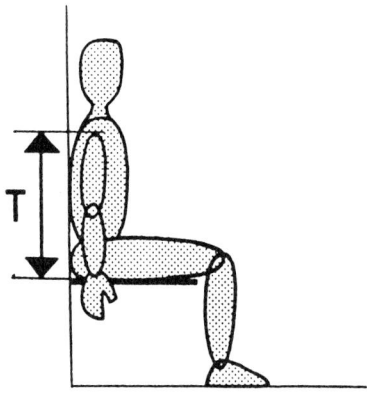
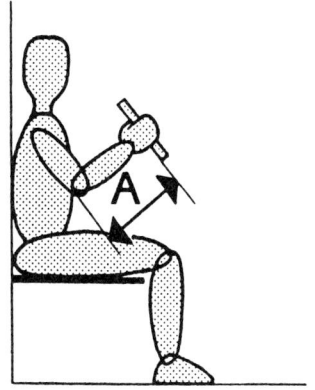
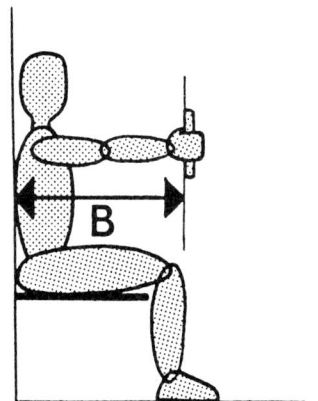

Vereinfachte Messungen genügen zur Ermittlung der Sitzposition. Oben links: Oberkörper T; – oben rechts: Unterarm A; – nebenstehend: Armlänge B; – unten links; Oberschenkel C; – unten rechts; Unterschenkel J

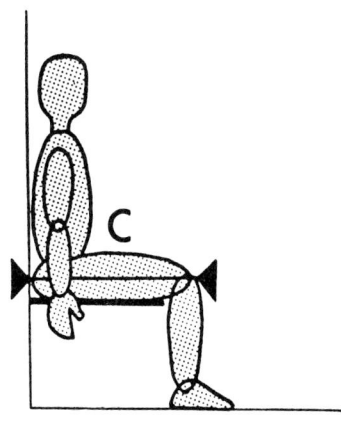
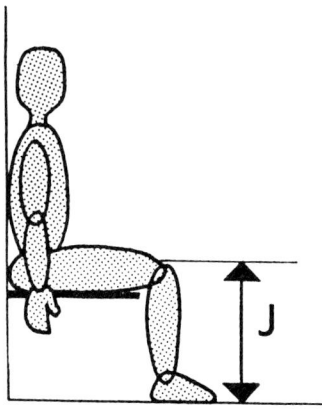

Den Fahrer messen

Mit sieben leicht zu ermittelnden morphologischen Meßwerten, zu denen es keiner besonderen anatomischen Kenntnisse bedarf, kann eine anthropometrische Maßkarte angelegt werden, die präzise genug ist, um der Ermittlung der idealen Sitzposition des Fahrers als Basis zu dienen. Sobald die Positionsmaße festliegen, können nach mehreren Testfahrten die optimalen Abmessungen des Fahrrades gefunden werden.

1) – Körpergröße

Jedermann weiß, wie groß er ist. Dieser Wert ist, in bezug auf andere Werte, ein wichtiger Hinweis. Als einziges Kriterium beim Radkauf ist er allerdings unzureichend.

2) – Schrittlänge (E)

Es ist der wichtigste Wert – was beim Radsport nicht verwunderlich ist. Die Schrittlänge wird an der Innenseite der leicht gespreizten Beine gemessen, wobei der Fahrer barfüßig sein und seine Trainingshose anhaben soll.

3) – Länge der Oberschenkel (C)

Der Fahrer setzt sich auf einen Hocker, Rücken und Becken gegen eine Wand gelehnt, wobei die geschlossenen Beine eine Senkrechte bilden. Eine Reißschiene von vorn gegen die Kniescheiben drücken, und die Entfernung zwischen Wand und Reißschiene messen.

4) – Beinhöhe bis zum Knie (J)

Der Fahrer befindet sich in der gleichen Position wie beim Vermessen der Oberschenkellänge. Er ist barfuß, und die Reißschiene liegt diesmal flach auf den Knien, direkt hinter der Kniescheibe. Abstand zwischen Schiene und Boden messen.

5) – Oberkörper (T)

Der Fahrer sitzt wieder mit fest an die Wand gedrücktem Rücken und Becken auf einem flachen Hocker. Das Winkeldreieck wird senkrecht auf den vorstehenden Schlüsselbeinknochen gesetzt und der Punkt an der

Wand markiert. Man mißt den Abstand zwischen der Markierung und der Oberfläche des Hockers.

6) – Oberarmlänge (B)

Der Fahrer hält in der gleichen Position mit ausgestrecktem Arm einen Stock oder einen anderen zylindrischen Gegenstand mit schmalem Durchmesser senkrecht in der zur Faust geballten Hand. Die Armlänge wird zwischen Wand und Stock gemessen.

7) – Unterarmlänge (A)

Der Fahrer bleibt unverändert mit dem Rücken an die Wand gelehnt sitzen und winkelt den rechten Arm an, so daß Ober- und Unterarm einen Winkel von 45° bilden, wobei er darauf achtet, daß der rechte Winkel des Stocks zum Unterarm erhalten bleibt. Dann wird der Abstand zwischen Ellbogen und Stock gemessen.

Optimale Sitzposition und Radmaße

Die meisten Hersteller sogenannter „Räder nach Maß" wenden dabei vereinfachte Methoden an. Einige ermitteln die Rahmenhöhe anhand von Tabellen, die unter Berücksichtigung der Körpergröße aufgestellt wurden. Andere machen Versuche mit einem Rad oder einem vielseitig verstellbaren Apparat, einer Art Hometrainer, auf dem sie den Kunden beim Pedalieren beobachten und sich dabei meist auf ihr Augenmaß verlassen.

Der Nachteil dieser letzten Methode liegt in der Tatsache, daß der Fahrer nicht wirklich unter Belastung arbeitet und das Augenmaß – selbst bei großer Entfernung – nicht immer genügt.

In Wirklichkeit sind bei „maßgefertigten" Rädern mehrere Probleme zu lösen:

– Die Sitzposition, mit der der Rennfahrer bei gleichzeitig geringerem Krafteinsatz seine Bestleistung erzielt.

– Die Maße des Rahmens, die diese optimale Position möglich machen – denn ein Rad ist nur begrenzt individuell einstellbar. Bei einem Rahmen mit stark senkrecht montiertem Sitzrohr kann der Sattel nicht so weit, wie vielleicht nötig, zurückgeschoben werden. Wenn der Rahmen zu kurz geraten ist, kann der Lenker nicht in die richtige Lage gebracht werden, es sei denn, man hilft sich mit einem überlangen Lenkervorbau, der aber den Fahreigenschaften und der Ästhetik abträglich ist.

– Die eigentliche Rahmengeometrie, die aus dem Rad ein gutes Fortbewegungsmittel macht, das auch bei hoher Geschwindigkeit fahrsicher und fahrstabil geradeaus fährt und auch in Kurven leicht zu dirigieren ist. Das hängt vor allem von der Vorderlänge, der Gabelkrümmung, dem Nachlauf und dem Winkel von Lenkrohr und Oberrohr ab.

Diese drei Probleme müssen in der oben genannten Reihenfolge und mit größter Präzision gelöst werden, weshalb es für einen Anfänger im Radsport fast unmöglich ist, sich gleich beim ersten Mal ein individuell perfekt angepaßtes Rad bauen zu lassen. Sogar Berufsfahrer ändern mit der Zeit die Maße ihrer Maschine – zumindest die Besten unter ihnen, die Fahrstil und Sitzposition ständig verbessern und in Einklang mit ihren Erfahrungen bringen. Das hindert sie nicht daran, schon am Anfang ihrer Laufbahn Rennen mit einem Rad zu gewinnen, dessen endgültige Maße noch nicht feststehen. Allerdings sollte hierbei nicht mit übertriebener Gewissenhaftigkeit vorgegangen werden, denn wie Paul Wiégant, ehemaliger Trainer des A.C.B.B., sagt: „Spitzenfahrer wird man nicht nur mit optimalen Radmaßen."

Die Räder Bernard Hinaults
oder
die Geschichte einer Sitzposition

1978 habe ich auf der Tour de France angefangen, systematisch die Maße der Berufsrennfahrer zu notieren, als unerläßliches Informationsmaterial einer wissenschaftlichen Untersuchung der optimalen Sitzposition eines Rennfahrers. Untenstehend findet der Leser Grundriß und Meßwerte des damals von Bernard Hinault benutzten Rennrades.

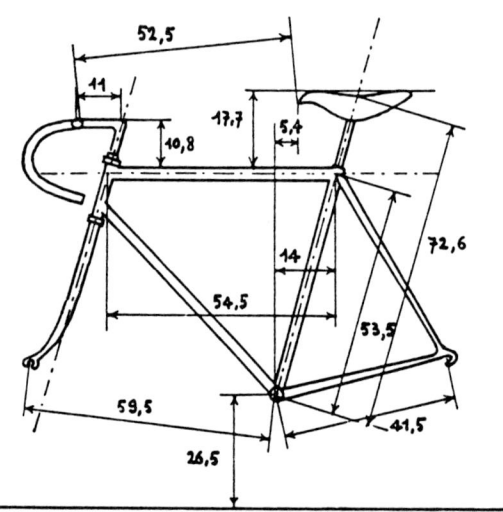

Im Januar folgenden Jahres nahm Bernard Hinault an der französischen Meisterschaft im Querfeldeinrennen teil, bevor er in Rotterdam das Sechs-Tage-Rennen bestritt. Diesmal notierte ich die Maße beider Räder, des Rennrades und des Bahnrades, um Vergleiche anstellen zu können. Dabei fiel mir auf, daß der Sattel seines nach Rotterdam transportierten Rennrades bis ans hinterste Ende zurückgeschoben war. Das wies darauf hin, daß Bernard aufgrund der Rahmenstruktur im Bedarfsfall keine Einstell-Toleranz mehr für seinen Sattel besaß und daher seine endgültige Sitzposition noch nicht gefunden hatte. Ich sprach mit Cyrille Guimard, seinem sportlichen Leiter, darüber, von dem ich kurz darauf erfuhr, daß ein neuer Rahmen, Resultat ergonomischer Recherchen und von der Régie Renault unternommener Versuche im Windkanal, in Bearbeitung sei.

Mehrere Monate waren nötig, bis Bernard sich an die neue Position gewöhnt hatte, deren bemerkenswerte Wirksamkeit das Forschungsergebnis in jedem Detail bestätigte. Allerdings hatte man die optimale Sattelhöhe noch nicht gleich gefunden – es mußten noch ein paar Millimeter gewonnen werden. Mit diesem Rad, dessen Sitzrohr stärker nach hinten geneigt war, gewann der Bretone zum zweiten Mal mit fast 13 Minuten Vorsprung das Kriterium des Dauphiné Libéré und die Tour de France, auf der er siebenmal Etappensieger wurde, darunter auch auf den beiden letzten Etappen.

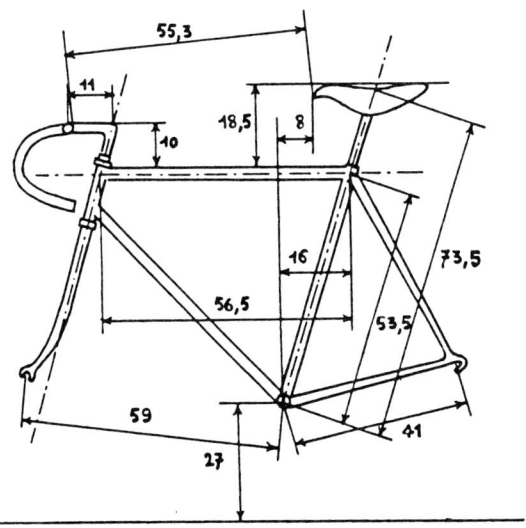

Wir stellen fest, daß die beiden weitverbreiteten auf Erfahrung beruhenden Regeln zur Ermittlung der Rahmenhöhe zu weit von der Realität abweichenden Resultaten führen.

– Zieht man 25 cm von den 83 cm Schrittlänge Bernard Hinaults ab, kommt man auf 58 cm, was wirklich weit von der Wirklichkeit entfernt ist.

– Wenn man sich an die allgemein üblichen Tabellen hält, nach denen die Rahmenhöhe unter Berücksichtigung der Körpergröße angegeben wird, erhält man 56 cm, was auch nicht viel realistischer ist. Bernard Hinault ist tatsächlich 1,73 m groß und diese Tabellen geben eine Rahmenhöhe zwischen 55 und 57 cm für eine Größe von 1,70 bis 1,75 m an.

Zwischen 1979 und 1982 wurde der Sattel progressiv und mit der nötigen Vorsicht von 72,8 cm auf 73,5 cm erhöht, wobei man sich an die Empfehlungen der Ergonomen hielt.

Im Jahr 1983 wurde Bernard wegen einer Knieverletzung operiert, die er sich auf der Spanien-Rundfahrt (die er trotzdem gewann) mit einem falsch eingestellten Sattel zugezogen hatte. Dieser Irrtum war der auslösende Faktor, wenn nicht gar die Ursache seiner Verletzung und zwang Bernard, auf der langen Bergetappe, die ihm schließlich den Endsieg sicherte, mit einem 74 cm hohen Sattel zu pedalieren. Das plötzliche Höherlegen von 5 mm konnte sich nur schädlich auf die Muskulatur eines Spitzenfahrers auswirken, dessen Sitzposition so präzise und progressiv ausgearbeitet worden war, wie die Bernard Hinaults – vor allem auf einer so schwierigen Etappe. Ein niedriger eingestellter Sattel hätte nicht den gleichen Effekt gehabt: Ein zu niedriger Sattel mindert die Leistung ohne schädliche körperliche Auswirkungen.

Als Bernard Hinault im Sommer 1983 nach der Operation wieder das Training aufnahm, fing er mit 72 cm Höhe wieder an, um Sehnen und Bänder der Knie zu schonen, und stellte den Sattel nur ganz langsam wieder höher. Beim Querfeldeinrennen von Brouilly am 11. November 1983 war er erst wieder bei 72,5 cm.

Die mit 72,9 cm begonnene Tour de France 1984 beendete er mit 73,2 cm Sattelhöhe. Den brillanten Ausklang der Saison 1984, während der er hintereinander den Grand Prix der Nationen und die Lombardei-Rundfahrt gewann, bestritt er mit 73,4 cm Sattelhöhe. Anfang 1985 hatte er seinen bis heute unverändert gebliebenen Höchstwert von 73,5 cm wieder erreicht.

Ende des Jahres 1983 kündigte er bei Renault und gründete zusammen mit dem Geschäftsmann Bernard Tapie den Rennstall „La Vie Claire". Alain Descroix, sein persönlicher Mechaniker, unterstützte ihn bei diesem Neuanfang. Das Rad, das er ihm baute, unterscheidet sich von dem der Renault-Mannschaft nur durch einen um 5 mm höheren Rahmen und ein ebenfalls um 5 mm weiter zurückversetztes Sitzrohr. Die Sitzposition ist trotz des etwas weiter hinten liegenden Sattels und eines aus aerodynamischen Gründen kürzeren Lenkervorbaus fast unverändert geblieben.

Claude Genzling

DIE ERMITTLUNG DER POSITIONSMASSE

Eddie Merckx, der wohl perfektionistischste aller Perfektionisten auf technischem Gebiet, änderte während eines Rennens mit einem Schlüssel, den er ständig in der Tasche seines Trikots mit sich führte, selbst die Höhe seines Sattels, was den Beobachtern nicht entging. Allerdings wußte man weniger, daß ihn die Nachwirkungen der Verletzungen dazu zwangen, die er sich bei einem schweren Sturz während eines nachts auf dem Velodrom von Blois ausgetragenen Rennens an den Lendenwirbeln zugezogen hatte. Dieses Bahnrennen hatte seinem Trainer Fernand Wambst das Leben gekostet, weil die Flutlicht-Scheinwerfer plötzlich ausgefallen waren.

Das war 1969 nach seinem ersten Sieg der Tour de France gewesen, und man wagt gar nicht, an alle die Siege zu denken, die dem belgischen Athleten sicher gewesen wären, wenn dieser Unfall sein Leistungsvermögen nicht für alle Zukunft beeinträchtigt hätte...

Eddie Merckx änderte seine Sattelhöhe während des Rennens also keineswegs im Hinblick auf den zu leistenden Krafteinsatz, wie angenommen wurde, sondern nur, um seinen Rücken zu schonen. Der belgische Super-Champion ist der Ansicht, daß die einmal gefundene Position – die er selbst fünf Jahre lang ausgefeilt hatte – unverändert beibehalten werden sollte.

Mit Hilfe der Ergonomie und mathematischer Berechnung der optimalen Sitzposition ist es heute möglich, bedeutend schneller zu fahren. Hier die wesentlichen Ergebnisse dieser Untersuchungen:

Reihenfolge der Einstellungen

Der Sattel muß in jedem Fall zuerst in die richtige Höhe und Lage gebracht werden. Der größte Teil des Körpergewichts stützt sich auf dem Sattel ab, dessen Lage im Verhältnis zum Tretlager die Voraussetzung für ergonomischen Bewegungsablauf der „Kurbeln" bietet, wie die Beine im Radsportjargon genannt werden.

Dann kommt der Lenker an die Reihe, der so eingestellt werden muß, daß der Sportler sowohl in Rennhaltung bei hohem Krafteinsatz mit den Händen am Unterlenker, als auch in „Normalhaltung" mit weniger stark gebeugtem Oberkörper und den Händen am Oberlenker fahren kann. Es ist unmöglich, eine fehlerhafte Satteleinstellung mit Nachjustierung des Lenkers auszugleichen, dessen Lage im übrigen je nach Rennsportdisziplin verschieden sein kann.

Als Beispiel sei Francesco Moser genannt, der 1984 in Mexiko einen neuen Stundenrekord mit einem Bahn-Rennrad aufstellte, dessen Sattel in

Höhe und Lage wie die der Straßen-Rennräder eingestellt war, dessen „Kuhhorn"-Lenker aber zu einer um 5 cm vorverlegten Griffposition führte. Dieser große Unterschied hatte wahrscheinlich wegen der stark nach vorn geneigten Sitzposition einen unliebsamen Druck auf die Harnröhre zur Folge.

Sattelhöhe (Hs)

Sie ist eines der wichtigsten Positionsmaße, bei dessen Berechnung mit hinreichender Präzision ein mathematischer Koeffizient zur Anwendung kommen kann. Mit flachen Radfahrschuhen wird die Sattelhöhe (Hs) unter Berücksichtigung der Schrittlänge (E) nach folgender Formel berechnet:

$$Hs = 0,885 \times E$$

Die danach ermittelte Höhe entspricht dem Maximalwert für einen Straßen-Rennfahrer und trägt den modernen Kriterien Rechnung, nach denen Leistung und Gelenkigkeit zusammen gehören. Außerdem wird sie meist auch den Anforderungen einer ergonomischen Optimierung des Krafteinsatzes gerecht.

In der Vergangenheit saßen die Rennfahrer tiefer auf ihrem Rad. Das ist auch heute noch bei all denen der Fall, die nicht von Forschungsergebnissen profitieren können, wie sie zum Beispiel dem Institut für Physiologie und Biomechanik der Régie Renault zu verdanken sind. Die traditionellen empirischen Methoden führen meist zu einer niedrigeren Einstellung des Sattels. Als Laurent Fignon der Mannschaft „Renault-Gitane" beitrat, wurde sein Sattel um 1,5 cm höhergestellt – das ist nur eines von zahlreichen Beispielen.

Wer in einer wesentlich niedrigeren als der von uns angegebenen Position anfängt, sollte seinen Sattel progressiv, d. h. über Monate hinaus, höher stellen, damit Sehnen, Bänder und Muskeln sich kontinuierlich der höheren Belastung anpassen können. Hier sollte man seinem Gefühl vertrauen und keine vorgeschriebene Sattelhöhe kritiklos übernehmen, wenn man sich in der daraus resultierenden Sitzposition nicht wohl fühlt.

Hierzu sei bemerkt, daß der Körper trotz der oft zur zweiten Natur gewordenen schlechten Gewohnheiten erzogen werden kann, und daß die Fußgelenke bei der Anpassung an die neue Position mithelfen, selbst wenn die ersten Eindrücke befremdend wirken.

Vergessen wir dabei nicht, daß keine Regel blind befolgt werden sollte. Die Tabellen sind Anhaltspunkte, keine bindenden Vorschriften.

Lage des Sattels (R)

Die Ergonomie lehrt uns, daß es im Straßen-Rennsport mehr einbringt, „von hinten", d. h. mit weiter zurückversetztem Sattel zu pedalieren, als „von vorn", und das aus zwei besonderen Gründen:
– aus dieser Position ist der Übergang vom oberen Totpunkt in die Schub- und am unteren Totpunkt in die Zugphase leichter, wobei die Tretbewegung regelmäßiger wird und der Druck gleichmäßiger auf die Pedale wirkt.
– Der Vorwärtsschub und der Rückwärtszug stabilisieren die Position auf dem Sattel, was ebenfalls zu regelmäßigerem Bewegungsablauf führt, weil die Beinmuskulatur dabei nur dem Vortrieb dient, ohne als Reflexreaktion gegen die bei voller Kraftentfaltung natürliche Tendenz, nach vorn zu rutschen, ankämpfen zu müssen.

Je weiter vorn sich der Fahrer befindet, um so mehr rutscht er auf dem Sattel hin und her, weil sich der Leistungssektor der Tretbewegung nach unten verschiebt.

Einigen Fahrern, denen es an Geschmeidigkeit und kräftiger Lendenmuskulatur fehlt, fällt eine solche Position besonders schwer. Wir geben hier also mehr eine allgemeine Richtlinie als eine bindende Regel und weisen darauf hin, daß eine geeignete Gymnastik zur Dehnung der Rückenmuskulatur und der Sitz- und Schienbeinmuskeln die Geschmeidigkeit und Gelenkigkeit bedeutend verbessern kann, vor allem, wenn sie von früher Jugend an betrieben wurde. Die nachstehende Tabelle gibt unter Berücksichtigung der Schrittlänge (E) Werte für die Horizontalverstellung des Sattels an.

Abstand zwischen Sattel und Lenker (Sitzlänge S)

Nachdem sich der Sattel in der richtigen Lage befindet, muß der Lenker in die gewünschte Entfernung zur Sattelspitze gebracht werden, so daß der Fahrer bequem seine Rennposition zum Beschleunigen, sowie seine Grundposition mit den Händen am Oberlenker und höher aufgerichtetem Oberkörper einnehmen und behalten kann. Hier hat man einige Handlungsfreiheit, denn wenn eine ganze, plötzlich mit einem um mehrere Millimeter höhergestellten Sattel durchfahrene Etappe katastrophale Auswirkungen haben kann, ist eine unvorbereitete Verlängerung der Sitzlänge, d. h. des Abstands zwischen Sattel und Lenker um ½ oder sogar um 1 cm, bei Zeitfahrwettbewerben gut möglich.

Je größer der Oberkörper und je länger Ober- und Unterarme, um so größer kann natürlich der Abstand zwischen Sattel und Lenker sein. Aber das sind nicht die einzigen Faktoren, die in Betracht gezogen werden müssen. Eine flache Rennhaltung kann um so leichter eingenommen werden, als der Sattel nach den Kriterien ergonomischer Wirksamkeit eingestellt wurde, d. h. hoch und weiter hinten. Aus dieser Position kann sich der Oberkörper leichter nach vorn beugen, als wenn man tief und vorn auf der Sattelspitze sitzt.

Abgesehen vom aerodynamischen Vorteil einer solchen Haltung vergrößert sich dabei der Armdruck auf den Lenker, was die Gesäß- und Rückenmuskulatur entlastet und die Sitzposition verbessert.

Wir geben hier, wie bereits gesagt, keine strikten Regeln zur Ermittlung der Sitzlänge oder der Lage des Sattels im Verhältnis zur Tretlagerachse, sondern nur Annäherungswerte.

Höhenunterschied zwischen Sattel und Lenkervorbau (D)

In alten Abhandlungen über Radsport wird empfohlen, den Vorbau nur wenig unter der Satteloberkante zu halten, weil die Straßen-Rennfahrer früher auf ihren Rädern „saßen", d. h. eine aufrechtere Haltung einnahmen als heute. Bei der modernen flachen Rennhaltung muß der Vorbau mehrere Zentimeter niedriger eingestellt werden, um den Luftwiderstand zu reduzieren. Francesco Moser zögert nicht, mit einem 10 cm unter der Satteloberkante liegenden Vorbau zu fahren.

Zusammenfassung

Die folgende Tabelle enthält keine absoluten Werte, sondern nur eine Annäherung an die drei Maße unter Berücksichtigung der Schrittlänge (E) eines Menschen, dessen Körpergröße den Standardmaßen entspricht: Sattellage im Verhältnis zur Tretlagerachse (R), Abstand zwischen Sattel und Lenker (S), Höhenunterschied zwischen Sattel und Lenkervorbau (D). Wir ziehen, von einigen wenigen Ausnahmen abgesehen, die größeren Werte vor. Diese Werte können höher liegen, wenn der Oberschenkel für die Lage des Sattels, Ober- und Unterarm für die beiden anderen Maße proportional länger sind als die Standard-Körpermaße. Im Gegensatz zur weitverbreiteten Meinung ist die flache Rennhaltung mit hoch- und zurückliegendem Sattel, gesenktem Kopf und gestreckter Rückenmuskulatur auch am vorteilhaftesten für die Wirbelsäule und gleichzeitig die ergonomisch günstigste.

E	R	S	D
75 bis 78 cm	4 bis 6 cm	47 bis 51 cm	5 bis 6 cm
79 bis 82 cm	5 bis 7 cm	50 bis 54 cm	6 bis 7 cm
83 bis 86 cm	6 bis 8 cm	53 bis 57 cm	7 bis 8 cm
87 bis 90 cm	7 bis 9 cm	56 bis 60 cm	8 bis 9 cm

Unterschiede in der Körpergröße

Auf der Suche nach der individuell optimalen Sitzposition ist die Kenntnis der persönlichen morphologischen Besonderheiten unentbehrlich, damit die oben genannten Werte bei den Probefahrten in das richtige Verhältnis gebracht werden können. Eine Abweichung von den Standardmaßen schlägt sich – manchmal sehr deutlich – in den Meßwerten nieder.

Der Oberschenkel (C) ist der Hebelarm des Radfahrers und im Verhältnis zum Schienbein (J) von individuell unterschiedlicher Länge.

In der Regel wird für das Längenverhältnis zwischen Oberschenkel und Schienbein – wie sie hier definiert wurden – bei Männern ein Mittelwert von 1,11 angenommen, während Mutter Natur das weibliche Geschlecht mit einem günstigeren Koeffizienten von 1,14 bedacht hat. Wenn man bedenkt, daß es Gegner einer Wiederbelebung des Damen-Radsports gibt...!

Ein bedeutend höherer Verhältniswert zwischen den Segmenten der unteren Gliedmaßen wurde bei mehreren großen Rennfahrern, wie Fausto Coppi (1,18), Eddie Merckx (1,16) und Bernard Hinault (1,20) – den wir ausnahmsweise einmal an dritter Stelle nennen –, festgestellt. Das erklärt teilweise die Leichtigkeit, mit der sie Steigungen bezwingen, und man kann sich fragen, ob Francesco Moser trotz seiner unbestrittenen sportlichen Qualitäten mit einem unverhältnismäßig langen Schienbein (Verhältnis 1,10) nicht benachteiligt ist. Wenn das Verhältnis C/J 1,11 weit übersteigt empfiehlt sich ein Versuch, den Sattel weiter nach hinten zu verlegen. Wenn der Oberschenkelknochen dagegen länger ist, ist es günstiger, den Sattel höher zu stellen.

Oberkörper und Arme. Ein Fahrer mit längerem Oberkörper und längeren Armen – vor allem mit längeren Unterarmen – sollte bei Rennhaltung mit den Händen in den Lenkerbeugen den Abstand zwischen Sattel und Lenker vergrößern, was sich auf die Rahmen- und Vorbaulänge auswirkt. Um zu wissen, ob der Leser in diese Kategorie gehört, braucht nur die Länge des Oberkörpers (T), des Oberarms (B) und des Unterarms (A) in

Hände am Oberlenkersteg

neben dem Vorbau

Am Oberlenkersteg

und weiter ausgestellten Armen

Dichter an den Bremsgriffen

◄ Die Hände in den Lenkerbeugen.

das Verhältnis zur Schrittlänge (E) gebracht zu werden. Mittelwerte sind dabei:
- T/E = 0,76
- B/E = 0,87
- A/E = 0,40

Liegen die persönlichen Meßwerte höher, tritt der oben zitierte Fall ein. Das Rennrad des französischen Berufsfahrers Pascal Jules hat z. B. eine Oberrohrlänge (L) von 58,5 cm im Verhältnis zu einer Rahmenhöhe (H) von 53,5 cm – höchst ungewöhnliche Maße, die weit von den quadratischen Standardmaßen eines Rahmens abweichen.

Der Grund hierfür?

Pascal Jules hat einen sehr langen Oberkörper und lange Arme, wie folgender Vergleich mit den Standardwerten beweist:
- T/E = 0,86, d. h. 10 cm mehr
- B/E = 0,93, d. h. 6 cm mehr
- A/E = 0,45, d. h. 5 cm mehr.

Solche an einem konkreten Beispiel gezeigten Differenzen verdeutlichen den Wert der hier aufgezeigten Methode, bei der wir auf den vierten, vom Verhältnis der Schrittlänge zur Körpergröße gebildeten Bezugswert von 0,47 verzichtet haben, weil die bei der Ermittlung der optimalen Sitzposition nicht einkalkulierte Hals- und Kopflänge die Berechnungen verfälschen.

Allgemeine Grundsätze bei der Ermittlung der optimalen Sitzposition

Bis zum Auftauchen der auf anthropometrischen Messungen beruhenden Methoden standen dem Radsportler zur annähernden Ermittlung seiner Sitzposition drei Grundregeln zur Verfügung.

Die Fersen auf den Pedalen

„Die Sattelhöhe muß, wenn die Fersen auf die senkrecht stehenden Pedale gestellt werden, eine Tretbewegung ohne Verdrehung des Beckens möglich machen."

Diese Regel stammt aus der Zeit der Radschuhe mit flachen Sohlen und hilft, die gröbsten Fehler zu vermeiden. Seit die Radsportler Schuhe mit nach außen gebogenen Sohlen tragen, die den Fuß strecken, das Hochziehen während der Zugphase und das Pedalieren mit der Fußspitze erleichtern, hat sie nicht mehr den gleichen praktischen Wert.

Dazu sei bemerkt, daß ein zu starkes Hin- und Herrutschen im Sattel – hier ist die Grenze des Vertretbaren allerdings nicht leicht zu finden – nicht immer auf das Konto eines zu hoch eingestellten Sattels kommt. Ursächlich dafür ist manchmal auch die fehlende (unerläßliche) Entspannungsphase der antagonistischen Muskeln und mangelnde Beweglichkeit des Fußgelenks während der Tretbewegung – Fehler, die ein richtig verstandenes Training korrigieren kann. Hinzu kommt noch der Fahrstil, d. h. ob mit spitzer oder flacher Fußstellung gefahren wird. Diese Methode führt meist zu einem zu niedrigen Sattel, was maximale Kraftentfaltung unmöglich macht, zu Leistungseinbußen führt und der richtigen Arbeit der Gesäß- und Beinmuskulatur vor allem an Steigungen entgegenwirkt.

Ein von der Kniescheiben-Vorderkante gefälltes Lot

Daniel Clément, ehemaliger Radsport-Nationaltrainer, hat als erster eine Methode aufzustellen versucht, nach der die Radsportler unter Berücksichtigung der Proportionen ihrer unteren Gliedmaßen die Lage des Sattels ermitteln können. „In Normalhaltung mit den Füßen fest in den Pedalhaken auf das Fahrrad setzen, das auf vollkommen ebenem Boden stehen muß, und die Kurbeln waagerecht stellen. Ein am unteren Ende des Oberschenkels von der Kniescheiben-Vorderkante gefälltes Lot muß dabei in die Pedalachsenmitte fallen."

Mit dieser Methode wird auch vermieden, den Körperschwerpunkt zu weit nach vorn zu verlagern. Allerdings ist auch sie nicht absolut, weil sie auf dem im Stehen und nicht in vollem Krafteinsatz befindlichen Fahrer basiert. Es kommt vor, daß der Sattel noch weiter zurückversetzt werden kann. Das war bei Bernard Hinault der Fall, bei dem Robert Leroux die oben beschriebene Methode angewendet hatte und der nach präzisen ergonomischen Studien im Jahr 1979 seinen Sattel um mehrere Zentimeter weiter nach hinten verstellte.

Eine senkrechte Verbindung zwischen Kniescheibe und Ellbogen

Um den Abstand zwischen Sattel und Lenker richtig einzuschätzen, wird geraten, den Lenker in der Unterlenkerbeuge festzuhalten und dabei zu prüfen, ob das Knie in der höchsten Stellung während des Bewegungsablaufs den Ellbogen berührt.

Diese Methode scheint nicht sehr überzeugend, denn der Begriff „berühren" ist nicht genau definiert. Außerdem wird sie nicht allen Eventualitäten gerecht, denn ein Sportler mit überlangem Oberkörper müßte dabei einen Buckel machen, was jeglicher theoretischen Grundlage entbehrt und vor allem der Notwendigkeit einer im Krafteinsatz flachgestreckten Rückenmuskulatur nicht gerecht wird.

Es ist besser, sich an die von uns aufgezeigten, wenn nötig den persönlichen Maßen des Oberkörpers sowie der Ober- und Unterarme angepaßten Meßwerte zu halten und vor allem das richtige „Fahrgefühl" zu entwickeln. Dazu muß der optimale Zug am Lenker bei hohem Krafteinsatz in Rennhaltung erlernt werden.

Claude Genzling

ERMITTLUNG DER INDIVIDUELLEN RADMASSE

Das Fahrrad als Tretmaschine zeichnet sich durch drei bereits näher behandelte Strukturmaße aus:
– Rahmenhöhe zwischen Tretlagerachse und Oberrohr (H)
– Sitzrohrwinkel (l)
– Rahmenlänge zwischen Sitzrohr- und Lenkrohr-Senkrechtachse (L)

Die Rahmenhöhe wird einfach nach der Schrittlänge gemessen, wie wir bereits gesehen haben. Der Sitzrohrwinkel (l) und die Rahmenlänge (L) werden unabhängig voneinander – ein wichtiger Punkt – anhand der Positionsmaße ermittelt, sobald diese endgültig feststehen.

Die individuelle Rahmenhöhe (H)

Wenn es einen Wert gibt, der mit größtmöglicher Präzision, d. h. mit höchstens ½ Zentimeter Toleranz, berechnet werden kann, so ist das die Rahmenhöhe:

– Die Höhe des Sattels, praktisch proportional zur Schrittlänge, richtet sich präzise nach der Länge der unteren Gliedmaßen und erst in zweiter Linie nach dem Verhältnis der einzelnen Glieder zueinander.

– Die Höhe des Rahmens ist infolge der Rahmenstruktur proportional zur Höhe des Sattels. Praktisch heißt das, daß das Sitzrohr hoch genug sein muß, um den Lenkervorbau aus aerodynamischen Gründen relativ niedrig halten zu können. Das bedeutet, daß die Rahmenhöhe nur von der Beinlänge abhängt – und nicht, wie es in den Tabellen zu lesen ist, von der Körpergröße. Wir haben diese Tatsache immer wieder bestätigt gefunden.

– Diese über Jahre hindurch aus Sachbüchern und Prospekten ungeprüft übernommenen Normtabellen führen selbst Radsportler mit Standardmaßen fast immer zur Wahl eines zu hohen Rahmens. Die Berufsfahrer, deren Maße wir notiert haben, sind durchschnittlich 1,77 m groß und haben eine Schrittlänge von 84 cm, was einer mittleren Rahmenhöhe von 55,5 cm entspricht.

Vergleicht man diese Ergebnisse mit den famosen Tabellen, so stellt man fest, daß die Tabellen für Körpergrößen zwischen 1,75/80 Rahmenhöhen von 57–58 cm empfehlen, d. h. durchschnittlich 2 cm mehr – eine große Differenz!

– Diese Tabellen lassen außerdem die morphologischen Extreme unbeachtet und sind damit eine Quelle weiterer Falschinformationen.

Eine andere, ebenfalls weit verbreitete Regel, führt gleichfalls zu falschen Resultaten: Zur Ermittlung der richtigen Rahmenhöhe zwischen Oberrohr- und Tretlagerachse werden 25 cm von der Schrittlänge abgezogen. Wird diese Methode auf den besonders kleinen Rennfahrer Lucien Van Impe angewandt, so erhält man eine Rahmenhöhe von 53,5 cm, während sein Rahmen in Wirklichkeit nur 50 cm hoch ist.

Auf der anderen Seite der Skala kann Dieter Thurau zitiert werden, ein extrem großer Rennfahrer, der nach den Tabellen einen 66-cm-Rahmen fahren müßte, sich aber mit einem 59 cm hohen Sitzrohr zufrieden gibt. Wie man sieht, sind die Tabellen Ursache größerer Fehler, und das hat zwei Gründe:

– Eine nur auf einer Substraktion beruhende Regel, die zwei Werte nicht relativisiert und in ein gegenseitiges Verhältnis setzt, ist zwangsläufig unexakt und führt bei großem Körperbau zu unverhältnismäßig großen Rahmen.

– Diese Regel stammt aus einer Epoche, in der sogar die Rennräder größer waren als heute. Die Rennhaltung mit nahezu waagerechtem Oberkörper hatte sich bei Straßenrennen noch nicht durchgesetzt und war nur im Bahnrennsport bekannt.

Zu einer möglichst präzisen Berechnung der individuellen Rahmenhöhe raten wir, die Schrittlänge E mit dem Koeffizienten 0,65 zu multiplizieren. Dieser Koeffizient kann für Tourenfahrer im Freizeitsport auf 0,66 erhöht werden, da eine Kürzung des Vorbaus aus aerodynamischen Gründen keine so große Rolle spielt.

Kürzlich hat der ehemalige Mechaniker von Eddie Merckx die Richtigkeit unseres Koeffizienten bestätigt. Zur Ermittlung der Rahmenhöhe mißt er – der Fahrer befindet sich in Sitzposition – die Entfernung zwischen Boden und Kniespitze, d. h. Kniescheiben-Oberkante. Der gefundene Wert – Unterschenkellänge J unserer Nomenklatur – entspricht nach unseren anthropometrischen Statistiken gerade der mit dem Faktor 0,65 multiplizierten durchschnittlichen Schrittlänge.

Sitzrohrwinkel (l)

Es handelt sich hier um einen für die Rahmengeometrie grundlegenden Wert, weil er den Neigungswinkel der Oberstrebe mitbestimmt. Ist der von Oberrohr und Sitzrohr gebildete Winkel zu klein, kann der Sattel nicht weit genug zurückversetzt werden, um die gewünschte Position zu erreichen.

Ein Rahmen besitzt ausgewogene Proportionen, wenn die zeichnerisch verlängerte Sitzrohrachse durch die Sattelvertiefung, d. h. meist durch die Sattelmitte, geht.

Ein Nachvollziehen der folgenden Skizze zeigt, wie vorgegangen werden muß:

– Um die Tretlagerachse zwei Kreise ziehen, einen mit dem Radius H (Rahmenhöhe), den zweiten mit dem Radius Hs (Sattelhöhe).

– Eine Senkrechte durch die Tretlagerachse ziehen.

– Parallel zu dieser Senkrechten eine Gerade mit dem „Abstand zwischen Sattelspitze und Tretlager-Senkrechten + 1/2 Sattellänge" einzeichnen.

– Den Schnittpunkt dieser Geraden mit dem Kreisradius Hs bestimmen und eine Verbindungslinie zur Tretlagerachse ziehen.

– Diese Verbindungslinie schneidet den Kreisradius H im Treffpunkt der Sitzrohr- und Oberrohrachse. Jetzt braucht nur noch der Abstand l gemessen zu werden.

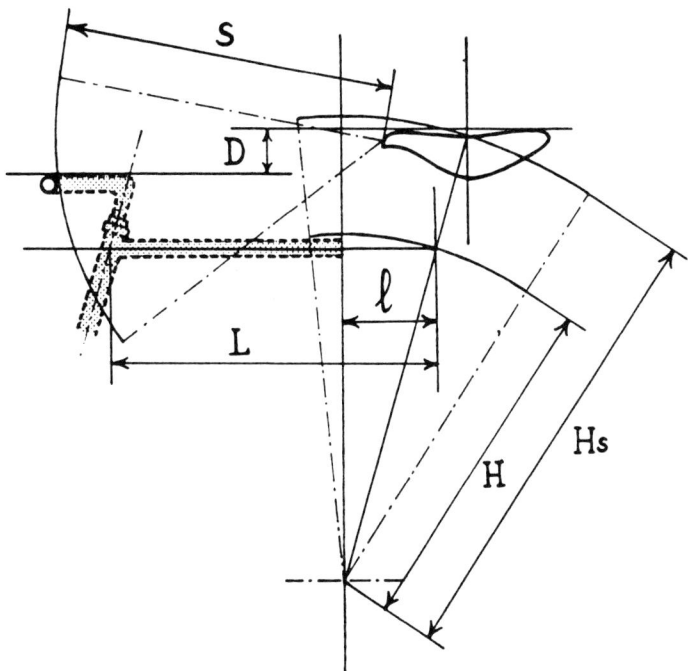

Rahmenlänge (L)

Bei Rahmen verschiedener Länge können Sattel und Lenker im gleichen Abstand montiert werden, wobei die Differenz durch die Vorbaulänge ausgeglichen wird. Dank dieser Möglichkeit kann bei jedem Rad mit einigermaßen korrekten Rahmenmaßen leicht die optimale Sitzposition gefunden werden.

Die Skizze zeigt, wie die Oberrohrlänge und gleichzeitig die Vorbaulänge ermittelt werden können, wenn der Abstand zwischen Sattelspitze und Oberlenkermitte (S) sowie der Höhenunterschied zwischen Satteloberkante und Vorbau-Waagerechten (D) bekannt ist.

– Sattel und Sitzrohr wie bei der vorherigen Skizze einzeichnen.

– Um die Sattelspitze einen Kreis mit dem Radius S ziehen.

– Die Satteloberkante und den Vorbau im Abstand D durch je eine waagerechte Linie verlängern.

– Die Vorbaulänge wird von dieser Geraden und vom Kreisradius S bestimmt.

– Das Sitzrohr und parallel dazu die Achse des Lenkkopfrohrs einzeichnen. Der Schnittpunkt der Achsen des Oberrohrs und des Lenkkopfrohrs bestimmen mit dem Schnittpunkt von Sitzrohr- und Tretlagerachse die Rahmenlänge L.

Der so gefundene Wert kann um 1 bis 2 cm vergrößert werden, wenn die Vorbaulänge um das entsprechende Maß verkürzt wird – zumindest in der Theorie. In der Praxis muß eine Wahl getroffen werden – dabei erhebt sich die Frage der Kriterien.

Hier kommen die Fahreigenschaften des Rades zur Geltung, das nicht mehr in seiner Funktion als Tretmaschine, sondern als Fortbewegungsmittel beurteilt wird. Die wesentlichen Eigenschaften wie Fahrstabilität bei Abfahrten, Fahrverhalten auf gerader Strecke und in Kurven hängen vom vorderen Rahmenteil ab, d. h. vom Winkel des Lenkrohrs, der Vorderlänge, den Gabelscheiden und dem durch sie bestimmten Nachlauf.

Die Kunst des Rahmenbauers besteht in einer ausgewogenen Kombination dieser Maße. Wir wollen uns mit einigen allgemeinen Bemerkungen zu diesem Thema begnügen:

– Die Vorderlänge wird von der Körpergröße des Fahrers bestimmt. Sie beträgt 60 bzw. bei einem hochwüchsigen Sportler 61 cm und mißt auch bei einem Fahrer von kleinem Wuchs – zumindest bei den gängigen Straßen-Sporträdern – nie weniger als 58 cm. Der entscheidende Faktor dabei ist die Stabilität des Rades bei Abfahrten. Wenn die Fußspitze beim Lenkeinschlag das Vorderrad berührt, ist das kein Grund zur Beunruhigung, es sei denn, man hat eine Vorliebe für Stehversuche auf dem Rad, wenn die Ampeln auf rot stehen – der Sturz ist dann wahrscheinlicher.

– Der Nachlauf muß zwischen 4,5 und 6 cm liegen, wenn man auf eine zuverlässige und gleichzeitig leichtgängige Lenkung Wert legt.
 – Das Lenkrohr soll weder zu stark noch zu schwach geneigt sein, d. h. es soll – von Ausnahmen abgesehen – mit dem Oberrohr einen Winkel von 72 – 74,5° bilden.

Den Freunden von Normen gibt die nachstehende Tabelle eine absichtlich nur annähernde Größenordnung der möglichen Vorbaulängen unter Berücksichtigung der Rahmenlänge:

Rahmenlänge	Vorbaulänge
46 cm	8 bis 10 cm
48 cm	9 bis 11 cm
50 cm	9,5 bis 11,5 cm
52 cm	10 bis 12 cm
54 cm	10,5 bis 13 cm
56 cm	11 bis 13,5 cm
58 cm	11,5 bis 14 cm
60 cm	12 bis 14 cm

Heute geht die Tendenz dahin, wegen der modernen kompakteren Konstruktionen größere Vorbaulängen als früher zu wählen, wobei das Vorderrad stärker belastet wird – günstiger für die Stabilität – und die Lenkung leichter zu handhaben ist.

MIT GEDULD DIE ENDGÜLTIGE SITZPOSITION ERMITTELN

Wie gesagt: Der Neuling kann nicht erwarten, von heute auf morgen seine endgültige Sitzposition zu finden. Oft dauert es mehrere Jahre, bis die Perfektion auf den Millimeter genau erreicht ist. Experimentieren und Ausprobieren kostet Zeit, während der sich – ein wichtiger Faktor – der Körper progressiv verändert und anpaßt. Das regelmäßige Training verleiht ihm neue Fähigkeiten. Seine Bewegungen werden geschmeidiger, seine Muskeln straffer und die Bewegungen zielsicherer. Kurz, der Fußgänger wird zum Radfahrer, und seine Maschine wird zu einer Fortsetzung seiner selbst.

Deshalb müssen die Werte, die wir für die Positionsmaße angeben, interpretiert werden. Sie sollen vor allem als Anleitung und bei den persönlichen Ermittlungen als Orientierungswerte dienen. So sollte z. B. ein besonders großer Radfahrer, dessen Sattel nur 5 cm Abstand zur Tretlagersenkrechten aufweist, oder dessen Sattel um 2 cm tiefer als der hier angegebene Wert liegt, sich um eine der optimalen Standardposition besser angepaßten Einstellung bemühen, ohne dabei zu schnell vorzugehen.

Die Kenntnis der Arbeitsweise des eigenen Körpers unter Belastung und im Ruhezustand ist hierbei eine große Hilfe. Wenn der Fahrer zur vollen Kraftentfaltung mit gebeugtem Oberkörper, waagerecht angewinkelten Unterarmen und Griff in der Lenkerbeuge am Lenker „zieht", wird der Vorteil eines hoch eingestellten und genügend weit zurückversetzten Sattels deutlicher, als wenn er eher passiv auf seinem Rad sitzt und seine Tretbewegungen automatisch vollzieht.

Das Bemühen um gutes Fahrgefühl muß unbedingt mit der Ermittlung der Sitzposition Hand in Hand gehen. Blindes Befolgen der vorgeschriebenen Normen und Koeffizienten genügt nicht. Die auf Lebendiges angewandte Mathematik kann nicht auf den Rang gewöhnlicher Mechanik herabgewürdigt werden. Unter diesem Gesichtspunkt müssen auch die von uns aufgestellten anthropometrischen Normen betrachtet und angewendet werden, ohne den Zahlen einen absoluten Wert beizumessen, den sie nicht haben können.

Die Koeffizienten sollen vor allem bei der Ermittlung extremer Abweichungen behilflich sein. Das Beispiel Pascal Jules zeigt, wie dabei vorgegangen werden muß. Wer anhand einiger mathematischer Berechnungen feststellt, daß seine Körpermaße denen des französischen Berufsfahrers Pascal Jules entsprechen, wird seine ideale Sitzposition nicht mehr vergeblich auf einer Standardmaschine mit einem für ihn zu kurzen Rahmen suchen.

Fassen wir die komplette Methode noch einmal übersichtlich zusammen:

– Eine Karte der persönlichen Körpermaße anfertigen und darin die größeren Abweichungen vom Durchschnitt notieren.

– Von der Schrittlänge ausgehend die Rahmen- und Sattelhöhe kalkulieren. Diese beiden Werte können mit optimaler Genauigkeit mit Hilfe der angegebenen Koeffizienten ermittelt werden.

– Anhand der Übersichts-Tabelle E-R-S-D und unter Berücksichtigung der persönlichen Maßkarte die restlichen Positionsmaße berechnen.

– Eine Zeitlang auf einem nach den herausgefundenen Werten eingestellten Sportrad fahren, bis die optimale Position feststeht.

Dabei besonders auf den Sitzrohrwinkel achten. Wenn dieses Standard-Positionsmaß die gewünschte Einstellung des Sattels in Höhe und Lage unmöglich macht – z. B. bei Rädern mit zu senkrecht angelötetem Sitzrohr – lohnt sich gar nicht erst der Versuch. Diese Einstellungsphase kann monatelang dauern – je nach Kondition und ... Trainingseifer.

Wahl der Tretkurbeln

Die Länge der Kurbeln ist, wie noch vor ein paar Jahren große Übersetzungen, ein heiß umstrittenes Thema im Radsportmilieu. Soll die Kurbellänge der Beinlänge des Fahrers angepaßt werden oder nicht? So formuliert, kann die Frage mit gesundem Menschenverstand nur bejaht werden.

Trotzdem verwenden sogar Berufsfahrer nur Kurbellängen zwischen 170 und 175 mm – d. h. mit einer geringfügigen Variation von 3 % –, während die bei der Schrittlänge festgestellten Extreme bei 72 cm (Jean Robic) und 91 cm (Eddie Merckx) liegen und damit um 26 % variieren.

Nach einer weitverbreiteten Meinung bekommen Rennfahrer, die längere Kurbeln wählen, Probleme mit den Gelenkbändern, weil längere Kurbeln die Bewegungswinkel der unteren Gliedsegmente zueinander vergrößern. Wenn die Modifikation plötzlich ohne gleichzeitige Positionsveränderung und ohne progressive Anpassung stattfindet, besteht ein leichtes Risiko. In der Praxis ist diese Hypothese jedoch unbegründet, denn als Eddie Merckx 170 mm-Kurbeln verwendete, waren die Bewegungswinkel-Differenzen kleiner als die von Jean Robic mit 170 mm langen Kurbeln. Dabei hat Jean Robic nie Bänderprobleme gehabt. Wenn Eddie Merckx mit der proportional gleichen Kurbellänge fahren wollte wie Jean Robic, hätten seine Kurbeln 210 mm lang sein müssen. Diese Analyse wurde uns vom Institut für Physiologie und Biomechanik der Régie Renault bestätigt: Bei großen Athleten, die 175-mm-Kurbeln fahren, sind die Winkelvariationen, denen ihre Gelenke ausgesetzt sind, geringer als die kleiner Rennfahrer, die 170 mm lange Kurbeln verwenden.

Ohne weiter über Biomechanik argumentieren zu wollen, stellen wir fest, daß ein Rennfahrer mit längeren Kurbeln bei gleichbleibendem Tempo (konstanten Umdrehungszahlen) und gleichbleibender Übersetzung einen geringeren Druck auf die Pedale ausübt und damit Energie, d. h. Muskelkraft einspart. Diese Reserve kann er entweder im Endspurt einsetzen oder aber zum Schnellerfahren verwenden, wenn er bei Kondition ist. Zum Beispiel ist die mit 180-mm-Kurbeln und einer Übersetzung von 52×13 unmittelbar aufgebrachte Muskelkraft – vor allem in der Druckphase – nahezu die gleiche wie mit 170-mm-Kurbeln und einer Übersetzung von 52×14. Diese Tatsache erklärt, warum Jacques Anquetil, der damals beste Spezialist großer Übersetzungen, für den Großen Preis der Nationen 180 mm lange Kurbeln anstelle seiner üblichen 175er gewählt hatte. Aus dem gleichen Grund wechselte André Darrigade auf den Bergetappen der Tour de France von 170 auf 175 mm um, Eddie Merckx auf Bergstrecken sowie beim Zeitfahren von 175 auf 177,5 mm und Roger Rivière von 172,5 auf 175, als er einen neuen Stundenweltrekord aufstellte, obwohl bei Bahnrennen besonders schnell „in die Pedale" getreten werden muß.

Vorübergehend mit längeren Kurbeln fahren – sowohl auf bergigen Strecken wie auf der Bahn – ist bei den Spitzenfahrern allgemein üblich, selbst wenn sich nicht alle Fahrer dieser Methode bedienen... wie Francesco Moser und Bernard Hinault.

Die Frage ist, ob große Fahrer systematisch große Kurbeln fahren sollen? Im Renneinsatz werden praktisch nur drei Standardgrößen verwendet: 170, 172,5 und 175 mm. Wenn Sie es wie die Profis machen wollen, die fast alle der Meinung sind, daß man selbst bei überdurchschnittlicher Körpergröße mit mehr als 175 mm langen Kurbeln „die Beine nicht schnell genug drehen kann", dann sollten Sie sich unter Berücksichtigung Ihrer Schrittlänge für folgende Kurbellängen entscheiden:

74 bis 80 cm	170 mm
81 bis 86 cm	172,5 mm
87 bis 93 cm	175 mm

Das soll Sie nicht daran hindern, diese Werte anläßlich eines Bergrennens, eines Zeitfahrwettbewerbs oder auf einer Bergetappe um 2,5 oder sogar 5 mm zu erhöhen, ohne dabei zu vergessen, beim Training zur Erhaltung Ihres Leistungsgefühls den Sattel entsprechend einzustellen. Wer sich mehr zutraut und nach neuen Lösungen sucht, kann unbeschadet längere Kurbeln verwenden – natürlich immer unter Berücksichtigung der persönlichen Schrittlänge:

74 bis 77 cm	170 mm
78 bis 81 cm	172,5 mm
82 bis 85 cm	175 mm
86 bis 89 cm	177,5 mm
90 bis 93 cm	180 mm

Diesbezüglich ist es für den Leser bestimmt interessant, zu erfahren, daß Marc Madiot, 1985 Sieger im Straßenrennen Paris – Roubaix, trotz einer Schrittlänge von „nur" 86 cm das ganze Jahr über, beim Training wie in Rennen, mit 180-mm-Kurbeln fuhr. Das wird vielleicht die unter den Lesern beruhigen, die Bänderzerrungen befürchten.

Die Tretkurbeln Jacques Anquetils

Bernard Hinault war in bezug auf die Kurbellängen immer sehr vorsichtig. Im Gegensatz zu anderen Spitzenfahrern hat er die Länge von 172,5 mm – auch auf Bergstrecken oder beim Zeitfahren – unverändert beibehalten. Ich stimme mit ihm in einem Punkt überein: Wer optimalen Nutzen aus der

Kurbellänge ziehen will, sollte sie nicht ständig ändern, sondern sich ein für allemal für eine bestimmte Länge entscheiden.

Allerdings meine ich, daß Rennfahrer mit einer Schrittlänge von fast 90 cm, die nicht von ihren 175-mm-Kurbeln lassen wollen, zu schüchtern sind und daß sie ihre Leistung verbessern würden – ohne dabei ihren Fahrstil zu verändern – wenn sie sich zum endgültigen Einsatz von 180-mm-Kurbeln entschließen könnten. Nur so kann die Tretkraft in eine Hebelbewegung von optimaler Wirksamkeit umgesetzt werden.

Zu diesem Thema hat mir Jacques Anquetil eine interessante Information aus seiner persönlichen Erfahrung gegeben:

„Als ich angefangen habe, hat man mir – wie allen anderen – 170-mm-Kurbeln anmontiert. Da ich wußte, daß längere Kurbeln für mich günstiger waren, bin ich schnell auf 172,5 mm umgestiegen. 1959 habe ich den endgültigen Sprung auf für damalige Verhältnisse große Kurbeln von 175 mm gewagt. Mit 1,76 m bin ich nicht wirklich groß, war aber sicher, mit 175-mm-Kurbeln schneller voranzukommen und sah keinen Grund, darauf zu verzichten. Ein erfolgreich verlaufener Zeitversuch bestätigte meine Vermutungen. Anfangs trainierte ich jedesmal vor dem Rennen mit den neuen Kurbeln, hatte dann aber während des Rennens immer einen leichten Muskelkater, weshalb ich sie schließlich nur am Austragungstag benutzte und in Kauf nahm, daß mir die Beine etwas weh taten ... aber erst am nächsten Tag! Als ich mich entschloß, nur mit 175-mm-Kurbeln zu fahren, habe ich etwa ein Jahr gebraucht, um mich wirklich daran zu gewöhnen, aber ich wollte nicht aufgeben und hatte recht damit, das hat sich später herausgestellt. Anschließend konnte ich 177,5 mm und beim Zeitfahren und auf Bergetappen sogar 180 mm fahren."

Jacques Anquetil hat eine Schrittlänge von 84 cm; seine 175-mm-Kurbellänge entspricht damit unserer zweiten Tabelle zur Wahl der Tretkurbeln.

Es wird oft behauptet, daß ein Nachwuchsfahrer, selbst wenn er hochgewachsen ist, 170er-Kurbeln benutzen sollte, weil er keine großen Übersetzungen braucht ... Ich denke genau das Gegenteil: In jungen Jahren erlernt man die Technik des Bewegungsablaufs, die Tausende und Abertausende Male wiederholt werden muß, bis sie über das Nervensystem automatisiert ist und keiner Aufmerksamkeit mehr bedarf. Man sollte daher schon gleich am Anfang eines regelmäßigen Ausdauertrainings seiner Größe angepaßte Tretkurbeln benutzen und „in die Pedale treten", als wäre das nichts besonderes. Mit 180-mm-Kurbeln bei einer Schrittlänge von 90 cm ist man noch weit von der Schwelle entfernt, an der Gelenkprobleme auftreten, die erst bei einer Kurbellänge von mehr als 210 mm sicher sind. Die Übersetzung hat nichts mit dieser Frage zu tun, denn es handelt sich zuerst nur darum, richtig „in die Pedale zu treten". Und wenn die Zeit kommt, an die passende Übersetzung zu denken, ist die Bewegungstechnik gemeistert, und man kann gleich „einen Zahn mehr auflegen". Aber das ist meine ganz persönliche Meinung, die von anderen vielleicht nicht geteilt wird.

Claude Genzling

Die Arretierung der Schuhplatten

Die an der Sohle der Rennschuhe befestigten Schuhplatten (Pedalklammern, Schuheisen) verbinden den Radfahrschuh rutschsicher mit den Pedalen. Ohne dieses Zubehör – oder eine Vorrichtung, die diese Funktion übernimmt, wie etwa das Sicherheitssystem Look – ist es unmöglich, beim Pedalieren die Höchstleistung zu erbringen. In einem solchen Fall bewegt sich einerseits der Fuß auf der Plattform, die ihm als Stütze dient, und kann daher seine den Wirkungsgrad der Tretbewegung optimierende Position nicht einhalten. Andererseits rutscht der Fuß bei der Aufwärtsbewegung des Knies vom unteren Totpunkt an nach hinten ab. Nur mit Schuheisen und fest angezogenen Riemen zu fahren, aus Angst, die Füße nicht mehr aus den Pedalen befreien zu können, ist keine gute Lösung, da bei starkem Zug nach hinten die Durchblutung behindert wird. Der einzige Vorteil eines unbefestigten Fußes auf der Pedale läge eventuell darin, daß die durch eine falsche Fußposition verursachten Risiken einer Bänderzerrung vermieden werden. Am besten, man lernt frühzeitig, die Schuheisen richtig zu arretieren.

Da die Tretbewegung ständig wiederholt wird, führt ein Leistungsverlust, so minimal er auch sein mag, auf die Dauer zu einer nicht zu unterschätzenden Energieverschwendung. Wenn sich der Fuß zu tief im Haken befindet, verliert die anfangs kräftiger scheinende Tretbewegung schnell ihre Geschmeidigkeit, in der Folge ihre Wirksamkeit und führt zur vorschnellen Ermüdung der Beinmuskulatur. Wenn der Fuß dagegen nicht tief genug im Haken sitzt (bei zu kurzen Haken), können die Beine die Tretbewegung leicht ausführen, aber beim Anfahren, an Steigungen und beim Gangwechsel fehlt der nötige Druck auf das Pedal. Die Einführtiefe des Fußes ist demnach von großer Bedeutung.

Auch auf die Fußstellung in bezug auf die Pedalachse muß geachtet werden. Falsche Fußstellung und -Haltung können eine Sehnenentzündung des Knies zur Folge haben. Etwas vereinfacht kann man sagen, daß der Wirkungsgrad der Tretbewegung vor allem von der Einführtiefe der Füße in den Pedalhaken und das Risiko einer Verletzung von ihrer Stellung auf den Pedalen abhängt.

Mit diesen Sicherheitspedalen können die Füße leicht aus den Pedalhaken gezogen werden, ohne dabei die Hände zur Hilfe nehmen zu müssen. Mit diesem Sicherheitssystem können bei Stürzen schwere Verletzungen vermieden werden.

1985 gewann Bernard Hinault die Italien-Rundfahrt und die Tour de France.

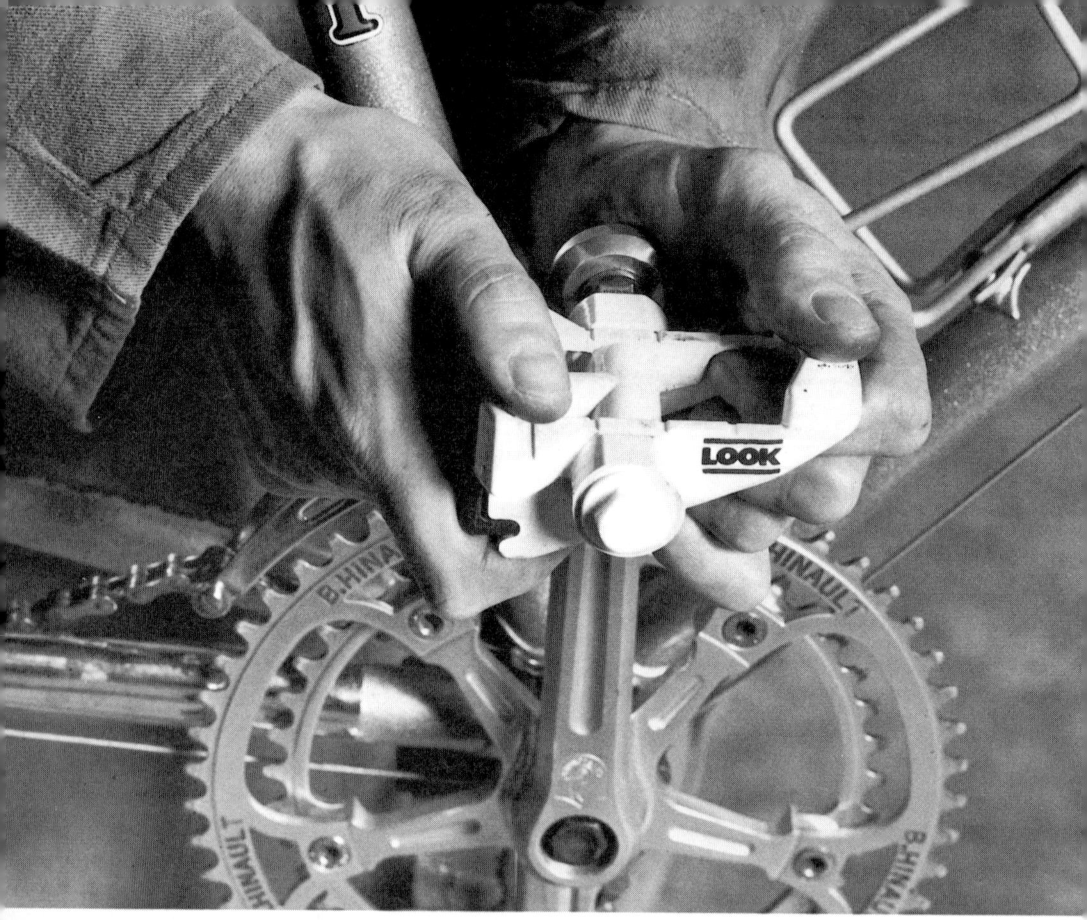
LOOK
B.HINAULT
HINAULT

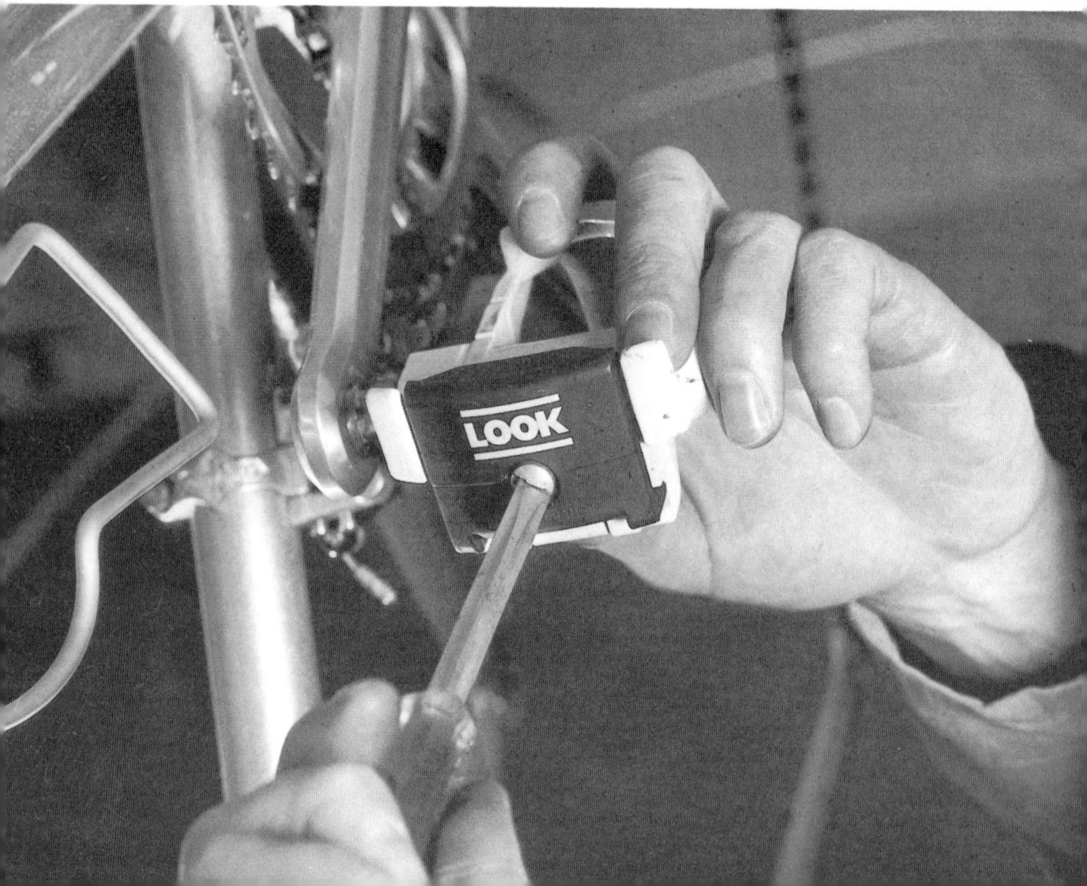
LOOK

Linke Seite: Die Pedale werden justiert und die Achsbewegung kontrolliert.

DIE FUSSSTELLUNG

Diejenigen, die den beweglichen, nicht integrierten, vom Fahrer selbst an der gewünschten Stelle unter der Sohle befestigten Schuhplatten treu geblieben sind, kennen eine einfache Methode, nach der die Linie des Schuhplattenschlitzes ausgerichtet werden kann: Man braucht nur eine Zeitlang ohne Schuhplatten, nur mit den Schuhen vorn Halt gewährenden Haken zu fahren, damit sich der Abdruck abzeichnet, nach dem die Schuhplatten fixiert werden können.

Die heute allgemein im Handel angebotenen Rennschuhe mit bereits unter der Sohle integrierten, einstellbaren Platten komplizieren die Sache etwas. Hier gibt es zwei Methoden, um die günstigste Fußstellung auf dem Pedal zu finden:
– Entweder die Platten entfernen – soweit das möglich ist – und wie oben beschrieben verfahren;
– oder die Schrauben fest genug anziehen, damit die Platten während der Fahrt genug Halt bieten, aber gleichzeitig dem Fuß ausreichende Beweglichkeit lassen, um mit mehreren provisorischen Einstellungen unterwegs die optimale Stellung zu finden. Einen Schraubenzieher nicht vergessen! Bei der Rückkehr wird dann die Position markiert und wenn man die Hakenlänge bereits festgelegt hat, können die Platten endgültig arretiert werden. Wer bereits präzise justierte Rennschuhe besitzt, kann diese Einstellung problemlos auf ein Paar neue Rennschuhe übertragen. Dazu wird jeder Schuh einzeln mit der Innenseite auf einen Tisch gelegt – wobei sich die Sohle im rechten Winkel zur Tischkante befindet – und der Winkel ermittelt, den die Linie des Schuhplattenschlitzes zur Tischplatte bildet. Den Winkel (meistens ein nahezu rechter Winkel) auf die neuen Schuhsohlen übertragen. Da die menschlichen Körperhälften nicht perfekt symmetrisch sind, können die Winkel verschieden sein, weshalb jeder Schuh einzeln justiert werden muß.

DIE HAKENLÄNGE

Die allgemein anerkannte Theorie, die sich auch in der Praxis bewährt hat, ist sehr einfach: Der Fuß muß mit dem Großzehengelenk so genau wie möglich über der Pedalachse stehen. Um es anatomisch zu sagen: Es handelt sich um den Kopf des ersten Mittelfußknochens.

Die erste Methode zur Ermittlung der Einführtiefe des Fußes besteht darin, die Gelenkverbindung zwischen dem ersten Mittelfuß- und Großzehenknochen auf der dorsalen Seite herauszufinden und diesen Punkt direkt vor die Pedalachse zu verlegen.

In der Praxis kann etwas Bastlertalent behilflich sein:
– Die Dorsalflexionsfalte auf der Schuhoberseite mit weißer Kreide einzeichnen – die Stelle mit den Fingern ertasten.

– Auf dem Pedal die durch die Pedalachse verlaufende Längsachse markieren – dazu ein Lineal auf die Pedaloberkante legen und die Längsachse mit einem Winkeldreieck bestimmen.

– Den Schuh so auf der Pedale orientieren, daß sich der vom Rand des Winkeldreiecks bestimmte Achsenschnittpunkt kurz hinter der auf dem Schuh markierten Falte befindet.

Eine andere auf statistischen Ermittlungen basierende Methode ist zwar unkomplizierter, setzt aber voraus, daß der Fuß den Standardgrößen entspricht. Die Pedalklammer oder Schuhplatte so justieren, daß der Abstand zwischen Sohlenspitze und Schuhplattenschlitz den in der nachfolgenden Tabelle in bezug auf die Schuhgröße angegebenen Werten entspricht:

Schuhgröße	39	40	41	42	43	44	45
Abstand in cm	10,6	11	11,4	11,8	12,2	12,6	13

Für Zwischengrößen werden die Mittelwerte der beiden individuellen Grenzwerte genommen.

Wie alle anderen Angaben in diesem Buch sollen auch diese Werte nicht übernommen werden, ohne sie zuvor getestet zu haben. Das geschieht am besten anhand der beiden folgenden Methoden:

– Die erste besteht in der oben beschriebenen Ermittlung der Pedal-Längsachse.

– Die zweite besteht ... in der Praxis. Der Fahrer urteilt gefühlsmäßig, welche Fußstellung die günstigste für ihn ist. Dann werden die Platten arretiert.

Für Perfektionisten sind vielleicht Vergleiche mit weiter vorn und weiter hinten befestigten Platten von Interesse. Dabei sollte nicht vergessen werden, daß die ersten Eindrücke nach Modifikationen subjektiv sind, vor allem nach einer zur Gewohnheit gewordenen Fußstellung. Mit Pedalen der Marke Look kann einfach nach den unten aufgeführten Maßen eine den Abstand zwischen Sohlenspitze und Plattenschlitz markierende Linie auf die Sohle gezeichnet werden, die dann möglichst genau in Einklang mit der Pedal-Längsachse gebracht wird.

Schuhgröße	39	40	41	42	43	44	45
Abstand in cm	7,9	8,3	8,7	9,1	9,5	9,9	10,3

Die Bewegungsabläufe

Das Fahrrad wird manchmal als Marterinstrument dargestellt – und das ist es auch für den Rennfahrer, der sich auf einer Bergetappe „schindet", in Zeitfahrwettbewerben das Letzte aus sich herausholt oder sich abmüht, den Stundenrekord auf der Bahn zu brechen.

Grund dafür ist der besonders hohe Kraftaufwand und die durch die Rennhaltung verursachte Muskelanspannung, die den Radsport kennzeichnen. Die weltbesten Spitzenfahrer sind dem genauso unterworfen wie untrainierte Tourenfahrer, die auf großen Radtouren ihre Leistungsgrenzen überschreiten.

Wenn man von diesen Extremen absieht, zeigt der Radsport gleich ein viel freundlicheres Gesicht – selbst mit dem Rennrad, vorausgesetzt, man zähmt es mit Geduld und widmet dem Lernprozeß die nötige Zeit. Der Körper muß sich der körperlichen Disziplin anpassen, dann treten nach und nach die „guten" Fahrgefühle zutage, die jeden Aufbruch zum Training in eine immer wieder neu empfundene Freude verwandeln. Auf sein Rad zu steigen wird so zum echten Vergnügen, wenn man bei den ersten Tretbewegungen fühlt, daß jeder Muskel bereit ist, im harmonischen Zusammenspiel mit dem gesamten Organismus zu arbeiten.

Die Sitzposition

Der Mensch geht aufrecht – im Gegensatz zum Affen. Auf seinem Rad muß er erst eine andere Haltung erlernen und entdecken, daß ihn nicht mehr seine Füße, sondern Sattel und Lenker tragen.

Der Radfahrer im Stadtverkehr auf seinem Tourenrad, wie es aus Holland kommt, fährt mit aufgerichtetem Oberkörper. Diese Haltung hat den zweifachen Nachteil, daß das gesamte Körpergewicht dabei auf dem Hinterrad lastet und Fahrrad und Fahrer eine große Stirnfläche, d. h. einen hohen Luftwiderstand bieten, der mit hoher Fahrgeschwindigkeit unvereinbar ist.

Der erfahrene Radsportler verteilt sein Gewicht auf beide Laufräder, belastet allerdings das Hinterrad stärker. Oberkörper und Arme formen dabei einen dynamischen Bogen – selbst wenn er unbeweglich scheint –, dessen Muskulatur die den jeweiligen Anforderungen angepaßten Spannungsänderungen regelt: Bei langsamem Tempo in der Mitte des Feldes sind die Arme fast gestreckt und der Oberkörper aufgerichtet. Sobald schneller gefahren wird, allein, wenn die Verfolger abgehängt werden sollen, oder beim Zeitfahren, greifen die Hände in die Unterlenkerbeuge, und der Oberkörper beugt sich tiefer über den Lenker. Dabei wird der Schwerpunkt nach vorn verlagert und das Hinterrad etwas entlastet. Diese Haltungsänderung sollte spontan vor sich gehen, ohne dabei die Sitzposition während der Tretbewegungen verändern zu müssen. Bauch-, Rücken- und Lendenmuskulatur müssen soweit gestärkt und durchtrainiert sein, daß die senkrechte Ausrichtung der Wirbelsäule bei Haltungsänderungen ohne Verschiebungen der Wirbel erhalten bleibt. Bei der Kippbewegung nach vorn sollte die Rückenmuskulatur so weit wie möglich gestreckt werden, um den anatomisch schädlichen Höcker in Höhe der Schulterblätter zu vermeiden. Dieser Höcker, den man oft bei zu weit nach vorn und zu stark über den Lenker gebeugten Fahrern beobachten kann, ist strömungsungünstig, weil er dem Wind eine größere Angriffsfläche bietet. Außerdem wird dabei die Atemtätigkeit behindert, es treten Muskelverkrampfungen in der Schultergegend auf, und mit der Zeit entsteht eine Verformung der Wirbelsäule. Dieser Haltungsfehler kann durch ein zu kurzes Rad oder einen zu kurzen Lenkervorbau verursacht werden, wobei sich der Lenker zu nahe am Sattel befindet, um eine flache Position des Oberkörpers zu ermöglichen.

Ein anderer, bei geübten Radsportlern selten zu sehender Haltungsfehler, den aber Neulinge im Radsport wie Sonntags-Radfahrer häufig machen, besteht darin, den größten Teil des Körpergewichts mit ausgestreckten Armen auf den Lenker zu verlagern. Die Arme können gestreckt bleiben, wenn das Hauptgewicht vom Sattel getragen wird; will man aber den Schwerpunkt nach vorn verlagern, müssen die Arme leicht angewinkelt werden, wenn sie – ohne dabei die Gelenke zu blockieren – ihre natürliche Rolle als Stoßdämpfer spielen sollen. Die für das Gleichgewicht des Oberkörpers verantwortlichen Muskeln stehen somit ständig unter Spannung, selbst wenn der Oberkörper unbeweglich scheint, was den Muskeltonus fördert und auf die Dauer die Belastbarkeit erhöht. Geringfügige Positionsänderungen der Muskelgruppen im Becken-, Oberkörper-, Schulter- und Armbereich erhalten den Körper bei Kondition.

Tourenhaltung: Der nur leicht geneigte Oberkörper und die gestreckten Arme formen einen Dachgiebel.

Bei höherem Tempo: Die Hände greifen in die Lenkerbeugen, die Arme werden leicht angewinkelt, der Oberkörper beugt sich tiefer über den Lenker.

Rennhaltung: Oberkörper und Arme stehen unter Spannung wie der Spitzbogen eines Gewölbes.

Die optimale Sitzposition

Die einzige Möglichkeit, zu wissen, ob man richtig auf seinem Rad sitzt, sind Versuche im Windkanal mit Elektroden auf der Brust, die den Herzrhythmus messen. Ich habe diesen Test 1979 im Aerotechnischen Institut in St.-Cyr-l'Ecole bei Versailles gemacht, einem der größten Sportzentren Europas.

Vor dieser Versuchsreihe sind von Armel André im Institut für Physiologie und Biomechanik der Régie Renault verschiedene andere Tests durchgeführt worden, und wie es der Zufall so wollte, war die ergonomisch optimale Position gleichzeitig auch die strömungsgünstigste. Bei der Idealposition schlägt das Herz bei gleicher Belastung langsamer, und man fühlt sich wohler dabei, weil der Herzmuskel unter den besten Voraussetzungen arbeitet. Man kann ungehindert atmen, und die Entspannungsphasen sind kompletter.

Der Unterschied zu meiner vorherigen Position war zu groß, um gleich auf die neue Position überzugehen. Nach den Photos zu urteilen, habe ich wie eine Kröte auf meinem Rad gehockt...

Es hat nur sechs Monate gedauert, bis ich mich an die neuen Positionsmaße des Rahmens gewöhnt hatte, der speziell für mich angefertigt worden war. Ich saß neuerdings höher und weiter hinten und konnte so lockere und schnelle Tretbewegungen ausführen – besonders auf bergiger Strecke, wo ich leichtere Zahnkränze auflegen konnte. Der Sieg im Kriterium des Dauphiné Libéré mit über zwölf Minuten Vorsprung hat die Wirksamkeit der neuen Position gezeigt.

Bernard Hinault

Die Tretbewegungen

Im Gegensatz zu gewissen überlieferten Vorstellungen muß Pedalieren trotz des allem Anschein nach natürlichen Bewegungsablaufs gelernt werden. Das bedeutet nicht, daß man sich zu diesem oder jenem Fahrstil zwingen und dabei die scheinbare Fahrtechnik irgend eines renommierten Spitzenfahrers kopieren sollte. Jeder muß sein individuelles Leistungspotential und seine mit keiner anderen vergleichbaren Persönlichkeit zum Ausdruck bringen.

Allerdings kann sich ein Überschreiten des instinktiven Stadiums durch die mentale Auseinandersetzung mit diesen „natürlichen" Bewegungsabläufen und eine spezifische körperliche Arbeit zur Verbesserung des persönlichen Leistungsniveaus nur günstig auf den Fahrstil auswirken.

Den besten Beweis für die Richtigkeit dieser Feststellung hat uns vielleicht Jacques Anquetil gegeben. Die Tritt-Technik des normannischen Champions, die nicht nur die Bewunderung der Zuschauer, sondern auch die der anderen Athleten auslöste, kann mit keiner anderen verglichen werden. Vittorio Adorni hat uns einmal im Vertrauen gesagt, daß er manchmal mit ihm zusammen nur um des Vergnügens willen trainiere, ihm beim Fahren zusehen zu können.

Man muß wissen, daß Jacques Anquetil seinen Fahrstil beim Training mit einer so vollkommenen Konzentration kultivierte, daß ihn die Gegenwart der anderen Fahrer oft störte. So erklärt sich auch teilweise seine phantastische Überlegenheit in Zeitfahrwettbewerben.

Gewiß verdankte er seinen Ruf eines perfekten Stilisten auch einer natürlichen Begabung, aber er hatte seinen Fahrstil bereinigt und verbessert, indem er eine persönliche Taktik ausarbeitete, bei der während der gesamten Kurbelumdrehung der größtmögliche Druck parallel zur Kurbelachse, d. h. durch senkrechte Beinführung direkt von oben auf die Pedale ausgeübt wird – eine Methode, bei der er fast immer mit fest angezogenen Riemen fahren mußte.

Ist es nun besser, mehr mit der Fußspitze, wie Jacques Anquetil, oder mehr mit der Ferse, wie Eddie Merckx, zu fahren?

So gestellt kann die Frage nicht beantwortet werden, weil sie den öfters erwähnten individuellen Besonderheiten keine Rechnung trägt. Man kann höchstens sagen, daß nur ganz wenige Rennfahrer mit so stark angehobenen Fersen wie Jacques Anquetil oder mit so tiefer Fersenstellung wie Eddie Merckx fahren. Der belgische Meister konnte mit mehr als 50 km/h beim Sechstagerennen von Grenoble bei einer Übersetzung von 52 × 16 fahren und behielt dabei, trotz wesentlich höherer Trittfrequenz, die gleiche Fußstellung wie in den Etappen gegen die Uhr mit der Kombination 53 × 12. Die meisten Rennfahrer liegen zwischen diesen beiden Extremen.

Wer richtig pedalieren will, muß sich der Notwendigkeit bewußt werden, die Richtung, aus der die Kraft auf die Pedale wirkt (bei gleichbleibender Intensität des Drucks), der während einer Kurbelumdrehung unaufhörlich wechselnden Pedalstellung anzupassen. Praktisch heißt das, daß die Druckverteilung oder die aufzubringende Kraft für die Tretbewegung immer genau parallel zur Kurbelsenkrechten direkt von oben auf die

1

2

Die Phasen einer Tretbewegung:
Das rechte Bein befindet sich im oberen Totpunkt (OT). Die anschließende Abwärtsbewegung drückt die Pedale zuerst nach vorn. Ober- und Unterschenkel bilden einen spitzen Winkel. Wenn der Sattel zu hoch ist, wird dieser Winkelradius noch kleiner, stört bei der Rennhaltung und führt zum „Bukkel", eine in jeder Beziehung schlechte Position.

2, 3 und 4 sind die Druckphasen, in denen das Bein, von seinem Eigengewicht unterstützt, mit Leichtigkeit den größten Druck parallel zur Tretlagerwelle ausübt, d. h. von oben nach unten. Ab Phase 3 muß der Gegenfuß zum Zug nach hinten bereit sein, der ab Phase 4 richtig einsetzen muß, wenn der optimale Wirkungsgrad erreicht werden soll. In der Phase 4 wird der Druck schräg von unten zur Tretlagerwelle ausgeübt.

5

6

3 4

Während der Phasen 4 bis 6 befindet sich das rechte Bein im unteren Totpunkt, (UT) der Bewegungsradius des Beines ist ganz gering. Durch die Beugung, d. h. Aufwärtsbewegung des rechten Knies wird jetzt das Pedal nach hinten gezogen – eine Bewegung, die nicht natürlich ist und gelernt werden muß.

In den Zugphasen 7 und 8 beendet das rechte Bein die Aufwärtsbewegung und zieht dabei das Pedal mit. Bereits die Fähigkeit, durch den Zug am Pedal den Beindruck zu reduzieren, stellt im Vergleich zur ungeübten, „natürlichen" Trettechnik einen großen Fortschritt dar.

7 8

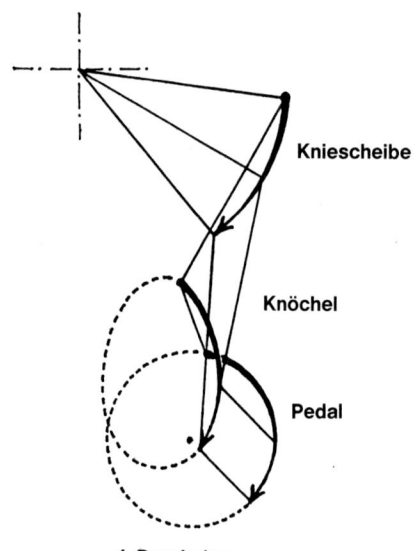

1. Druckphase.

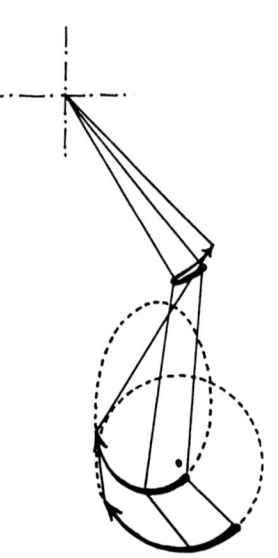

2. Unterer Totpunkt (UT).

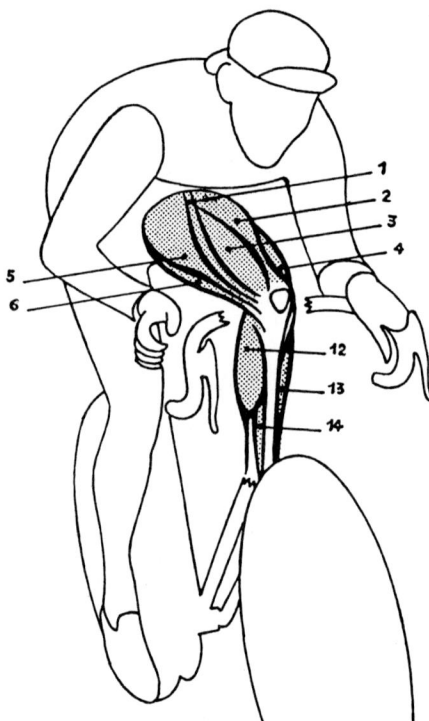

Die wichtigsten an der Tretbewegung beteiligten Muskeln: 1. Schneidermuskel; Die Muskeln des 4köpfigen Schenkelstreckers (Quadriceps): 2. Gerader Schenkelmuskel und Darmbeinmuskel – 3. Innerer Schenkelmuskel – 4. Äußerer Schenkelmuskel; Sitz und Schienbeinmuskel: 5. Plattensehnenmuskel – 6. Halbsehniger Muskel – 7. Zweiköpfiger Schenkelmuskel; 8. Schlanker Muskel; 9. Spanner der Schenkelfaszie; 10. Großer Gesäßmuskel; 11. Sohlenspanner; Dreiköpfiger Wadenmuskel (Triceps): 12. Zwillingswadenmuskel und Schollenmuskel; 13. Vorderer Schienbeinmuskel; 14. Langer Wadenbeinmuskel

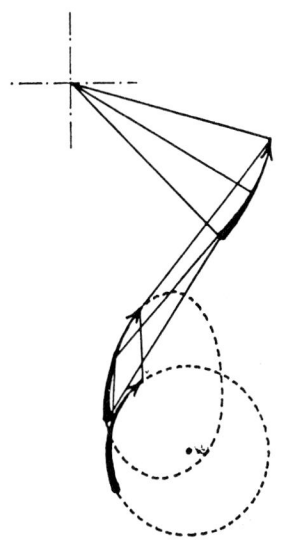

3. Zugphase.

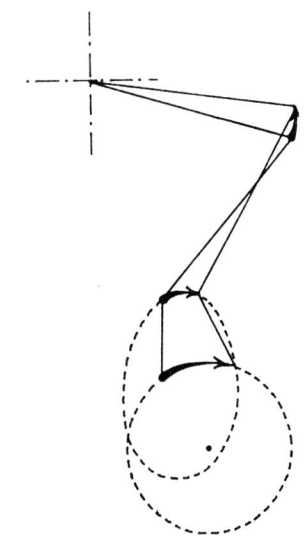

4. Oberer Totpunkt (OT).

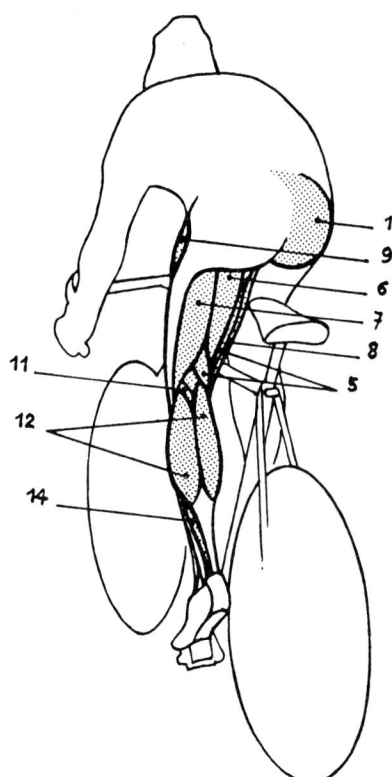

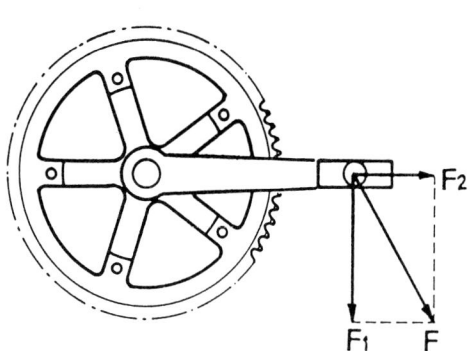

Der Druck auf das Pedal setzt sich aus zwei Grundkräften zusammen:
– F1 – Parallel zur Tretlagersenkrechten; sie setzt die Kurbeln in Bewegung.
– F2 – Rechtwinkelig zur Tretlagersenkrechten; sie trägt nicht zur Bewegung bei und vergeudet unnötige Energie.

Pedale kommen muß. Die ganze Kunst des Radfahrens besteht in dieser gleichmäßigen Druckverteilung und -orientierung, die einer langen Übungszeit bedürfen. Die vielen bei dieser Tretbewegung unter Spannung stehenden Muskeln der unteren Gliedmaße müssen die beiden gegensätzlichen Fähigkeiten – die größtmögliche Kraft aufzubringen und ihre Wirksamkeit nach der Kurbelumdrehung zu orientieren – erst lernen. Der Radsportler, dem das gelingt, bewegt leicht die Pedale, anstatt mit Vollkraft darauf zu lasten und bei jeder Umdrehung einen nennenswerten Anteil der aufgebrachten Kraft verpuffen zu lassen.

Nachdem wir die Grundsätze der optimalen Tretbewegung analysiert haben, kann sich jeder die zu ihrer Anwendung nötigen Methode anhand eines entsprechenden Trainings persönlich ausarbeiten, wobei alle individuell unpassenden Lösungen von selbst ausscheiden.

Die Ermittlung der endgültigen Sitzposition ist eng mit der einer optimalen Tretbewegung verbunden. Falschen Haltungen liegt meist eine unzureichende Tritt-Technik zugrunde.

Wer sich eine gute Bewegungstechnik aneignen will, sollte sich auf die Tatsache konzentrieren, daß sein Körper vom Sattel getragen wird und die Beine nur als Antriebsorgane benutzen. So gesehen, verliert der Radsportler den natürlichen Gehreflex und eignet sich neue neuromotorische Reflexe an, die seinen Muskeln die nötigen Impulse geben. Für den, der seinen Körper bewußt unter Kontrolle bringen will – eine Zielvorstellung, die durch Yoga und verschiedene andere psycho-physische Disziplinen in den europäischen Ländern geweckt wurde – bietet der Radsport ein besonders reiches Erfahrungsgebiet, das aus ihm einen „pedalierenden" Menschen macht. Die Befriedigung, sich eine hochwirksame, ausgefeilte Bewegungstechnik anzueignen und einen klaren Leistungsanstieg zu verzeichnen, ist dabei Belohnung genug.

Nach diesen allgemeinen Grundsätzen eines optimalen Bewegungsablaufs wollen wir nun die besonderen Bedingungen untersuchen, die dem Rennsportler je nach aufzubringender Leistung und Streckenführung abverlangt werden.

In der Ebene

Was ist anstrengender, Berg- oder Talfahren – mit hoher Fahrgeschwindigkeit, natürlich?

Eine schwer zu beantwortende Frage, denn es ist nicht leichter, den

Stundenrekord auf der Bahn zu brechen, als seine Verfolger, nach dem Vorbild Fausto Coppis, auf einer Bergetappe abzuhängen.

Es handelt sich um einen grundsätzlich anderen Krafteinsatz. In der Ebene muß der Radsportler vor allem den Luftwiderstand überwinden und nur in zweiter Linie den Rollwiderstand, im Gegensatz zu Bergfahrern, die gegen den sogenannten Hangabtrieb (Schwerkraft, die das Rad den Berg hinabrollen läßt) kämpfen müssen. Wenn man die Höhenlage und die dünne Höhenluft unberücksichtigt läßt, die dem Fahrer Mehrleistung abverlangt, liegt der Hauptunterschied hinsichtlich der aufzubringenden Kraft in der kinetischen Energie, die der Talfahrer bei einem Tempo von mindestens 45 km/h erzeugt. Wenn er mit dem Pedalieren aufhört, rollt er noch lange mit der erreichten Geschwindigkeit weiter, während der Bergfahrer an einer starken Steigung sehr schnell stillsteht, wenn er auf die Idee kommen sollte, die Tretbewegung einzustellen. In der Ebene werden der obere und der untere „Totpunkt" schneller und leichter überwunden. Man braucht sich nicht, wie beim Bergfahren, jeden Sekundenbruchteil voll auf den Bewegungsablauf zu konzentrieren, denn die aufzubringende Muskelkraft ist in beiden Fällen verschieden. Aus diesen Gründen ist es leichter, die richtige Tretbewegung auf flacher Strecke als an Steigungen zu lernen – was dem gesunden Menschenverstand ohne weiteres zugänglich ist.

Zum Schnellfahren gibt es grundsätzlich zwei Fahrmethoden: Mit einer mittleren Übersetzung und überhöhter Tretgeschwindigkeit, oder mit einer großen Übersetzung und höherem Krafteinsatz. Um ein Tempo von 45 km/h zu erreichen, muß mit einer Übersetzung von 51 × 15 (7,07 m Trittstrecke) – wie sie Fausto Coppi 1946 im Grand Prix der Nationen benutzte – eine Leistung von 106 Kurbelumdrehungen pro Minute erbracht werden, gegen nur 81 U/min mit einer Übersetzung von 53 × 12 (9,19 m Trittstrecke), die unter den gleichen Bedingungen heute von den meisten Rennfahrern aufgelegt wird. Nicht Jacques Anquetil, wie allgemein angenommen wird, sondern Louison Bobet hat 1952 beim Grand Prix der Nationen, den er mit der Kombination 52 × 14 (eine damals unverhältnismäßig große Übersetzung) auszutragen gewagt, den Trend zu immer größeren Übersetzungen ausgelöst.

Ein guter Radsportler muß beide Methoden beherrschen, vor allem, wenn er den Ehrgeiz hat, in Zeitfahrwettbewerben gut abzuschneiden.

Nach dem Krafteinsatz fährt Bernard Hinault im Wiegetritt, um sich zu entspannen, bevor er wieder in die Normalposition zurückgeht, die er im Hauptfeld einnimmt.

Bernard simuliert einen Gegenangriff beim Training: Er nimmt die Rennhaltung ein, um seine Höchstleistung zu erbringen.

DIE TRETBEWEGUNG

Die folgende von der Tradition überlieferte Methode, richtig zu pedalieren, behält auch heute noch ihren Wert. Sie ist die Basis des Radsports und sollte am besten in jungen Jahren erlernt werden. Ist das der Fall, so wird die Tretgeschwindigkeit, d. h. die Fähigkeit, die Beine schnell zu bewegen, zur bleibenden Errungenschaft.

Bei dieser Methode geht es darum, die Koordination der Muskeln zu erwerben, mit der ohne großen Kraftaufwand in der Druckphase – wobei der andere Fuß (fest im Pedalhaken) das Gegenpedal hochzieht – lockere und schnelle Tretbewegungen aus dem Fußgelenk heraus ausgeführt werden können. Nach dem Prinzip, mit dem eine sich schnell bewegende Kraft mittlerer Stärke die gleiche Arbeit leistet wie eine größere Kraft, die sich langsamer bewegt, wirkt der schnelle Tretrhythmus energiesparend. Die durch die überhöhte Geschwindigkeit der Tretbewegungen erzeugte kinetische Energie trägt zur Bewegungserhaltung bei. Außerdem zwingt der schnelle Bewegungsablauf den Fahrer zu technisch einwandfreiem Rundtritt, der allerdings „eckig" wird, wenn der Druck schräg, anstelle senkrecht von oben, auf das Pedal kommt. In einem solchen Fall kann der Fahrer den schnellen Tretrhythmus nicht lange durchhalten. Früher hieß der Zustand, der sich einstellt, wenn stundenlang mit kleiner Übersetzung und gleichbleibendem Ritzel gefahren wird, „aus den Latschen kippen". Eine während des Rennens gleichbleibende Übersetzung hat immerhin den doppelten Vorteil, daß es keinen noch so geringen Zeitverlust gibt, und daß die Passage über den Totpunkt und gleichzeitig die Aufwärtsbewegung des Beins erleichtert wird.

Jacques Anquetil fuhr deshalb bei starkem Gefälle 42 × 19, was auch für die Sitzposition ein Test ist, weil man bei überhöhter Tretgeschwindigkeit auf einem zu hohen Sattel „hüpft". Die Wahl einer solchen Übersetzung ist außerdem ein Test für die Entspannungsqualität der während einer Tretbewegung antagonistisch arbeitenden Muskelgruppen. Jacques Anquetil betont die Notwendigkeit, sich während des Fahrens auf die Kreisbewegung zu konzentrieren, um die „guten" Fahrgefühle herauszufinden, wie auch Paul Köchli, Trainer der Berufsmannschaft „La Vie Claire" empfiehlt. Das Fußgelenk soll dabei locker bleiben, allerdings macht die hohe Tretgeschwindigkeit eine optimal dosierte Druckverteilung meist unmöglich – obwohl das einigen Spitzenfahrern wie Eddy Merckx gelungen ist. Das von Dr. Ruffier in den 30er Jahren vielzitierte „ankleplay" – die locker aus dem Fußgelenk heraus erfolgende Tretbewegung – entsteht hier durch die Aufwärtsbewegung während der Zugphase, wobei die Ferse entlastet und sozusagen mitgezogen wird.

Vorteilhaft bei dieser Methode ist ihre Natürlichkeit und die optimale Stimulierung zur Koordination aller Muskeln, die abwechselnd die nötige Kraft aufzubringen haben.

MIT GROSSEN ÜBERSETZUNGEN FAHREN

Große Übersetzungsverhältnisse sind in den 50er Jahren Mode geworden. Vorher wurde die Kombination 52 × 15, d. h. eine Trittstrecke von 7,21 m, sogar von den Spitzenfahrern als ein kaum vertretbares Limit angesehen. Man glaubte, daß die Beine bei größeren Übersetzungen die Tretbewegung nicht mehr durchführen könnten und daß die Muskulatur auf Kosten der Gelenkigkeit überbeansprucht würde. Der Sportjournalist Jacques Augendre gibt in einem diesem Thema gewidmeten Artikel der Revue „Le Cycle" folgende chronologische Übersicht über die Entwicklung der Kranzgrößen:

1943 siegte der robuste Marcel Kint im Paris-Roubaix-Rennen mit der Maximalübersetzung von 49 × 16. 1948 „vergrößerte" Louis Caput im gleichen Rennen auf 49 × 15. Schon während der ersten Kilometer fuhr er mit einigen anderen Konkurrenten dem übrigen Feld davon, wobei er den aus Südwest blasenden Wind ausnutzte. Kurz vor dem Ziel wurde er von den übrigen Fahrern eingeholt. Als er vom Rad stieg, sagte er, daß er mit einem 50er-Kettenblatt bestimmt Sieger geworden wäre. André Mahé, 1950 Sieger im Rennen Paris – Tours, zog die Lehre daraus: Während der letzten Kilometer fuhr er mit der für die damalige Zeit revolutionären Übersetzung 52 × 14 seinen Verfolgern davon.

Ähnliche Unverfrorenheit bewiesen die Brüder Bobet, als sie 1952 im Grand Prix der Nationen die gleiche Kombination benutzten. Louison wurde Erster und Bruder Jean Vierter. Zeitfahrwettbewerbe und besonders der Grand Prix, der Hochleistungs-Rennmaschinen verlangt, sind für die Entwicklung der Übersetzungsverhältnisse besonders aufschlußreich. Vor Bobet wurde von Calvez 1933 und Berton 1948 die Maximalübersetzung 25 × 8 gefahren; Antonin Magne benutzte 49 × 16 (1934); Cogan 49 × 15 (1937) und Fausto Coppi führte 1946 zwei Kettenblätter ein: 51 und 48 Zähne und 15-16-17-18 für die vier Zahnkränze.

Danach ging es steil „bergauf". Anquetil erschien auf der Bildfläche. 1957 triumphierte er mit 54 × 14 und 1961 mit 52 × 13. Raymond Poulidor mühte sich 1963 trotz seines flüssigen Fahrstils mit der Maximalübersetzung 53 × 13 (53/49 und 13 bis 17) ab. Wahrscheinlich blieb er deshalb drei Minuten hinter Ferdinand Bracke zurück, der später einen neuen Stundenweltrekord aufstellte. 1976 überschritt Freddy Maertens mit einer

Übersetzung von 55 × 13 zum ersten Mal die bei einer Kurbelumdrehung erreichte Höchstgrenze von 9 Metern, und 1979 holte sich Bernard Hinault seinen dritten Sieg im Grand Prix der Nationen mit dem Rennrad „Gitane Profil", das mit 53 × 12 (53/46 und 12 bis 17) einen Schnellgang besaß. Die Anpassung an große Übersetzungen bietet eine ausgezeichnete Gelegenheit, seinen Fahrstil auszufeilen. Mit 53 × 12, bei der eine Trittstrecke von 9,19 m erreicht wird, kann man sich nicht mit einer mittleren Übersetzungen angepaßten, energiesparenden Bewegungstechnik begnügen (zumindest wenn man höhere Geschwindigkeiten fahren will), die den größten Teil der Arbeit in der Druckphase leistet und ansonsten die Kurbelrotation nur unterstützt. Diese Bewegungstechnik führt zur Überbelastung der Streckmuskeln der Hüfte und der Beugemuskeln der Knie. Der Bewegungsimpuls muß im Gegenteil während der gesamten Rotation vom Fahrer ausgehen, der dank Schuhplatten – wie Jacques Anquetil – möglichst kontinuierlich, allerdings mit der sogenannten „gleitenden Spannungsveränderung", seinen Druck auf die Pedale bringt.

Da die Drehgeschwindigkeit dabei geringer ist, fällt die sich laufend verändernde Muskelspannung leichter, wobei die Kraft möglichst kontinuierlich senkrecht von oben, d. h. im rechten Winkel zur Kurbelwaagerechten aufgebracht werden sollte. Um diese Technik sicher zu beherrschen, empfehlen wir, nach der Druckphase die Ferse zu senken, den unteren Totpunkt durch kräftigen Zug nach hinten zu überwinden und den Impuls zur Aufwärtsbewegung der Pedale durch Anheben der Ferse zu geben. In der zweiten Hälfte der Rotation wird am oberen Totpunkt aus dem Fußgelenk Druck nach vorn und unten ausgeübt und damit das Tretlager vor der nächsten Pedalumdrehung neu angekurbelt. Der bei mittlerer Drehgeschwindigkeit aus einer großen Übersetzung resultierende beträchtliche Widerstand erleichtert das Erlernen dieser Technik und stärkt die bei kleinen Übersetzungen wenig beanspruchten Muskeln. Mit der Zeit führt diese Technik zu flüssigem, d. h. kontinuierlichem und ökonomischem Bewegungsablauf.

DIE ARME RICHTIG BENUTZEN

Zur Kunst des Radfahrens gehört zwangsläufig eine möglichst strömungsgünstige Position, weil der Luftwiderstand das größte Hindernis darstellt. Ideal wäre die permanente flache Rennhaltung mit gesenktem Kopf und angespannter Rückenmuskulatur. Allein das Anheben des Kopfs und die Rückenkrümmung in Höhe der Schulterblätter können in einem mit durchschnittlich 46 km/h gefahrenen Rennen gegen die Uhr alle 25 km zu einem Zeitverlust von 1 Minute führen.

Diese Rennhaltung bewahren zu können, setzt eine sichere Position im Sattel voraus; jede Sitzveränderung zwingt entweder zum Aufrichten des Oberkörpers – und damit des Kopfs – oder zur Krümmung des Rückens. Beide Haltungen wirken geschwindigkeitsmindernd. In diesem Zusammenhang sei daran erinnert, daß eine stabile Sitzposition die Voraussetzung für ergonomische Wirksamkeit ist. Sie ist das Zeichen guter Tritt-Technik, denn jede unnötige Bewegung beeinträchtigt den Wirkungsgrad. Das heißt nicht, daß man sich überhaupt nicht im Sattel bewegen darf. Von Zeit zu Zeit ist es nötig, vor allem zum Beschleunigen aus dem Sattel zu gehen oder durch Haltungsänderung und die damit verbundene Druckverlagerung bestimmte Muskeln zu entlasten. Allerdings sollten diese Modifikationen wohlüberlegt und nicht zu oft vorgenommen werden.

Die Arme spielen eine wichtige Rolle bei der Stabilisierung des Beckens im Sattel, es bedarf nur eines kräftigen Armzugs am Lenker, ohne dabei gleichzeitig die Schultermuskulatur anzuspannen. Im Radfahrjargon heißt das „am Lenker ziehen", obwohl „draufdrücken" richtiger wäre. Versuchen Sie einmal, auf flacher Strecke wirklich am Lenker zu ziehen ... das werden Sie sofort bleiben lassen, es sei denn, Sie fahren im Stehen – und dann ist ein Armzug am Lenker nicht mehr möglich. In der Praxis zieht ein Radsportler selten am Lenker, er hält sich höchstens bei Bergfahrten daran fest, wenn er eine verdeckte Senke hinauffährt, einen Hang oder einen Berg erklettert.

Beim Beschleunigen befinden sich die Hände in den Lenkerbeugen, aber man kann auch bei unverändert strömungsgünstiger Haltung des Oberkörpers die Position an den Bremsgriffen wählen. Einige Rennfahrer wie Roger Vlaeminck fahren am liebsten in dieser Position, die Arm- und Schultermuskulatur entspannt und die Atmung erleichtert. Auf jeden Fall ist es eine nützliche Griffposition, die abwechselnd mit der Unterlenkerhaltung eingenommen werden kann, wobei der Übergang so progressiv wie möglich vor sich gehen sollte – was man beim Training lernen kann. In Zeitfahrwettbewerben ist alles recht, was zum Einsparen einiger Zehntelsekunden verhilft, vor allem, wenn dabei keine zusätzliche Kraft aufgebracht werden muß.

Gegen die Uhr

Um im Zeitfahren gut zu sein, muß man zuerst alles andere gelernt haben. Wenn sich der Fahrer auf seinem Rad wohlfühlt, wird er auch in Zeitfahrwettbewerben gut abschneiden. Man kann mit einem kompetenten Trainer die Technik ausfeilen, Fehler korrigieren und seine Ratschläge zum Schnellerfahren befolgen – vor allem sollte man aber beim Fahren den Kopf senken. Es gibt Sportler, die nur in dieser Position fahren, was besonders bei Ausreißversuchen nützlich ist. Ich selbst fahre meist mit gehobenem Kopf, um die Strecke weit genug vor mir zu sehen, und gleiche das Problem des erhöhten Luftwiderstands und der Luftwirbel zwischen Kopf und Schultern mit einem strömungsgünstig profilierten Sturzhelm aus.

Die Arme spielen eine wichtige Rolle, aber nicht die, an die man allgemein denkt. Normalerweise müßte man mit einer bestimmten Leistung fahren können, ohne dabei Arme und Hände zu etwas anderem als zum Lenken des Rades zu verwenden.

Beim Grand Prix der Nationen 1984 bin ich so völlig entspannt gefahren, daß ich sogar in der Steigung von Vallauris meine Arme kaum einzusetzen brauchte. Erst in den letzten fünf Kilometern mußte ich mich richtig mit meinem Rad auseinandersetzen.

Beim Training fahre ich mit größerer Geschwindigkeit freihändig an, um mein Leistungsniveau zu verbessern. Ich fahre wie beim Sprinten mit den Händen auf dem Rücken los. Das ist ein guter Test für sichere Sitzposition, denn ein schlechter Rennfahrer kompensiert die fehlende Oberkörperbalance mit den Armen. Um das Gleichgewicht zu halten, spannt er die Armmuskeln an – damit verliert er Energie, die er besser für seine Beinarbeit aufsparen sollte.

Bernard Hinault

Bergauf

Wie bereits festgestellt, muß der Fahrer am Berg, im Gegensatz zum Fahrer in der Ebene, über die Tretkurbeln beständig den Bewegungsimpuls am Tretlager aufrechterhalten, denn jede noch so kurze Unterbrechung im Bewegungsablauf wirkt sich drastisch und unverzüglich auf die Geschwindigkeit aus. Die Schwerkraft, oder genauer gesagt der Hangabtrieb, zieht ihn dauernd zurück und die erzeugte kinetische Energie genügt nicht, um auch nur die geringste Druckminderung am Pedal zu kompensieren. Bei der ununterbrochenen Tretbewegung steht die Muskulatur dauernd unter Spannung, was das Ausscheiden der Schlackstoffe erschwert, kurzfristig zur Übersäuerung (Milchsäure) des Organismus und damit zur frühzeitigen Erschöpfung führt. Deshalb muß streckenweise im Stehen gefahren werden, wobei die Kraft von anderen Muskeln aufgebracht wird und die ermüdeten Muskelgruppen entlastet werden. Im Wiegetritt fahren erleichtert auch das auf einer Bergetappe besonders wichtige Beschleunigen.

In diesem Kapitel ist daher vom richtigen Bergfahren die Rede. Bei einfachen Steigungen, auch wenn sie sich länger hinziehen, genügen ein erhöhter Krafteinsatz oder eine Positionsänderung – die meisten Sprinter im Straßenrennsport sind dazu fähig. Wir nehmen lange, endlos scheinende Steigungen am Ende eines Rennens aus, in denen nur der Wiegetritt verhindern kann, daß das übrige Feld aufholt.

Beim Bergfahren im Sitzen gibt es zwei Grundhaltungen: Mit weiter nach vorn, wie es früher beim Bergfahren üblich war, oder weiter nach hinten verstelltem Sattel, wie beim Fahren auf flacher Strecke.

BERGFAHREN MIT VORGELEGTEM SATTEL

Früher modifizierten die Asse im Bergfahren auf Bergetappen die Lage ihres Sattels. Vor dem Krieg wurde sogar eine Verstellvorrichtung erprobt, mit der der Fahrer ohne anzuhalten seinen Sattel höherstellen und weiter nach vorn verlegen konnte. Ein solches System, das heute noch manchmal bei Bergrennen verwendet wird, findet folgende logische Erklärung:

– Das Gleichgewicht des der Schwerkraft unterworfenen Fahrers wird von der Lage bestimmt, in der sich der Sattel zur Tretlager-Senkrechten befindet. Bei Steigungen befindet sich die Sattelspitze hinter dieser Senkrechten (fast 8 mm bei hochgewachsenem Fahrer an einer Steigung von 10 %). Vorverlegen des Sattels um 1 cm stellt die in der Ebene herrschenden Fahrbedingungen wieder her.

– Da der spezifische Bewegungsablauf beim Bergfahren mehr Kraft als Stil erfordert, kann der Sattel etwas höher eingestellt werden, ohne daß diese Modifikation eine Verringerung der Trittfrequenz nach sich zieht, wie es in der Ebene der Fall wäre.

– Da der Luftwiderstand infolge der geringeren Fahrgeschwindigkeit ebenfalls geringer ist, kann öfter im Stehen gefahren werden. Die Position mit aufgerichtetem Oberkörper erleichtert die Atmung.

– Durch die modifizierte Sattelstellung ist der Unterschied zwischen den Körperhaltungen (Sitzposition, im Stehen fahren) weniger groß, was den Übergang von der einen in die andere erleichtert.

Im modernen Radsport werden die Täler zwischen den Bergen viel schneller als früher durchfahren, weil diese damals nach stillschweigendem Übereinkommen unter den Rennfahrern eine im Vergleich zu den Steigungen, an denen die Elite ihre „Vorstellung" geben konnte, untergeordnete Rolle spielten. Heute wird deshalb die Radeinstellung auf Bergetappen nicht mehr verändert. Anders ist es bei echten Bergrennen und Zeitfahrwettbewerben an Steigungen, in denen die vorverlegte Sitzposition ihren Wert behält – genau wie die Verwendung längerer Tretkurbeln.

BERGFAHREN MIT ZURÜCKVERSETZTEM SATTEL

Die Sitzposition des Radsportlers auf ebener Strecke, so wie sie hier analysiert wurde, kann auch an Steigungen beibehalten werden – und das um so leichter, als der Sattel hoch genug eingestellt ist. Wenn die Straßenrennfahrer früher das Bedürfnis hatten, den Sattel auf Bergetappen höherzustellen, so deshalb, weil er nach ergonomischen Kriterien zu niedrig war...

Der wie Fausto Coppi oder Eddy Merckx sicher auf seinem hinter der Tretlagersenkrechten befindlichen Sattel sitzende Rennfahrer, der die Hände ohne Muskelverkrampfung in den Lenkerbeugen hält, sich auf die einzelnen Phasen seiner Tretbewegung konzentriert und den Fuß im Pedalhaken fest nach hinten zieht, kann in Sitzposition mit maximaler Geschwindigkeit ohne Verdrehung des Beckens den Berg hinauffahren, wobei ihm die durch das verstärkt belastete Hinterrad stabile Position im Sattel zur Hilfe kommt – die bei weiter vorn sitzendem Fahrer nicht immer gewährleistet ist.

Die meisten Rennfahrer bringen am Berg – mehr noch als in der Ebene – den Maximaldruck mit der Ferse auf die Pedale, wobei der Bewegungsimpuls stärker aus dem Fußgelenk erfolgt. Jacques Anquetil war vielleicht der einzige Athlet, der noch an den steilsten Steigungen mit den Fußspitzen pedalierte und dabei fast ununterbrochen seine Rennhaltung bewahrte. Am Berg wird mit höher aufgerichtetem Oberkörper gefahren, um besser durchatmen zu können; die Hände befinden sich abwechselnd am Oberlenker und an den Bremsgriffen, was durch den veränderten Aktionswinkel der Arme und Handgelenke zur Entspannung beiträgt.

BERGFAHREN IM WIEGETRITT

Stehend im Wiegetritt fahren ist auf flacher Strecke nützlich, wenn beschleunigt oder besonders schnell angefahren werden soll, ihren eigentlichen Adelstitel erhält diese Fahrtechnik aber erst an größeren Steigungen. Der Radsportler verzichtet auf die Stütze, die ihm der Sattel bietet und wird gewissermaßen wieder zum Fußgänger, der sein Rad mit seinen an den Pedalen befestigten Füßen zum Gehen benutzt.

Im Gegensatz zum Fußgänger allerdings, dem sein Körpergewicht eher hinderlich ist, nutzt der Radsportler es beim erhöhten Krafteinsatz während der Druckphase zur schnelleren Fortbewegung aus. Dabei sollte der Körperschwerpunkt nach Möglichkeit konstant bleiben und nicht durch energiezehrende, die Aufwärtsbewegung des Beins erschwerende Gewichtsverlagerungen von einem Bein auf das andere allzu stark variieren.

Die Wiegetritt-Technik darf nicht als Vorwand dienen, die vier Phasen der Tretbewegung weniger präzise auszuführen, zumal der Pedalzug nach hinten im Stehen erschwert ist. Der Fahrer kann zum Beschleunigen nur vom im Stehen auf das Pedal gebrachten verstärkten Druck profitieren. Man sollte nicht vergessen, daß die Positionsänderung zum Wiegetritt mehr Energie verbraucht, als im Sattel zu bleiben – was die beschleunigte Herztätigkeit beweist –, aber der Körper kommt dabei doch auf seine Kosten. Durch den neuen Aktionswinkel und den Krafteinsatz anderer Muskelgruppen kann etwas mehr Milchsäure (selbst in minimalen Werten) ausgeschieden und die Glycogenreserve, der für eine intensive Ausdauerleistung unentbehrliche Brennstoff, wieder aufgefüllt werden.

Es gibt zwei Methoden, im Wiegetritt zu fahren: Man bewegt entweder den Oberkörper im Rhythmus der Tretbewegung abwechselnd nach rechts und links und verlagert dabei jedesmal seinen Körperschwerpunkt, oder man neigt das Rad selbst nach der einen oder anderen Seite, um die im Abwärtstakt befindliche Druckpedale während der Kurbelumdrehung zweimal fast unter den durch die nahezu unveränderte Oberkörperhaltung gleichbleibenden Schwerpunkt zu bringen.

Wir ziehen die zweite Methode vor, weil sie sparsamer im Energieverbrauch ist. Eine abwechselnde Armbewegung genügt, um dem Rad den nötigen Impuls zur Seitenneigung zu geben. Die Hände, d. h. Daumen, Zeige- und Mittelfinger, umfassen dabei die Bremsgriffe, und während die der druckausübenden Pedale gegenüberliegende Hand den Lenker zur Seite drückt, zieht die andere Hand den Lenker an der anderen Seite in einer wechselseitigen Bewegung. Der Körper stützt sich dabei nicht am Lenker ab, sondern übt mit seinem ganzen Gewicht Druck auf die Tretkurbeln aus. Sobald diese Methode mental verarbeitet ist, werden die Bewegungsabläufe schnell zur zweiten Natur.

Sprinten

Wenn beim Training empfohlen wird, Berg- und Talfahrten im Alleingang zu lernen, trifft das beim Sprint nicht zu, denn dabei ist die Gegenwart des Rivalen notwendig, der oft nach langen Positionskämpfen, die in den letzten Kilometern alle möglichen Formen annehmen können, besiegt werden muß. Ohne „den anderen" sind Sprintübungen nicht möglich. Die Geschwindigkeit als solche genügt nicht. Sogar beim Bahnrennen gewinnt nicht immer der Schnellste, weil der Taktik in dieser Disziplin die ausschlaggebende Rolle zukommt. Bei 60 km/h ist der Luftwiderstand so groß, daß der geringste Windschutz energiesparend wirkt, eine um so kostbarere Energie, als sie im richtigen Moment auf die Zehntelsekunde genau zur Verfügung stehen muß. Außerdem kann auch der echte Sprinter seine „Explosivkraft" nicht länger als 15 Sekunden aufrecht erhalten – vielleicht auch 20, wenn der Rennfahrer gelernt hat, seine Phosphatreserven schnell genug einzusetzen. Im Straßenrennsport gibt es noch mehr unvorhersehbare Faktoren:

– Der Endspurt findet meist erst statt, nachdem das Rennen schon Stunden gedauert hat; anstelle des Stärksten gewinnt deshalb oft der Konditionsbeste.

– Die örtlichen Gegebenheiten sind je nach Gefälle, Straßenbreite, Asphaltdecke, kurvenreichen Passagen und Windrichtung – falls Wind bläst – völlig verschieden.

Wegen all dieser Faktoren kommt der Taktik, dem „feeling" und der Erfahrung im Straßensport eine besondere Bedeutung zu. Die Bewegungstechnik, die übrigens wegen ihres oft instinktiven Ablaufs schwer rationalisierbar ist, kommt erst an zweiter Stelle.

Welche Methode soll also empfohlen werden?

Die Technik des Sprinters ist individuell verschieden, hat aber eine Konstante: Das Körpergewicht kann dynamischer eingesetzt werden, weil es in Anbetracht des besonders hohen Krafteinsatzes weniger auf dem Sattel lastet. Das wird besonders deutlich, wenn der Rennfahrer im Wiegetritt startet und ist auch offensichtlich, wenn er zum Endspurt ansetzt.

In diesem Moment setzen sich einige Sportler soweit wie möglich nach hinten, greifen mit ausgestreckten Armen in die Lenkerbeugen und stürmen, tief über den Lenker geneigt, auf die Ziellinie los. Andere dagegen sitzen ganz vorn auf der Sattelspitze, klammern sich mit angewinkelten Armen und verkrampfter Schultermuskulatur am Lenker fest und ziehen mit voller Kraft die Pedale nach hinten weg.

Die Übersetzung spielt beim Sprinten eine wichtige Rolle.

Als André Darrigade Fausto Coppi 1956 auf der Mailänder Vigorelli-Piste um den fünften Sieg in der Lombardei-Rundfahrt brachte, überfuhr er die Ziellinie mit einer Übersetzung von 50 × 14, d. h. einer Trittstrecke von knapp 7,50 m. Der Straßenrennfahrer spurtete damals – nach den von Paul Köchli aufgestellten Kategorien – mit „Widerstandskraft-Schnelligkeit", während heute vor allem „Widerstandskraft-Intensivkraft" und größere Übersetzungen gefragt sind. Freddy Maertens, ein Sprinter im Straßenrennsport der 80er Jahre mit außergewöhnlich hohem Leistungsvermögen, verwendete gern 53 × 12, d. h. daß er mit einer Kurbelumdrehung eine Strecke von über 9 m zurücklegte.

Wie kann man die Technik des Sprintens erlernen?

Ganz einfach – indem man Sprinten übt...

Die Trainingsgelände sind ganz verschieden. Traditionsgemäß wird die Radrennbahn als gute Schule angesehen. Louison Bobet ist durch sie hindurchgegangen und hat dabei bemerkenswerte Erfolge erzielt, obwohl er nicht das natürliche Talent eines Sprinters hatte. Bahnfahren lehrt nur, schnell zu fahren und den Rollwiderstand zu überwinden.

Nichts hindert dagegen den Radsportler daran, beim Gruppentraining auf öffentlichen Straßen seine Höchstgeschwindigkeit zu verbessern. Dabei wird die Renntaktik gelernt, denn davon hängt im Straßenrennsport der Sieg ab.

In punkto Fahrtechnik sei hinzugefügt, daß gelernt werden muß, sowohl mit den Händen in den Lenkerbeugen als auch an den Bremsgriffen zu spurten. Die niedrigere Griffposition in den Lenkerbeugen ist günstiger, weil die damit verbundene Rennhaltung dem Fahrtwind eine geringere Angriffsfläche bietet, obwohl man bei kurzfristiger Höchstleistung die Hände manchmal noch am Obersteg behält, weil man zum Positionswechsel keine Zeit mehr gefunden hat. Wenn sich die Ziellinie – wie es manchmal auf Bergetappen der Fall ist – auf einer Anhöhe befindet, ist die Position an den Bremsgriffen manchmal günstiger.

Wir weisen darauf hin, daß gutes Gleichgewichtsgefühl für den Sprinter von Nutzen ist, der sein Rad bei voller Kraftentfaltung nach beiden Seiten kippen können muß, ohne Angst vor Stürzen zu haben. Alle Übungen, die das Balancegefühl vervollkommnen, sind zu empfehlen, und dazu gehört vor allem der Wiegetritt. Man kann sich leicht selbst Übungen ausdenken. Der gute Sprinter ist ein Akrobat auf seinem Rad und verfügt über eine Sicherheitsmarge, die groß genug ist, um das verlorene Gleichgewicht

Oben: Im Wiegetritt an einer Steigung.

Unten: Im Wiegetritt zur Muskelentspannung.

Rechte Seite: Im Wiegetritt zum Beschleunigen auf gerader Strecke.

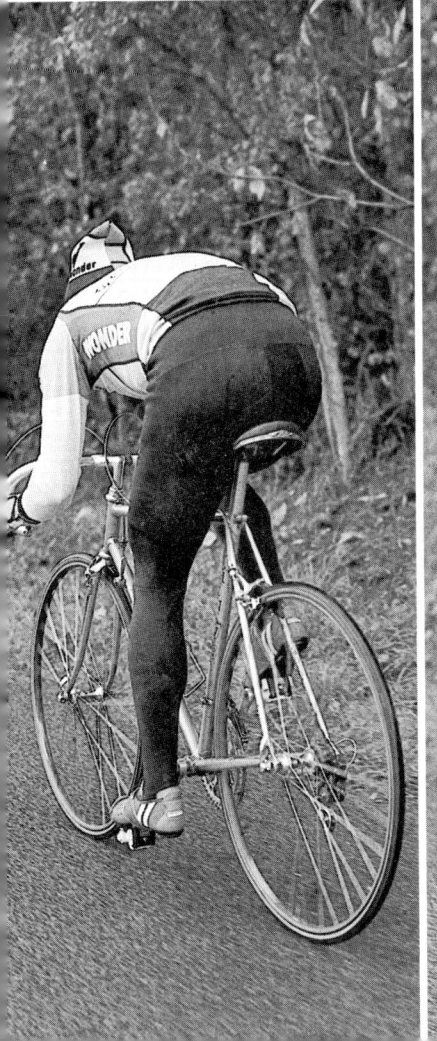

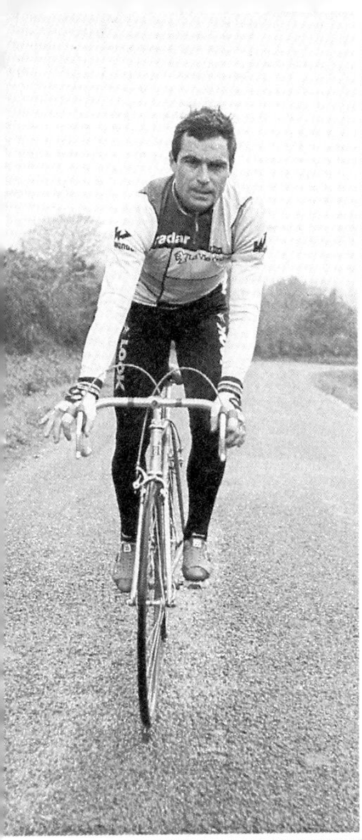
radar
LOOK
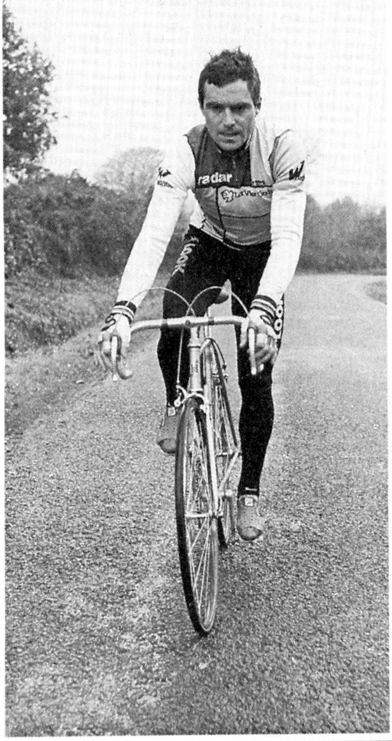
radar
LOOK
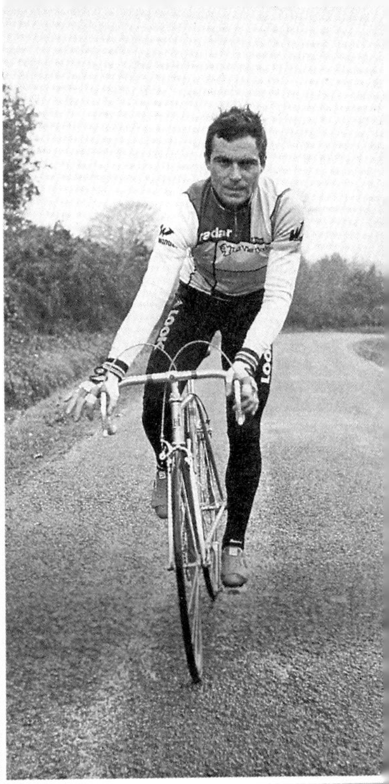
radar
LOOK
wonder
WONDER
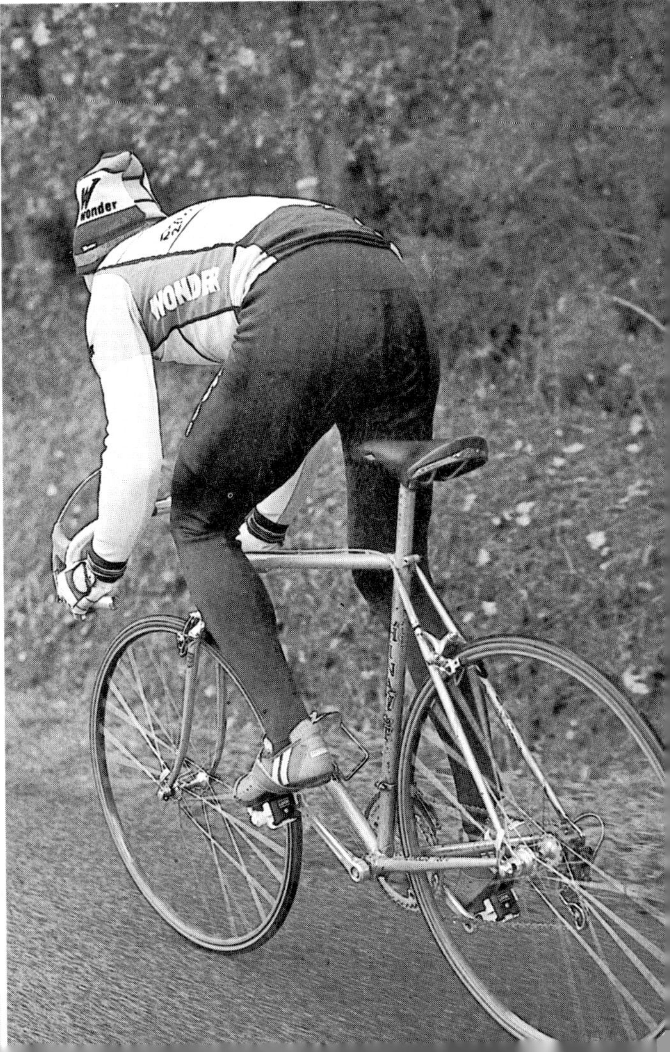
wonder
WONDER

Freihändig mit aufgerichtetem Oberkörper fahren hilft, sich nach einem hohen Krafteinsatz zu entspannen und die an der gebeugten Rennhaltung beteiligten Muskelgruppen zu entlasten. Diese Übung entwickelt auch das Gleichgewichtsgefühl.

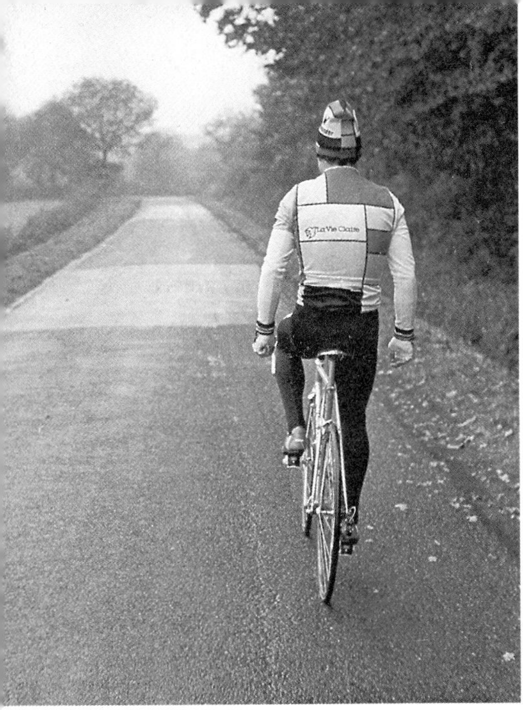
La Vie Claire

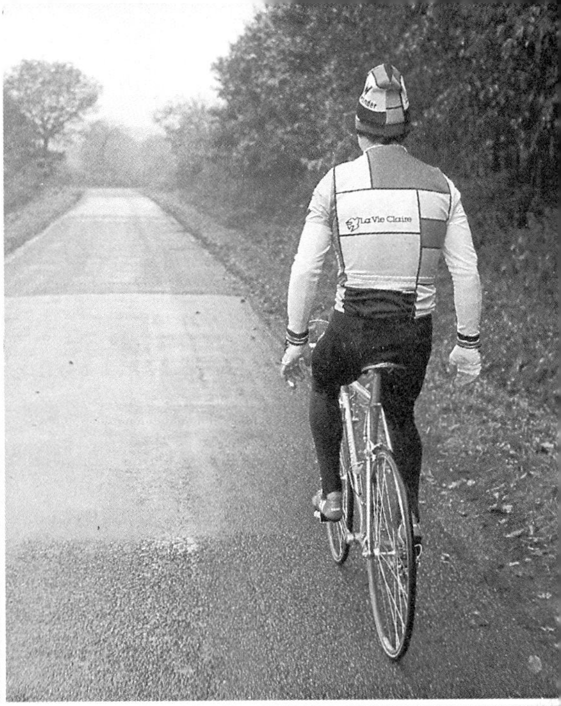
La Vie Claire

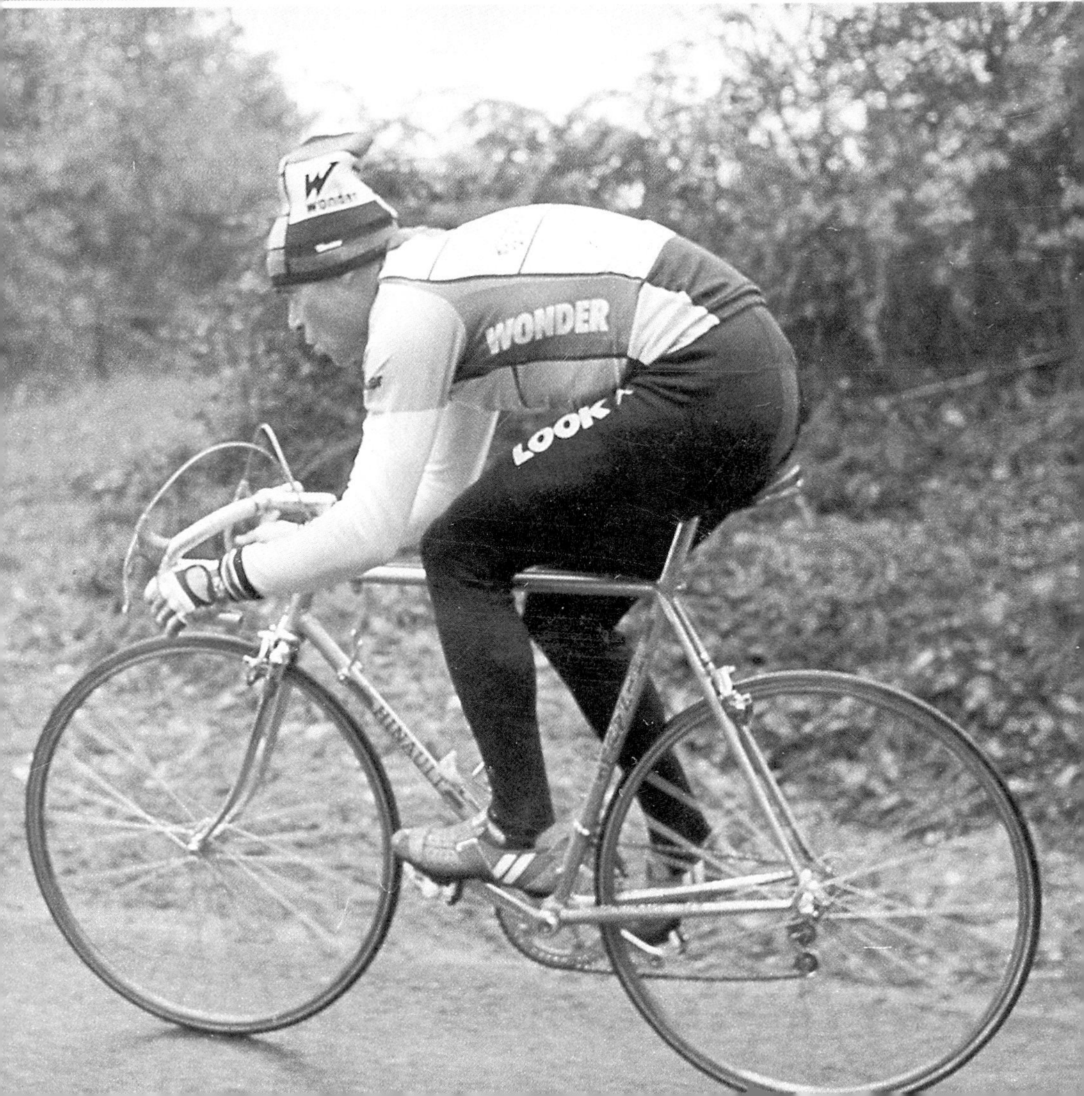
WONDER
LOOK

wiederherzustellen. Deshalb sind Querfeldeinrennen mit ihren häufigen Rhythmuswechseln eine gute Schule für den Sprint. Ein Rennfahrer, der nur auf ebener Strecke ruhig aus seiner Sitzposition heraus nach der Art der Verfolgungsfahrer fahren kann, ist nicht fähig, sich in rasanten Endspurts mit seinen Rivalen auseinanderzusetzen. Wenn er gewinnen will, muß er wirklich sehr schnell sein, um das Feld weit hinter sich lassen zu können.

Bergfahren – eine Kunst

Man hat oft gesagt, daß ich beim Bergfahren zu große Übersetzungen auflege. Ich glaube nicht, daß das stimmt, weil ich meine Kranzgrößen der Tretgeschwindigkeit anpasse, die mir zusagt. Sind sie größer, komme ich zu schnell außer Atem, und wenn sie kleiner sind, ist die ganze Muskulatur zu stark angespannt und das Blut zirkuliert nicht mehr richtig. Für mich liegt ein guter Rhythmus an Steigungen zwischen 70 und 90 Pedalumdrehungen pro Minute.

Ich ändere meine Position nicht, nur die Arme stelle ich seitlich aus, um besser Luft zu bekommen. Die Hände befinden sich außen neben den Bremsgriffen oder am Oberlenker, so weit wie möglich vom Vorbau entfernt, wobei ich immer daran denke, jede Verkrampfung zu vermeiden. Eine entspannte Schulter-, Arm- und Handmuskulatur ist von größter Wichtigkeit. Wenn man gleich am Anfang daran denkt, wird die richtig dosierte Muskelspannung eine automatische Reaktion. Man muß lernen, die Kontraktionen zu fühlen.

Ein Rennfahrer muß sich selbst erziehen. Es kommt natürlich vor, daß ich mit verkrampften Muskeln fahre – das passiert jedem ab und zu – aber das merke ich schnell. Ich atme dann einmal tief, entspanne mich bewußt und es geht wieder gut weiter.

Selbst im Wiegetritt bei Sprints fahre ich so entspannt wie möglich, mit gerade aufgerichtetem Oberkörper, wobei sich das Rad – und nicht der Fahrer – von links nach rechts bewegen muß. Wenn ich es nach der Seitenbewegung wieder zu mir zurückhole, kann ich viel mehr Kraft auf die Pedale bringen. Gleich am Anfang meiner Karriere habe ich diese Methode gewählt, statt wie andere Rennfahrer die Seitenbewegungen für die Kraftimpulse mit dem Oberkörper auszuführen. Ich glaube, daß meine Technik die richtige ist.

Bei voller Kraftentfaltung im Wiegetritt darf sich der Körper nicht unkontrolliert nach allen Richtungen bewegen, sonst wird Energie verschwendet – auch beim Anfahren. Die Arbeit wird von den Beinen ausgeführt, der Körper darf nicht im Tretrhythmus nach unten und wieder nach oben gehen. Ich habe meine Teamgefährten oft darauf aufmerksam gemacht, weil ich gern weitergebe, was ich gelernt habe, wenn ich meiner Sache sicher bin.

Bernhard Hinault

Bergab

Das Talent der Elite unter den Rennfahrern ist bei Abfahrten besonders beeindruckend. Dazu bedarf es eines perfekten Balancegefühls, überdurchschnittlich schneller Reflexe, eines hervorragenden Sehvermögens, Wagemut und der Gabe, vorauszudenken – Eigenschaften, die nicht jeder hat! Durch Erlernen der geeigneten Technik ist es möglich, sein Leistungsvermögen bei Abfahrten zu verbessern.

Die Rennhaltung mit zurückverstelltem Sattel und flachem Oberkörper macht die Sache wegen der größeren Fahrstabilität (Gewicht auf dem Hinterrad) und der tieferen Schwerpunktlage leichter. Nicht selten sieht man zu weit vorn sitzende, in „Buckelposition" fahrende Sportler, die auf den hinteren Sattelrand zurückrutschen, um sich dieser Idealposition zu nähern.

Die Hände packen dabei die Lenkerbeugen, um bei Richtungsänderungen das Rad unter Kontrolle zu haben und in jedem Augenblick wirksam bremsen zu können.

Die Kurbeln stehen meist waagerecht, damit die Beine die durch Bodenunebenheiten verursachten und über das Tretlager weitergeleiteten Erschütterungen abfangen können. Werden Stöße nur von Lenker und Sattel, d. h. von Armen/Händen und Gesäß, gemildert, so fehlt die nötige Bewegungselastizität.

Die Füße tragen ihren Teil der Belastungen, denen der Rahmen ausgesetzt ist, und die Beine üben gegebenenfalls die Funktion von Stoßdämpfern aus. Die Sitzposition ist stabiler, wenn ein Bein fast durchgestreckt und das andere gebeugt ist. Das schließt gelegentliche Tretbewegungen nicht aus, um die unter Belastung stehenden Muskeln zu entspannen oder bei flacheren Passagen und weniger Gefälle zu beschleunigen. Bei Abfahrten muß jede Versteifung vermieden werden, Oberkörper und Arme sollen entspannt und der allgemeine Muskeltonus erhalten bleiben, ohne den das Rad nicht absolut sicher unter Kontrolle ist.

Die große Schwierigkeit sind dabei die Kurven. Dabei sollte das kurveninnere Pedal oben stehen – bei paralleler Beinführung zum Rahmen –, um in Schräglage nicht am Boden anzuschlagen. Einige Fahrer drücken das

Knie nach der Kurveninnenseite, um die Fliehkraft zu mildern. Ein Fehler, der den Luftwiderstandsbeiwert erhöht und das Tempo in langen Kurven, die relativ schnell durchfahren werden könnten, reduziert. Der Oberkörper sollte im Gegenteil leicht zur Kurvenaußenseite hin geneigt werden, wobei man sich mit dem Innenarm abstützt und den Gegenarm leicht anwinkelt. Dadurch befindet sich die durch den Körperschwerpunkt gehende Senkrechtachse näher an der Fahrlinie. Gleichzeitig erhöht sich der Reifendruck auf dem Boden und wirkt der Rutschgefahr entgegen.

Motorradfahrer benutzen die genau entgegengesetzte Technik, weil eine Drehung am Gasgriff genügt, um die Bodenhaftung zu verbessern.

Kurven mit einigermaßen großem Radius können nach zwei verschiedenen Methoden durchfahren werden: Bei der ersten Methode wird eine regelmäßige Kurve in der Fahrbahnmitte beschrieben – das ist bei abgesperrten Rennkursen möglich –, oder die Fahrlinie führt auf öffentlichen Straßen in einiger Entfernung rechts am Straßenrand entlang, um die Randstreifen zu vermeiden. Die zweite Methode besteht in einer gebrochenen Fahrlinie mit „Angriffspunkten", die nahezu geradlinig miteinander verbunden werden. Formel-1-Piloten benutzen diese Kurventechnik, bei der kaum verlangsamt zu werden braucht.

Bereit zum Richtungswechsel

Seit meinen Anfängen im Radsport habe ich meine Kurventechnik wesentlich verbessert. Auf alten Photos drücke ich das Knie in die Kurve, was überflüssig ist und den Luftwiderstand erhöht. Heute lehne ich mich mit dem Oberkörper leicht zur Kurvenaußenseite hin und stütze mich dabei mit beiden Armen ab – das Rad dreht sich dann von selbst! Diese Methode wird beim Querfeldeinfahren verwendet, wo außerdem noch das Hinterrad stärker belastet wird, um bei rutschigem Gelände besser am Boden zu haften.

Als ich 1977 beim Kriterium des Dauphiné Libéré gestürzt bin, kannte ich diese Technik noch nicht. Ich hatte mich bei der Abfahrt vom Col de Porte von der Geschwindigkeit überraschen lassen und konnte nicht mehr rechtzeitig reagieren.

In Kurven, auf Abfahrten oder in der Ebene, benutze ich die Technik der Automobilpiloten der Fahrlinie mit „Angriffspunkten". Statt dem Kurvenradius zu folgen, fahre ich nach der ersten Richtungsänderung geradeaus und wiederhole das Manöver so oft wie nötig. Dabei braucht nicht gebremst zu werden, und das Tempo bleibt erhalten. Das habe ich auf der Rennbahn in Castelet gelernt. Der Kurs ist bei Rennen abgesperrt. Bei Rechtskurven kann

Kurventechnik auf einem „Mountain-Bike".

ich also den linken Kurvenrand anvisieren. Nachdem ich die Kurve eingeleitet habe, fahre ich geradeaus bis zur Kurveninnenkante. Sobald ich mich ganz links befinde, ändere ich die Richtung durch eine leichte Lenkerdrehung und fahre dann wieder geradeaus – und so durch die ganze Kurve hindurch. Es ist besser, bei dieser Technik keine Konkurrenten in der Nähe zu haben. Immerhin beherrsche ich diese Methode gut genug, um ein paar Fahrer auf Abfahrten in Kurven überholen zu können. Der Radsportler, der die Abfahrttechnik gut beherrscht, sollte vor allem entspannt auf seinem Rad sitzen, auf dessen Reaktionen er in Sekundenbruchteilen ebenfalls reagieren muß. Wenn ich auf gerader Strecke noch schneller fahren will, halte ich den Lenker mit einer Hand und lege den anderen Arm seitlich hinten dicht am Körper an. Das verringert den Luftwiderstand. Aber Vorsicht, wenn ein kleiner Stein in den Weg kommt! Man sollte auf jeden Fall vermeiden, Kamikaze zu spielen, vor allem, wenn die Straße nicht frei ist.

Geschicklichkeit auf dem Rad

Sich mit seinem Rad die Zeit zu vertreiben, entwickelt das Gleichgewichtsgefühl. Sogar der Berufsfahrer kommt dabei auf seine Kosten, denn er hat anschließend in unvorhergesehenen Situationen instinktiv die richtige Reaktion, kann Stürze leichter vermeiden, fährt besser Kurven und Abfahrten und hat bei Sprints mehr Selbstvertrauen.

Meine Teamkameraden und ich spielen mit unseren Querfeldeinrädern Fußball; das hört sich bestimmt verrückt an, aber es ist sehr nützlich, mit einem Rad Ball zu spielen, das dafür nicht vorgesehen ist.

Andere Beispiele?

Das Vorderrad anheben, das gesamte Fahrrad vom Boden abheben, auf einem schmalen Brett fahren, unter einer Barriere durchfahren, sich während des Fahrens aus- und wieder anziehen, seine Schnürsenkel auf- und wieder zubinden – es gibt zahllose andere Geschicklichkeitsübungen. Wenn ich mich vor einem Querfeldeinrennen warmfahren will, schwinge ich während der Fahrt abwechselnd die Beine über den Lenker, wobei der Stützfuß von den Haken und Riemen abrutschsicher festgehalten wird.

Auf Fußballplätzen gibt es Barrieren, die niedriger sind als die normale Radhöhe. Ich fahre zum Spaß darunter durch. Man braucht nur das Rad in die eine und den Oberkörper in die andere Richtung zu beugen. Ich mache die Übung systematisch nach beiden Richtungen – einmal nach links, das andere Mal nach rechts, mit jeweils entgegengesetzter Oberkörperhaltung.

Balance auf dem Hinterrad in der bretonischen Heidelandschaft.

Mit seinem Tourenrad hebt Bernard beide Laufräder gleichzeitig vom Boden ab.

Der Körper ist fast symmetrisch, und man sollte mit jeder der beiden Hälften gleich geschickt sein, deshalb entwickle ich das Leistungspotential auf beiden Seiten. Vor allem bei Nachwuchsfahrern, die ihren Körper harmonisch entwickeln müssen, ist das Beachten dieser Regel wichtig. Selbst beim Auf- und Absteigen sollte jedesmal die Seite gewechselt werden, das ist besser für Muskeln und Gelenke. Wenn immer nur eine Seite unter Belastung steht, machen sich mit den Jahren winzige unsymmetrische Abnutzungserscheinungen bemerkbar. Kinder besitzen noch ein natürliches Gleichgewichtsgefühl, und da ihr Körperschwerpunkt niedriger liegt, können sie mit dem Rad alles machen, was sie wollen. Ich habe Nachwuchsfahrer gesehen, die schon „blockiert" auf die Piste kamen – sogar um einfach einen Berg hinunterzurollen –, während Kinder völlig furchtlos bergauf und bergab fahren. Daniel Clément hat recht, den zukünftigen Rennfahrern schon vom sechsten Lebensjahr an alle möglichen Spiele vorzuschlagen, die Geschicklichkeit und Gleichgewichtsgefühl vervollkommnen. Diese Eigenschaften werden dann zum bleibenden Besitz, auf den sie immer zählen können – auch, und vor allem, bei Rennen.

Im Kindesalter und bis zur Jugend sollte Radfahren überhaupt nur ein Spiel sein. Man sollte den Nachwuchs, gleich, ob es sich dabei um Kinder- oder Jugendklassen oder sogar um Junioren handelt, nicht zum regelmäßigen Training anhalten. Das heißt nicht, daß man es denen verbieten sollte, die Bedürfnis danach verspüren. Lust zu regelmäßigem Training muß von innen kommen, nicht von außen aufgezwungen werden, sonst ist der Nachwuchs mit 18 oder 19 Jahren des Radsports übedrüssig und will keine Rennen mehr fahren. In den Kinder- und Jugendklassen sollte man Siegen keine Beachtung schenken, außer bei Nachwuchsfahrern, die allein trainieren.

Wenn man älter wird, müssen Geschicklichkeit und Gleichgewichtsgefühl gepflegt werden, selbst auf höchstem Niveau. Roger de Vlaeminck konnte auf Straßenbahnschienen überwechseln, darin fahren und sich wieder daraus befreien, ohne zu fallen. Er war ein passionierter Querfeldeinfahrer und wurde dreimal – ohne nennenswerte Stürze – im Rennen Paris – Roubaix Sieger. Das ist kein Zufall.

Bernard Hinault

Die Taktik

Von Bernard Hinault

Taktisch unterscheidet sich der Radsport ganz wesentlich vom Wettlauf – und nicht nur wegen der längeren Rennstrecken. Auf einem Rad kann durch Einstellen der Tretbewegung kurzfristig ausgeruht werden. Es gilt, mit seinen Kräften hauszuhalten und sie, solange das Ziel noch weit entfernt ist, wohlüberlegt einzusetzen. Die Taktik spielt daher eine wesentliche Rolle. Es kann vorkommen, daß der technisch Beste im Rennen verliert. Taktik lernt man vor allem im Rennbetrieb.

Als ich noch Amateurfahrer war, sagte Robert Leroux, der mir die Grundlagen des Radsports beigebracht hat, oft: „Bernard, Du bist schlecht gefahren", obwohl ich als Erster im Ziel war. Ich antwortete ihm: „Das stimmt nicht, ich war der Schnellste, ich muß es also richtig gemacht haben."

Als ich bei den Berufsfahrern anfing, habe ich verstanden, was er meinte, weil ich keine Rennen mehr gewann. Ich überlegte mir alles, was er mir gesagt hatte, und lernte sehr schnell.

Auf taktischem Gebiet haben mir die Ratschläge Robert Mintkiewicz, der am Anfang meiner Berufskarriere mein Streckenführer war, ebenfalls viel geholfen.

Voraussetzung für einen guten Taktiker ist eine ausgeprägte Beobachtungsgabe und unablässige mentale Auseinandersetzung mit dem Rennverlauf, was nicht Grübeln oder übertrieben Kalkulieren heißen soll. Es gibt Rennfahrer, die während eines Rennens mit ihren Gedanken nicht bei der Sache sind. Wenn man ihnen sagt, sie sollen angreifen, greifen sie an; sagt man ihnen, sie sollen etwas anderes tun, tun sie das ebenfalls. Sie verfolgen nicht wirklich das Renngeschehen, obwohl das das Wichtigste ist. Es gibt andere, die zwar einen sechsten Sinn für die Rennstrategie besitzen, deren physische Kondition zum Siegen aber nicht ausreicht. Sie werden von den Rivalen, die stark genug sind, das Rennen auf den ersten

Plätzen zu beenden, als Lotsen benutzt. Einige unter ihnen lernen die Lektion, die anderen nicht.

Ich selbst habe aus meinen Fehlern gelernt und bin immer wachsam, selbst wenn ich das Rennen nicht anführe. Das ist bei mir zur zweiten Natur geworden. Alle Spitzenfahrer der verschiedenen Rennställe reagieren wie ich. Es gibt nicht mehr als zwanzig – wenn man wirklich die Besten nimmt – die anderen mögen mir mein vielleicht etwas hartes Urteil verzeihen.

Trainieren

Auch beim Training gilt es, Intelligenz und Effizienz zu beweisen. Zuerst einmal sollte mit einem Trainer – falls ein solcher vorhanden ist – ein Programm aufgestellt und nach Möglichkeit eingehalten werden. Die Trainingsperioden finden in der Woche regelmäßig und je nach Kondition und Leistungsziel in einer bestimmten Reihenfolge statt.

Wenn ich auf mein Rad steige, habe ich eine bestimmte Vorstellung von dem, was ich üben will. Wenn ich morgens trainiere, frühstücke ich eine Stunde vorher und verbringe den Rest der Zeit mit Waschen, Anziehen und der Kontrolle meines Rades. Wenn ich losfahre, hat der Verdauungsprozeß bereits begonnen.

Wenn ich mit hoher Leistung trainieren will, bin ich lieber allein. Jeder Fahrer hat seinen persönlichen Rhythmus und benötigt unterschiedlich lange, um zwischen zwei Belastungsphasen wieder zu Kräften zu kommen. Wenn man zusammen mit anderen losfährt, kann man sich an einem vorher verabredeten Sammelpunkt wieder treffen, aber trainiert wird einzeln.

Bei der Verbesserung der Beinarbeit und des Bewegungsgefühls kann technisch sowieso nur allein trainiert werden. Mit einem anderen Fahrer will man zwangsläufig diskutieren, und das macht die nötige Konzentration unmöglich. Paul Köchli betont die Wichtigkeit der Einzelarbeit, und ich denke, daß er damit recht hat. Wer nicht besonders gut in Form ist, sollte vermeiden, mit einem Hochtrainierten zusammen zu arbeiten, weil man sich bei dem Versuch, ihm zu folgen, überanstrengen würde.

Gruppentraining mit mittlerer oder nur leichter Intensität kann nur von Vorteil sein. Mit anderen kommt keine Langeweile auf, und Teamarbeit wie Relais- und Windschattenfahren kann geübt werden, oder, sobald ein gutes Trainingsniveau erreicht ist, kann man auch Rennen simulieren. Ich bin der Überzeugung, daß Radfahren ein Spiel bleiben soll, das man gern mit anderen zusammen spielt, wann immer es möglich ist.

Nach dem Training breche ich nie unvermittelt nach der Höchstbelastung ab, sondern fahre noch eine Viertelstunde lang entspannt und mit schwacher Intensität. Eigentlich schade, daß in Rennen nach Erreichen der Ziellinie nicht ebenfalls ein paar Minuten lang entspannt weitergefahren wird. Auf den Pferderennbahnen werden die Pferde auch nie brutal angehalten!

Beobachten

Im Rennen muß man alles beobachten, sich alles merken und alles analysieren, wenn man die Siegerkarte spielen will.

Auf den großen Rundfahrten, wenn die Etappe nicht ausschlaggebend ist, kann es vorkommen, daß die eine Hälfte meines Gehirns das Renngeschehen verfolgt und die andere Hälfte woanders ist – aber das ist selten der Fall. Während der Fahrt arbeitet das Gehirn normalerweise immer auf Hochtouren. Vor dem Rennen studiere ich sorgfältig den Kurs – Richtungsänderungen, Straßenprofil und Straßenzustand, enge Passagen, Geländebeschaffenheit am Ziel – und während des Rennens achte ich auf die Windrichtung. Dabei macht sich ein gutes Orientierungsvermögen bezahlt. Es hilft, vorauszudenken und eine günstige Position im Feld einzunehmen, um an einem strategischen Punkt die besten Chancen zu haben. Mit dieser Taktik ist es möglich, sich weiter hinten zu halten und gleichzeitig strategisch klug zu fahren, obwohl ich meist zwischen Platz 15 und 30 fahre – nie weiter vorn und nie weiter hinten. Wenn ich einmal wirklich an der Spitze bin – ich nehme dabei Ausreißversuche aus –, dann ist das Durchschnittstempo niedrig. Fahre ich hinten, bedeutet das, daß ich das Rennen nicht anführe, d. h. das Renntempo bestimme, aber ich passe trotzdem auf. Alles hängt vom Einsatz und von der Stärke des Feldes ab.

Aber nicht nur auf die Strecke und die Wetterlage muß geachtet werden, sondern auch auf die anderen Fahrer. Zuerst finde ich die wegen ihrer Reaktions- und Fahrweise für mich ungefährlichen Fahrer heraus, dann beobachte ich die, die das Rennen dominieren oder durch ihre Teamgefährten den Ton angeben. Wenn fünf oder sechs Fahrer der gleichen Mannschaft im Feld aufholen, kann man sicher sein, daß etwas im Schwange ist. Ich bleibe dicht bei ihnen und bin sicher, die Ereignisse dann in der Hand zu haben. Wenn ein Fahrer bei allen Ausreißversuchen dabei ist, führt er das Rennen an und muß im Auge behalten werden. Dann muß man sich entscheiden: Entweder man sieht zu und tut nichts, weil man annimmt, daß er das Rennen sowieso macht, oder aber man hält mit, verfolgt und geht aufs Ganze.

Der intelligente Rennfahrer, der um den Sieg fährt, spart seine Energie für den entscheidenden Moment auf, gleich ob die Wende von ihm selbst herbeigeführt wird, oder ob er nur eine günstige Gelegenheit wahrnimmt. Wer zu stark mit dem Renngeschehen mitgeht, setzt zuviel Kraft ein, um seine Chancen bis zuletzt zu wahren. Das weiß ich zwar und stelle es auch immer wieder bei den anderen fest, falle aber trotzdem manchmal noch darauf herein. An manchen Tagen packt mich das Rennfieber so stark, und mein Wunsch zu siegen, ist so übermächtig, daß ich mich zu Fehlern verleiten lasse. So geht es auch auf vielen anderen Gebieten: Man kann der Beste sein und trotzdem nicht gewinnen, weil man mit seiner Kraft nicht haushält und seine Überlegenheit beweisen will. Von diesem Fehler profitiert dann meist der lachende Dritte.

All das kann allerdings nicht von heute auf morgen gelernt werden. Man muß im Gedächtnis behalten, was man beobachtet hat und daher weiß ich meist, wer einen Ausreißer unternommen hat. Da ich die Fahrer gut kenne, kann ich den Vorsprung kalkulieren, den ich ihnen, ohne meine Chancen aufs Spiel zu setzen, einräumen kann. Das gleiche gilt für die Zeitfahr- und Bergetappen. Auf der Etappe gegen die Uhr Sarrebourg – Straßburg der Tour de France 1985 habe ich den Abstand genau vorhergesagt, mit dem meine nächsten Verfolger nach mir im Ziel sein würden – ich habe mich nicht getäuscht.

Sich gut plazieren

Wer das Renngeschehen unter den günstigsten Bedingungen beobachten will, muß sich plazieren können, und um sich gut plazieren zu können, muß man in der Lage sein, zu beobachten. Beide Bedingungen gehören zusammen. Ich habe beschrieben, an welcher Stelle ich mich im Fahrerfeld befinde, um den Rennverlauf unter Kontrolle zu haben.

In fahrtechnischer Hinsicht soll das Fahren an der richtigen Stelle eine ökonomische Leistungserbringung möglich machen, d. h. mit minimalem Kraftaufwand ein maximales Resultat erzielen.

DER WIND

Bei jeder Gelegenheit Windschutz zu finden, ist das Erfolgsgeheimnis des guten Rennfahrers – ob nun Wind weht oder nicht, denn es ist der „relative" Wind, der zählt, d. h. der bei hoher Geschwindigkeit immer vorhandene Fahrtwind. Man spürt ihn an den Ohren, wenn man sich nicht zu schützen weiß. Bei Seitenwind muß Schutz hinter einem Mitfahrer gesucht werden, wobei man weiter an der dem Wind entgegengesetzten Seite fährt. Eine an der Spitze des Feldes gegen den Wind ankämpfende Gruppe nimmt die sogenannte Fächerstellung ein, wie eine mit Gegenwind fahrende Mannschaft beim Zeitfahren.

Wenn der Seitenwind sehr stark ist, kann die Fächerformation die ganze Straßenbreite einnehmen, und wehe dem letzten, der sich dicht am Straßenrand befindet. Rollsplit, feuchtes Gras, die seitlich abfallende Böschung und alle an den Seiten stärker auftretenden Unebenheiten des Straßenbelags vergrößern die Risiken von Reifenpannen oder sogar Stürzen. Weigert sich ein Fahrer, die Randposition einzunehmen, wenn er an der Reihe ist, wird er von den anderen an der Spitze fahrenden Gegnern an die Seite abgedrängt und damit gezwungen, seinen Anteil an der Führungsarbeit gegen den Wind zu leisten.

Wenn das ganze Fahrerfeld mit starkem Seitenwind konfrontiert ist, muß der am Rand befindliche Fahrer die Formation eines zweiten „Fächers" einleiten, und der letzte dieses neu gebildeten Fächers die Formation eines dritten und so weiter, bis ans Ende des Feldes. Geht es mit der Fächerbildung nicht schnell genug voran, ist ein Bruch zwischen der gruppiert fahrenden Spitze und dem übrigen Feld unvermeidlich.

Ein Fahrer, der aufholen oder eine Schlange hintereinander fahrender Gegner überholen will, muß immer die der Windrichtung entgegengesetzte Seite wählen. Das gleiche gilt für Teams, die sich beim Zeitfahren ablösen.

Auch bei Sprints ist diese Taktik wichtig. Wenn man dicht auffährt, um Windschutz zu suchen, muß das immer an der richtigen, d. h. dem Wind entgegengesetzten Seite geschehen, um sich erst im letzten Augenblick beim Überholen dem vollen Luftwiderstand auszusetzen.

Den Gegner in Windrichtung manövrieren – ohne dabei regelwidrig zu handeln – ist im Rennen sehr nützlich. In Zielnähe müssen gute Plätze teuer erkauft werden.

Windschutz wird aber nicht nur hinter anderen Fahrern gesucht, auch der Streckenkurs bietet viele Deckungsmöglichkeiten, wie Häuser, Baumgruppen, Hecken, Zäune, etc. Vor allem bei Ausreißversuchen darf keine Gelegenheit ungenutzt gelassen werden, Schutz vor dem Wind zu suchen.

STEIGUNGEN

Rechtzeitig vor den Steigungen eine günstige Position in der Mitte des Feldes wählen, ist Teil der Rennstrategie. Deshalb ist es wichtig, die Streckenführung genau zu kennen, und sei es auch nur, weil man dann seine Übersetzungen entsprechend wählen kann – was Verwirrungen beseitigt.

Attacken werden oft an Steigungen unternommen. Wenn man sich nicht rechtzeitig aus der Mitte des Feldes befreit hat, fehlt die Handlungsfreiheit. Sobald die Fahrer auf enger Strecke in Schlangenlinie fahren, bedarf es zum Überholen einiger Zeit. Außerdem weiß man meist nicht, wer denn nun eigentlich vorn liegt.

Vor Steigungen sollte man sich daher in der Avantgarde des Feldes befinden. Die weniger talentierten Bergfahrer lassen sich auf diese Weise nicht distanzieren, weil sie sowieso vorn liegen und das während des Anstiegs verlorene Terrain bei der Abfahrt wieder aufholen können.

ENGE UND SCHWIERIGE PASSAGEN

Charakteristisch für diese Kategorie von Schwierigkeiten sind die durch Nordfrankreich führenden Rennen mit ihren Kopfsteinpflaster-Abschnitten. Wer wirklich um den Sieg fährt, muß in schwierigen Passagen vorn fahren, sonst kann er den in der Mitte des Feldes vermehrt auftretenden Problemen, wie Reifenpannen, Stürzen und zu langsam fahrenden Gegnern, nicht entgehen. Es wird bald unmöglich, zur Spitzengruppe aufzuschließen, und die Siegeschancen sind dahin. Enge und kurvenreiche Abschnitte und Straßenverengungen fördern den Rhythmuswechsel – genau wie Bahnübergänge – und können alle Hoffnungen auf den ersten Platz zunichte machen, wenn man zu weit hinten fährt. Diese wenigen Beispiele genügen, um zu zeigen, wie wichtig es ist, den Kurs in allen Einzelheiten im Kopf zu haben. Dazu gehören auch die Richtungswechsel, bei denen der Wirkung des Windes besondere Aufmerksamkeit gelten soll. Gedächtnis, Beobachtungsgabe und Orientierungsvermögen sind unerläßlich für den, der Rennen gewinnen will. Es sind dies Eigenschaften, die man auch im Training vervollkommnen kann.

Angreifen

Wenn man sieht, daß ein gefährlicher Rivale plötzlich Ermüdungserscheinungen zeigt, und wenn es das Gelände zuläßt, kann sich ein Angriff lohnen. Die langen Geraden, auf denen man voll im Blickfeld der Zuschauer fährt, sind für Positionskämpfe nicht besonders günstig. Beim Angriff muß man sicher sein, daß bei einem Richtungswechsel ein paar Kilometer weiter vorn nicht plötzlich gegen den Wind gefahren wird, es sei denn, einige kräftige Teamgefährten geben sich Windschutz. In der Ebene greife ich anders an als am Berg. Auf flacher Strecke erfolgt der Angriff ohne Umschweife, das Hauptfeld wird überholt und abgehängt, und der Vorsprung nach Möglichkeit ausgeweitet. Wenn sich hinter mir nichts rührt und ich mich fit fühle, verlängere ich den Sprint und mache einen Ausreißversuch. Dabei kann die Kenntnis, in welchem Abstand sich die Verfolger befinden, zur sinnvollen Dosierung des Krafteinsatzes behilflich sein.

An langen und steilen Steigungen, an denen die Verfolger nicht aufholen können, selbst wenn sich die Mitglieder eines Teams untereinander abwechseln, lohnt es sich, mit Höchstleistung weiterzufahren, um den Vorsprung zu festigen.

Eine andere Methode besteht darin, nach dem Überholen des Hauptfeldes zu warten, ob andere Fahrer mitmachen. Dann nehme ich entweder den Sprint wieder auf, weil ich mit ihnen zusammen das Rennen anführen will, oder ich fahre im Normaltempo weiter, weil mir die Verfolger im Hinblick auf ihre Fähigkeiten nicht zusagen, oder weil sie nicht zu meinem Team gehören und ich nicht mit ihnen den weiteren Rennverlauf bestimmen will. Man muß also mehrmals kurz hintereinander angreifen können. Es gibt Tage, an denen mehrere Angriffe nötig sind, bis einer gelingt. Die Streckenverhältnisse müssen dabei günstig sein, wie beispielsweise der letzte Teil einer Steigung oder ein Abschnitt mit starkem Gegenwind, dem eine Passage mit günstiger Windrichtung folgt. Ziel ist dabei, den Bruch zwischen Spitze und Hauptfeld schnell herbeizuführen, so daß der Ausreißer nach vorhergesehener und überwundener Schwierigkeit bereits wieder mit Höchstdrehzahlen fährt, während die Verfolger noch in der schwierigen Passage mit verlangsamtem Tempo fahren müssen.

Ich habe selten schon im voraus einen Angriffsplan bereit; die Umstände entscheiden, d. h., was ich während des Rennens beobachte.

Als ich z. B. 1979 die Lombardei-Rundfahrt gewann, habe ich mich gleich über das „Schieben" geärgert, mit dem die Teamgefährten Francesco Mosers ihren Champion begünstigten, der damals zu meinen größten Rivalen zählte. Ich war bei bester Kondition und dachte mir: „Wenn das so

ist, dann wirst du nicht lange Freude an deinen Genossen haben; ein klarer Angriff ist das beste, da kommen sie nicht mit." Francesco Moser war an jenem Tag nicht bei bester Kondition. Als ich angriff, fuhr er so dicht auf, daß er an meinem Hinterrad hängenblieb und sein Reifen platzte.

Dann holten fünf Fahrer dicht auf, unter denen sich mein Teamgefährte Bernard Becaas befand; der wußte, daß er den Problemen am Ende des Rennens nicht gewachsen war. In der Ebene hat er mich daher nach Kräften unterstützt, und als wir an der ersten Steigung ankamen, sagte er: „Mach's gut, bis heute abend!" Ich mußte also allein versuchen, die anderen loszuwerden. Wir waren sehr bald nur noch fünf an der Spitze. Nachdem ich drei von ihnen durch einen ununterbrochenen Kleinkrieg mürbe gemacht hatte, blieb nur noch Sylvio Contini übrig.

Den ersten Angriff hatte ich auf gut Glück gestartet, aber den Rest des Rennens bin ich wohlüberlegt gefahren."

Es gibt keine Taktik, die systematisch angewandt werden kann, allein das Renngeschehen entscheidet.

Ich versuche immer, mein ganzes Leistungspotential einzusetzen. Wenn mein größter Gegner im Feld schlecht plaziert ist, fordere ich ihn heraus, um ihn zum Angriff zu reizen. Wenn er nicht reagiert, ist das Rennen für ihn verloren.

Es kommt vor, daß ich bei Ausreißversuchen nicht schnell genug bin, um vorn zu bleiben. Dann spare ich meine Kräfte nach Möglichkeit bis zum Endspurt auf. Wenn man nicht der Beste ist, muß der Verstand um so intensiver benutzt werden.

Ich habe einmal bei Saisonbeginn an der holländischen Küste ein Rennen gewonnen, obwohl die Holländer besser waren als ich, denn alle folgenden Rennen habe ich verloren. Ich habe es mit folgender Taktik versucht: Keinerlei Initiativen ergreifen, und die anderen die ersten Züge machen lassen. Sobald sie angriffen, habe ich sie im Sprint geschlagen. Es gibt Tage, an denen man Schläge einstecken muß, um zu gewinnen.

Dieses Verfolgerspiel kann mit dem ganzen Team gespielt werden. Man überläßt den Gegnern die ersten Züge, und sobald sie angreifen, schlägt man sie im Sprint – wenn alles gut geht ...

Schnellstart im Wiegetritt mit waagerechtem Oberkörper trainieren entwickelt die Bein- und Lendenmuskeln und erhöht den Muskeltonus.

Gegenangriff

Der Gegenangriff, eine Variante des Angriffs, macht sich oft bezahlt. Wenn man hinter einer Gruppe fährt, die durch einen Ausreißversuch an die Spitze des Feldes gelangt ist und die Verfolgung das Fahrerfeld in die Länge zieht, muß man – ohne sich zu sehr zu verausgaben – auf den ersten Plätzen bleiben, und, sobald das Hauptfeld aufgeholt hat, plötzlich angreifen.

Zu diesem Zeitpunkt sind Verfolger und Ausreißer gleich abgekämpft, und der Überraschungseffekt kann seinen Zweck erfüllen, bis sich eine neue Verfolgung organisiert. Wie beim Angriff muß auch beim Gegenangriff das Gelände günstig sein.

Den Gegner mürbe machen

Wenn es die Streckenführung erlaubt, das heißt, wenn der Kurs lange Steigungen größeren Schwierigkeitsgrades beinhaltet, gilt das „Gesetz des Stärkeren": es wird nicht offen angegriffen, oder wenn, dann so spät wie möglich.

Das schönste Beispiel für diese Taktik ist mein Weltmeisterschaftssieg 1980 in Sallanches. Im Kurs war eine lange und steile Steigung enthalten, die zwanzigmal überwunden werden mußte. Gleich nach dem Start griff die französische Nationalmannschaft hart an und legte ein hohes Tempo vor. In der Steigung von Domancy, bei der ich mich immer im vorderen Feld befand, setzte ich meine Gegner ständig unter Druck, um sie schneller mürbe zu machen, und meine Teamgefährten führten diese Taktik im Tal fort.

In den letzten zehn Runden fehlte bei jedem neuen Durchgang ein Rivale, und schließlich war ich mit Baronchelli allein, der fast die ganze Zeit dicht hinter mir fuhr. Am Berg fuhr ich sehr schnell, wollte ihn aber nicht abhängen, denn auch ich war vor einem plötzlichen Versagen nicht sicher. Außerdem hätten die drei anderen, in relativ kurzem Abstand folgenden Italiener sofort angegriffen, wenn ich versucht hätte, ihm davonzufahren. Die Rennstrategie gebot demnach, ihn erst im letzten Augenblick abzuhängen. Ich war sehr schnell gefahren, und bei ihm zeigten sich die ersten Ermüdungserscheinungen. Als ich in der letzten Steigung den Angriff startete, konnte er ihn nicht mehr abwehren und blieb zurück.

In den Bergen greife ich selten direkt an, sondern steigere nur mein Tempo bis an die Grenze meiner Höchstleistung. Die Gegner, die mir gefolgt sind, versuchen mitzuhalten, weil sie jeden Augenblick mit dem Nachlassen meiner Kräfte rechnen. Wenn sie es dann sind, deren Kräfte nachlassen, verlieren sie gleich viele Minuten, denn sie sind völlig ausgepumpt. Greift man dagegen in den Bergen offen an, kann der Gegner, selbst wenn man ihn abgehängt hat und vorausgesetzt, er verfügt noch über einige Kraftreserven, hinterherfahren und wieder zu Kräften kommen. Dann besteht die Gefahr, daß er an der nächsten Steigung oder in der Ebene erneut angreift.

Bluffen

Wenn man in Schwierigkeiten ist, muß man körperlichen Schmerz verbergen können, vor allem, wenn sich das Rennen in einer entscheidenden Phase befindet. Das habe ich 1980 auf einer Bergetappe der Italien-Rundfahrt gemacht, in der ich zum ersten Mal Sieger wurde. Im Tal kamen wir an der Speiseeisfabrik Samson vorbei, und das gesamte Feld hielt an und aß eine Portion Eis – ich so gut wie die anderen.

Am Fuß der Steigung, an der ich angreifen wollte, hatte ich plötzlich heftige Magenschmerzen, offenbar konnte ich das Eis nicht verdauen. Ich ließ mir nichts anmerken und fuhr trotz der Schmerzen weiter. Als ein Fahrer an der Spitze einen Ausreißversuch startete, habe ich ihn fahren lassen, ich war außerstande, ihm zu folgen. Zwei andere Gegner holten mich ein und ich sagte ihnen: „Keine Angst, den holen wir uns später." Damit habe ich sie in meiner Nähe behalten. Nach der zweiten Abfahrt hat sich dann doch einer zum offenen Angriff entschlossen und ich habe mit meinen starken Seitenstichen wirklich gelitten, um bei ihm zu bleiben. Das hat ihre Ausreißversuche gestoppt. Ich habe noch bis 300 m vor dem Etappenziel ausgehalten, dann ging es nicht mehr. Ich habe mich hingesetzt und 200 m auf einmal verloren, aber das Schlimmste verhüten können, denn wenn ich früher aufgegeben hätte, hätte ich gleich mehrere Minuten verloren und vielleicht sogar das Rennen.

Das Renntempo steigern

Das Tempo eines Rennens steigern ist das Gegenteil von bluffen.

Natürlich fällt mir das nicht leicht, aber ich sage mir, daß es den anderen noch schwerer fällt, und wenn es mir bestimmt ist, zu siegen, dann siege ich auch.

Manchmal beschleunige ich das Rennen gerade dann, wenn meine Gegner am wenigsten darauf gefaßt sind, weil sie annehmen, daß ich wieder zu Kräften kommen oder meine Energie für das Etappenziel aufsparen muß. So war es bei der Tour de France 1979, nach der Etappe Amiens – Roubaix, auf der ich das gelbe Trikot verlor. Ein geplatzter Reifen hatte mich viel Zeit gekostet und ich fuhr allein hinter fünf robusten Gegnern her, die sich im schwierigen Abschnitt mit Kopfsteinpflaster ablösten.

In den folgenden Tagen lieferten wir uns einen Kampf bis aufs Messer. Am Vortag der 54,2 km langen Etappe gegen die Uhr Evian – Avoriaz habe ich ihnen mit meinem gesamten Team ganz schön zugesetzt – 200 km im Relais und im Höchsttempo! Es gab fünf Zwischenwertungen für Zeitgutschriften, die ich alle fünf ausgetragen habe. Die Schlußsprints fingen vier Kilometer vor der Ziellinie an. Es war ein höllischer Rhythmus für die Gegner. Am nächsten Tag habe ich die Etappe gegen die Uhr gewonnen, vier Minuten gegen Joop Zoetemelk gutgemacht und mir das gelbe Trikot zurückgeholt. Allerdings war ich in jenem Jahr in Höchstform.

Sprinten

Der echte Sprinter ist der, der auf der Bahn nur die letzten 20 Meter vor dem Ziel im Schlußsprint zurücklegt. Im Straßenrennsport sind aber auch „lange" Sprints üblich.

Ich bin eher ein „langer" Sprinter, obwohl ich auch kurze Sprints gegen echte Sprinter gewonnen habe, weil ich mit kleineren Übersetzungen als sie fuhr. Die Übersetzung ist dabei wichtig, Fehler bei den Kranzgrößen können schwerwiegende Folgen haben. Ich bin manchmal bei Sprints der Schnellste gewesen, weil die Gegner zu kleine oder zu große Kränze aufgelegt hatten. Die Wahl richtet sich nach dem Gefälle, der Straßendecke, dem Streckenverlauf – ob mit oder ohne Kurven – und natürlich nach dem Wind. Früher benutzten die Sprinter eher kleine Übersetzungen, heute ist das anders. Man wählt nur solche großen Übersetzungen, die noch einigermaßen leicht zu „bewegen" sind, obwohl es fast unmöglich ist, einen Fahrer, der eine große Übersetzung mit schnellen Tretbewegungen kombiniert, auf langen Sprints einzuholen. Sogar Francis Castaing mußte sich an Zwölferkränze gewöhnen, obwohl er sie verabscheute. Sprinter legen nur im letzten Kilometer große Übersetzungen auf.

Die Mannschaft unterstützt ihren Sprinter, indem sie schon lange vor dem Ziel das Tempo beschleunigt, obgleich es Sprinter wie Sean Kelly gibt, die niemanden als Schrittmacher brauchen.

Wie bereits festgestellt, spielt der Wind eine große Rolle. Bei Seitenwind wird ein Gegner, mit dem man Rad an Rad fährt, durch plötzliches Ausscheren auf der dem Wind entgegengesetzten Seite überholt.

Bei Gegenwind sind lange Sprints kaum möglich. Ein Fahrer, der dicht aufgefahren ist und im Windschutz seines Gegners fährt, hat mit einem kurzen Sprint einige Meter vor der Ziellinie die besten Chancen.

Steht der Wind günstig, ist mit Kurzsprints oft wenig anzufangen, weil ein plötzlich ausbrechender Gegner, der die Distanz gut im voraus kalkuliert hat, vor dem nahen Ziel nur schwer wieder eingeholt werden kann. 1981 habe ich das Rennen Paris – Roubaix bei günstigen Windverhältnissen mit der Langsprint-Taktik gewonnen – wie im Vorjahr, als ich das Rennen auf dem vierten Platz beendete. Ich hatte bemerkt, daß wir auf der Geraden mit Rückenwind fuhren und setzte daher schon lange vorher zum Sprint an. 1980 hatte ich Demayer mit dieser Taktik geschlagen. Ich habe daran gedacht und mir Anhaltspunkte auf der Bahn gemerkt, und als Demayer angreifen wollte, habe ich ihn nicht vorbeigelassen und den Sprint bis ins Ziel angeführt. Sogar Roger de Vlaeminck hat auf den letzten 200 Metern kein Terrain gewinnen können, dafür hätte es einer viel längeren Strecke bedurft.

Wenn es eine Disziplin gibt, in der die Erfahrung zählt, so ist das der Sprint. Die beste Schule sind dabei die Fehler, die man am Anfang seiner Laufbahn begeht. Auch wer nicht besonders begabt dafür ist, sollte sprinten früh üben, dann fällt das Lernen leichter.

Gegen die Uhr

Auf einer Etappen-Rundfahrt fahren fast alle in der Gesamtwertung vorn liegenden Konkurrenten sorgfältig die Strecke ab, die gegen die Uhr gefahren wird, um sich alle Einzelheiten einzuprägen.

Morgens fahre ich die gesamte Strecke und merke mir den Straßenzustand, Kurven, Fußgängerübergänge, Schotter, Gullys, alles kann wichtig sein. Bei mir funktioniert das wie eine Videokamera: Mein Gehirn registriert alles, und wenn ich dann starte, läuft der Film mit der gleichen Präzision wie bei der Aufnahme ab. Ich versuche, dort durchzukommen, wo ich ohne Sturzrisiko Zeit sparen kann.

Bei einer Strecke von über 50 km trinke ich während der Fahrt, wenn ich die in einem Gelände von bestimmter Beschaffenheit erreichte Geschwindigkeit kaum mehr erhöhen kann. Sonst trinke ich fast alles gleich nach dem Start und werfe die Flasche fort, sobald sie leer ist. Das Abfahren der Strecke vor dem Wettkampf hilft auch, den Krafteinsatz zu dosieren. Vor einer Steigung, die viel Energie verlangt, verlangsame ich nicht wirklich das Tempo, sondern versuche, mich so gut wie möglich zu entspannen, um zusätzliche Energie für die Auffahrt zu sammeln.

Oben angekommen, gehe ich sofort wieder in die Sitzposition zurück und beschleunige, ohne Zeit zu verlieren. Ich glaube, daß meine Stärke vor allem darin liegt, an langen verdeckten Senken nie das Tempo zu verlangsamen.

Die Vorbereitung

Jeder, der regelmäßig einen Sport betreibt, vor allem wenn er – und sei es nur gelegentlich – an Wettkämpfen teilnimmt, merkt sehr bald, daß die Lebensbedingungen für den Erfolg oder auch nur für das Fahrvergnügen ausschlaggebend sind. Der motivierte Amateursportler bereitet sich deshalb instinktiv – und nicht nur mit Radfahren – die ganze Woche zuvor auf das Sonntagsrennen vor. Der ganze Reiz der Wettbewerbe liegt gerade darin, daß man sie aus Freude betreibt, ohne vom Zwang zum Siegen getrieben zu werden. Meist machen übrigens die fehlende physische Kondition oder ein zu anspruchsvolles Berufsleben – beides geht übrigens oft Hand in Hand – den berufsmäßig betriebenen Rennsport unmöglich. Der Wettbewerb verlangt höchste körperliche Fitneß, und die Genugtuung, von einem Amateur-Rennen zum anderen die persönlichen Fortschritte festzustellen, beeinflußt schließlich alle Lebensgewohnheiten.

Bei den Spitzenathleten im Amateur- oder Berufssport gehört eine wirkungsvolle Rennvorbereitung zu den absoluten Prioritäten. Die Kenntnisse und Methoden auf dem Gebiet der mentalen sowie der physischen Vorbereitung haben sich seit einigen Jahren immer weiter entwickelt.

Es ist nicht übertrieben, zu sagen, daß der Leistungssport auf höchstem Niveau heute ein Prüfstein der menschlichen Leistungsfähigkeit geworden ist, wie die Formel-1-Rennen im Motorsport beweisen. Ein Prüfstein, der nicht immer gute Presse hat, und das mit Recht, wenn man an die Anwendung von den Aufbaustoffwechsel beeinflussender Medikamente denkt, die zuerst bei den Gewichthebern Schaden anrichteten, bevor sich das Übel auch unter den Anhängern anderer Sportarten verbreitete. Aber das Streben nach Leistungssteigerung, Konsequenz des erbitterten Kampfes, den sich die Nationen mit Hilfe der Sportler liefern, hat zu einer völligen Umwälzung der anfangs ziemlich primitiven Techniken und Methoden geführt, die heute durch immer neue Wissensgebiete wie Psychologie, Bio-Mechanik, Biologie, Physiologie, Ernährungswissenschaft und natürlich Medizin unterstützt werden.

Diese kleine Aufzählung vermittelt wahrscheinlich keine auch nur annähernde Vorstellung von der Zersplitterung der traditionellen Disziplinen in verschiedene Fachbereiche. Allerdings sind wir dabei weit von den Problemen der Gelegenheits-Radfahrer oder sogar der einfachen Freizeit-Radsportler entfernt. Trotzdem meinen wir, daß die Kenntnis – wenn auch nicht aller Auswirkungen dieser Nachforschungen im einzelnen – so doch ihrer wichtigsten Ergebnisse auch ihnen, vor allem aber den Vereinen und Alleinfahrern (denen wir wärmstens empfehlen, einem Verein beizutreten) zugute kommen. Präsidenten und Leiter von Sportvereinen können auf dem Gebiet sportlicher Forschung eine wichtige Rolle spielen, aber auch den Massenmedien wird damit eine Möglichkeit gegeben, das Sportgeschehen positiver zu beeinflussen, als wenn sie gelegentlich großes Aufheben von einem Aufputschmittel konsumierenden Leistungssportler machen, der im übrigen vielleicht nur seine Pillendose verwechselt hat.

Die Psyche

Der Radrennfahrer, so begabt er auch sein mag, ist ein Koloß auf tönernen Füßen, wenn sein Seelenleben nicht mit seiner physischen Kondition harmoniert – das gilt ebenso für das Training wie für den eigentlichen Wettbewerb.

Diese eigentlich selbstverständliche Tatsache gilt für alle Bereiche menschlicher Tätigkeit, aber die Öffentlichkeit kann sich vielleicht kein Bild von der für sportliche Erfolge unentbehrlichen mentalen Arbeit machen. Das gilt in besonderem Maß für den Radsport, wo es für den Sieg nicht genügt, stärker als die anderen in die Pedale zu treten.

Den ersten Platz unter den notwendigen Qualitäten nimmt die Willenskraft ein. Die Willenskraft muß täglich zuhilfe gerufen werden, um das Trainingsprogramm einzuhalten, oder wenn beim Rennen physisches und manchmal sogar moralisches Leid erduldet werden muß. Die Spitzenfahrer haben alle eine Besonderheit gemein: In bestimmten Momenten ihrer Laufbahn tritt eine überdurchschnittlich starke Leidensfähigkeit zutage. Dann hilft ihnen ihre Willenskraft, aus für andere ausweglosen Situationen herauszufinden. Das beste Beispiel hat uns Louison Bobet gegeben, der 1950 zum dritten Mal Sieger der Tour de France wurde, trotz einer aus verhärtetem Gewebe entstandenen Wunde, mit der jeder andere entweder aufgegeben hätte oder während der letzten Woche nur noch im Stehen gefahren wäre. Louison Bobet ertrug nicht nur den Schmerz, sondern hatte die Kraft, die Schwere seiner Verletzung vor seinen Gegnern zu verbergen – was eine keinen Augenblick nachlassende Charakterstärke verlangt.

Wenn Charakterstärke, Willenskraft und Aushaltevermögen sich im Wettbewerb in dieser höchsten Form äußern, müssen diese Eigenschaften Tag für Tag kultiviert worden sein.

Allerdings sind die Zeiten vorbei, in denen Antonin Magne als Willensschulung, und um sein Image zu pflegen, wie in der Sisyphus-Sage jeden Tag einen Felsblock bis an das Ende seines Gartens hin- und zurückschleppte.

Man unterscheidet bei der Anwendung der Humanwissenschaften auf das psychologische Konditionstraining eines Sportlers, in unserem Fall eines Radrennfahrers, zwei Hauptgebiete:

– Eine globale Ausbildung, die es ihm überhaupt erst möglich macht, die Erfordernisse der sportlichen Vorbereitung, des Trainings und des Rennbetriebs mit seiner Umgebung und seinen Lebensbedingungen in Einklang zu bringen.

– Die Anwendung spezifischer Techniken, mit denen entweder die physische Entspannung gelernt oder die Bewegungstechnik verbessert und ihr Einsatz im Wettbewerb optimiert werden soll.

Die globale Ausbildung ist nichts anderes als eine Vorbereitung auf die besondere Lebensweise, die sich im Rahmen der sportlichen Tätigkeit abspielt. Sie besteht, je nach Einsatzbereitschaft des Sportlers für die von ihm gewählte Disziplin, aus allen erdenklichen Leistungsstufen – die beim ersten Kontakt mit dem Sport in der Schulzeit oder im Freizeitbereich anfangen und beim Hochleistungssport enden. Während der gesamten Ausbildungszeit spielen die jeweiligen Lehrmeister, zu denen als erste die Eltern gehören, eine wichtige Rolle.

Bei dieser Gelegenheit möchten wir kurz auf das oft falsch verstandene Problem des Wettbewerbs im Kindesalter eingehen. Trotz des Respekts, den wir der Obersten Nationalen Sportbehörde schulden, möchten wir an dieser Stelle darauf hinweisen, daß die Einführung der Jüngsten in den Radsport meist nur ein Vorwand zur Organisation von Mini-Wettberben nach dem Vorbild der Radrennen ist, was wir aufrichtig bedauern.

Im Kindesalter dürfte der Radsport nur ein Spiel sein, selbst wenn man von Zeit zu Zeit auch gern einmal einen Spielkameraden im Sprint schlagen möchte. Ohne gleich die körperlichen Risiken ins Feld zu führen, deren Ursache oft in einer schlechten Vorbereitung des Herzens auf den vom erwachsenen Radsportler verlangten hohen Krafteinsatz liegt, raten wir in jedem Fall von einer spezifischen Rennvorbereitung im Kindesalter ab, die nur das eine Ziel hat, einen Preis nach Haus zu bringen. Das geschieht manchmal auf Initiative eines Sportlehrers, wenn die Eltern unbedingt die Ergebnisse ihrer Bemühungen oder nach einem Erfolg ihres Sohnes weitere Siege sehen wollen.

Die Psyche wie das Herz eines jungen Menschen bedürfen behutsamer und progressiver Ausbildung. Ein Erwachsener, der sich einem intensiven Training unterziehen will, muß vorsichtig zu Werke gehen, um sein seelisches Gleichgewicht nicht zu verlieren. Das gleiche gilt in weit größerem Maße in einem Alter, in dem die Schule – und nicht die Schule des Radfahrens – im Mittelpunkt des Interesses stehen sollte.

Methoden zur Entspannung und mentalen Konzentration sind schon seit langem bekannt. Einige, wie z. B. Yoga, haben ihren Ursprung in philosophischen und religiösen Traditionen, aber zur Rennvorbereitung der Spitzensportler werden sie – vor allem in der Schweiz – erst seit etwa 30 Jahren benutzt. Mit unterschiedlichem Erfolg übrigens, denn das Bildungsniveau, die Motivation und die zwischen Lehrmeister und Nachwuchsfahrer bestehende Beziehung spielen eine wichtige Rolle. Hier seien nur Disziplinen wie Sophrologie, autogenes Training, Meditation und Yoga genannt.

Diese auf den Sportler angewandten Methoden sollen entweder vor dem Wettkampf die vom Rennbetrieb verursachten Auswirkungen des Streß neutralisieren, oder, im Gegenteil, Aufmerksamkeit und Konzentration des Sportlers auf sein Ziel stimulieren, oder aber ihm die mit dem Bewegungsablauf verbundenen Empfindungen zu Bewußtsein bringen, um den Lernprozeß zu beschleunigen und die fahrtechnische Qualität zu verbessern. Es steht außer Zweifel, daß mentale Konzentration und visuelle Vergegenwärtigung der Trettechnik dem Rennfahrer die Möglichkeit geben, seinen Fahrstil zu vervollkommene und die Leistung bei steigender Belastung zu verbessern. Diese Hypothese hat sich in anderen Sportarten als richtig erwiesen, und es besteht kein Grund, warum sie nicht auch auf den Radsport zutreffen sollte. Einige Spitzenathleten wenden die Konzentrationsmethode fast automatisch an. Für Jacques Anquetil ist es besonders wichtig, daß der Rennfahrer den zyklischen Bewegungsablauf geistig verarbeitet und nachvollzieht. Beim Training sonderte er sich immer ab, um sich in Ruhe auf die Bewegungstechnik konzentrieren zu können, vor allem vor dem Großen Preis der Nationen, zu dem er sich geistig besonders intensiv vorbereitete.

Zum Abschluß des Kapitels wollen wir Carl Lewis zitieren, der 1984 bei den Olympischen Spielen in Los Angeles vor seinem Sieg im 100-Meter-Lauf erklärte: „Das Wissen, daß ich körperlich fit bin, daß ich mich optimal vorbereitet habe, daß ich in punkto Technik einer der Besten bin, sowie die Tatsache, daß der Sieg im Bereich des Möglichen liegt, genügen als psychologische Vorbereitung vollauf."

Die Ernährung

„Man muß essen, um Rennen zu fahren und nicht Rennen fahren, um zu essen", hätte Molière wohl gesagt, wenn er Radfahrer gewesen wäre. Aber man sollte nicht „irgend etwas" essen!

Die Ernährung, vor allem die Ernährung im Leistungssport, hat Anlaß zu Forschungen und eingehenden Untersuchungen gegeben, die auch im Radsport langsam größeres Echo finden. Fausto Coppi lebte als erster nach einem speziell aufgestellten Diätplan, vielleicht weil ihn sein durch die Kriegsgefangenschaft geschwächter Körper dazu zwang, der ihm trotz eines vielversprechenden Karrierebeginns während des zweiten Weltkriegs vom Rennsport ausschloß. Fausto Coppi war gleich bei seiner ersten Teilnahme mit 21 Jahren in der Italien-Rundfahrt Sieger geworden und hatte dabei einen neuen Stundenrekord aufgestellt, was damals fast unbemerkt geblieben war. Die wenigsten Rivalen des italienischen Meisters vermuteten damals einen Kausalzusammenhang zwischen Sieg und Ernährungsweise, Louison Bobet ausgenommen, der in den 50er Jahren seinem Beispiel mit der ihm eigenen Gewissenhaftigkeit gefolgt war und den größten Nutzen daraus gezogen hatte.

Ein Rennsportler wie Rik Van Looy konnte vor einem Rennen unter Mißachtung der elementarsten Ernährungsprinzipien beträchtliche Mengen von Fleisch, Eiern, Salat und ... Bier absorbieren und trotzdem als erster die Ziellinie überfahren.

Louison Bobet dagegen wog das Steak, das er auf seinen Menüplan gesetzt hatte, auf das Gramm genau ab, und sogar am Tag seines Sieges in der Tour de France 1953 erlaubte er sich – trotz seiner Freude über diesen ersten Sieg seiner Laufbahn in dem Rennen, an dem ihm am meisten gelegen war – mit ... einem Teelöffel voll Mayonnaise nur einen winzigen Verstoß gegen seinen Diätplan. Bei Louison Bobet, einem nervösen, zu Ängsten neigenden Menschen, wurde die Gewissenhaftigkeit manchmal zur fixen Idee.

Diese beiden Beispiele haben nicht nur anekdotischen Wert, sondern veranschaulichen zwei Wahrheiten, die nicht aus dem Auge verloren werden dürfen, sobald man sich mit dem Problem der Ernährung befaßt.

Die Menschen unterscheiden sich hinsichtlich ihrer körperlichen Konstitution beträchtlich voneinander. Jeder Mensch ist eine Individualität und als solche ein Einzelfall, weshalb die unterschiedslose Anwendung einer globalen Methode vermieden werden sollte. Außerdem – und das ist wohl der wichtigste Faktor – ist die innere Einstellung zum Essen individuell verschieden und wird durch die schon im Kindesalter durch zahlreiche Gewohnheiten geformte innere Persönlichkeit stark beeinflußt.

Jacques Anquetil, der gelegentlich kapitale Ernährungsfehler „verdauen" konnte, wäre außerstande gewesen, die strikte Diät eines Louison Bobet einzuhalten, genauso wenig wie Gino Bartali, der Wein trank – nämlich den, den Fausto Coppi stehen ließ. Die lange Siegesserie jedes dieser Spitzensportler beweist im übrigen die Relativität der Diätvorschriften.

Trotzdem ist die Ernährung ein wesentliches Kapitel in der Wettkampfvorbereitung wie im täglichen Leben überhaut. Die, die sich dieser Tatsache noch nicht bewußt sind, lassen sich von der vielleicht bewundernswertesten Eigenschaft des menschlichen Körpers irreführen, nämlich von seiner Anpassungsfähigkeit.

GRUNDLAGEN DER ERNÄHRUNGSPHYSIOLOGIE

Die von einem unaufhörlichen Materiestrom durchflossenen Lebewesen funktionieren wie Energieumwandler. Insbesondere wandeln sie die von den Nahrungsmitteln gelieferte chemische Energie in mechanische Energie um, die sie entweder zur Verrichtung der täglichen Arbeit benötigen, oder, was uns hier interessiert, um sportliche Wettbewerbe auszutragen.

Während ein Auto direkt und regelmäßig den im Tank enthaltenen Kraftstoff zusammen mit Sauerstoff verbrennt, verwandelt der Mensch die Nahrungsmittel zu ihrer endgültigen Verwertung zuerst einmal in Nährstoffe, d. h. in einfachere chemische Bestandteile, die ihrerseits im Kontakt mit dem über das Blut transportierten Sauerstoff dank eines „Zellatmung" genannten Phänomens – sowie durch andere Vorgänge, auf die wir nicht weiter eingehen wollen – umgewandelt werden. Chemiker und Biologen haben schon vor langer Zeit bewiesen, daß der Mensch nicht wie eine Lokomotive funktioniert und Kohlenstoff über die Lunge verbrennt, wie Lavoisier im 18. Jahrhundert glaubte. Vereinfacht gesagt hat der menschliche Organismus die Fähigkeit, komplizierte organische Moleküle in einfache Moleküle zu spalten und bei diesem Vorgang Energie zu erzeugen. Diese Energie wird einerseits zur Lebenserhaltung verwendet, d. h. zur erneuten Spaltung der aus der Nahrung gewonnenen Moleküle oder zum Aufbau neuer organischer Bausteine (die ihrerseits wieder zur Energiegewinnung gespalten werden), andererseits zur Verrichtung von Muskelarbeit eingesetzt. Das Ganze ist ein bewundernswerter Kreislauf mit unendlich vielen Kombinationsmöglichkeiten, die nur dazu dienen, nach ewigen Gesetzen – die dem Menschen eine unmittelbare und direkte Einflußnahme nach persönlichem Gutdünken unmöglich machen – Leben zu erhalten und Energie entweder zu speichern oder auszugeben.

Die ganze Kunst eines Spitzensportlers besteht deshalb darin, die geeignete Nahrung in ausreichender Menge und zum richtigen Zeitpunkt aufzunehmen, um im entscheidenden Moment mit minimalem Energieaufwand die zur optimalen Leistung nötige Muskelkraft aufbringen zu können.

Eine schwierige Kunst, denn das Bewußtseinsniveau des Athleten ist hinsichtlich des Ernährungsproblems auf einer instinktiven Ebene stehengeblieben, was den Unberechenbarkeitsfaktor der „glorreichen Ungewißheit des Sports", wie sich Jean Giraudoux ausdrückte, noch erhöht. Ist ein Fausto Coppi denkbar, der 1946 auf der Lombardei-Rundfahrt während seines endlosen, 145 km langen Alleingangs an der Spitze des Feldes ärgerlich vor sich hin flucht: „Der Hühnerschenkel von heute morgen ist verdaut, die drei Feigen vor der Bergfahrt auch, und trotzdem stimmt etwas nicht mit der Assimilierung meines Adenosin-Triphosphats. Schnell eine Banane her – bis sie wirkt, schalte ich auf 21 Zähne!" Dabei ist der Energiebedarf der Muskulatur unkompliziert: Zu seiner für die Bewegung nötigen Kontraktion braucht der Muskel nur eine bestimmte Form von Energie, nämlich die, die bei der Spaltung der Adenosin-Triphosphat-Moleküle (ATP) in Adenosin-Diphosphat (ADT) und in anorganische Phosphatmoleküle frei wird. Das ist alles! Dieser Spaltprozeß kompliziert sich nur durch die mannigfaltige Art und Weise, mit der sich das hochenergetische Adenosin-Triphosphat in der Muskulatur erneuert: Das kann durch die vom Körper verdauten Nahrungsmittel, das Trainingsniveau, Art, Dauer und Intensität des Kraftaufwands und schließlich durch die Motivierung des Sportlers geschehen, womit auch der menschlichen Psyche Rechnung getragen wird. Denn der Mensch funktioniert zwar, wie eingangs erwähnt, wie eine Maschine, aber eine mit Geist begabte Maschine! Im nächsten, dem Training gewidmeten Kapitel untersuchen wir die verschiedenen Formen der ATP-Gewinnung im einzelnen, hier beschränken wir uns vorerst auf die Rolle, welche die großen Nährstoff-Kategorien bei der Vorbereitung des Körpers auf den Leistungssport spielen.

Die Nahrungsmittel haben eine Doppelfunktion: Sie erhalten den Körper am Leben – unsere sämtlichen Körperzellen entstehen, leben, sterben und werden durch neue Zellen ersetzt, ohne daß sich unsere Identität dabei verändert – und liefern ihm darüber hinaus die nötige Energie zur Lebensführung, zu der vor allem die Muskelarbeit gehört.

Die drei Hauptnährstoffe – Proteine, Fette und Kohlehydrate – wirken bei der Formbildung wie beim Energieverbrauch mit, deren unterschiedliche Proportionen von der Art des Krafteinsatzes abhängen. Für die reine Muskelarbeit braucht der Körper mehr als nur Zucker (Kohlehydrate). Die Gehirnarbeit dagegen kann nur mit Zucker geleistet werden, was zum Teil den Heißhunger der Anfänger im Radsport erklärt, während bei den erfahrenen Radsportlern die Bewegungsabläufe als Reflexe automatisiert sind: Das bedeutet, daß Radfahrenlernen Gehirnarbeit verlangt.

Die drei Hauptnährstoffe im richtigen Verhältnis zu sich zu nehmen, ist auch im täglichen Leben von größter Wichtigkeit. Heute weiß man, daß sich die Bedürfnisse des Sportlers hierin nicht von denen eines Durchschnittsmenschen unterscheiden. Wahrscheinlich hat er meist nur einen größeren Appetit und spürt an einer Minderung seines Leistungsvermögens schneller als der gewöhnliche Staatsbürger, ob seine Tagesration ausgewogen ist oder nicht. Eben diese Feinfühligkeit führt zu einer Bewußtseinswerdung, die die beste Garantie gegen Krankheiten darstellt, weil die ersten Anzeichen noch vor Ausbruch des Übels verstanden und behandelt werden.

Nach Dr. Creff wird das beste Leistungsniveau erzielt, wenn bei der täglichen Nahrungsaufnahme etwa folgende Proportionen respektiert werden:

Proteine: 15 %
Fette: 30 %
Kohlehydrate: 55 %

Auch die Herkunft dieser Bestandteile ist von Bedeutung. Es wird empfohlen, ebenso viel pflanzliche wie tierische Proteine zu sich zu nehmen und etwas mehr tierische als pflanzliche Fette. In der Kategorie der Kohlehydrate sollte der raffinierte Zucker nur etwa 10 % des Gesamtkonsums betragen.

Die Proteine

Tierisches Eiweiß ist in Fleisch, Fisch, Eiern, Milchprodukten und Käse enthalten. Das pflanzliche Eiweiß findet sich vor allem in Hülsenfrüchten (Bohnen, Erbsen, Linsen) sowie in Soja, aber auch in Nahrungsmitteln, die meist als Stärkespender angesehen und daher in die Kategorie der Kohlehydrate eingereiht werden, wie z. B. im Brot, Vollkorngetreide und Teigwaren.

Man nahm lange an, daß nur Fette und Kohlehydrate Brennstoffe für die Muskeln sein könnten. Heute weiß man – Liebig hatte es schon 1866 geahnt –, daß auch die Proteine, deren Funktion darin besteht, den Körper im Vollbesitz seiner Kräfte zu erhalten, eine Energiequelle für die Muskelarbeit sind. Deshalb gehören sie auch vor einem Rennen zum Frühstück, vor allem das tierische Eiweiß, das die für die Zellerneuerung unentbehrlichen Aminosäuren enthält. Selbst für einen kurzfristigen Kraftaufwand braucht der Muskel Proteine, die den Proteinspiegel des Blutes konstant halten – einer der vielen, für das harmonische Funktionieren des menschlichen Körpers notwendigen Faktoren. Bei längerem Kraftaufwand ist der Proteinbedarf noch offenkundiger, weshalb sich ein Eiweiß-Nachschub empfiehlt. Der Hühnerschenkel im Renntrikot bei einem lange Stunden dauernden Rennen ist doch nicht so ganz abwegig.

Dazu sei bemerkt, daß eine Ernährung mit ausschließlich pflanzlichem Eiweißanteil, im Gegensatz zu einer heute vielumstrittenen Theorie, im Körper des Sportlers – selbst wenn er keinen Rennsport betreibt – unnötiges Durcheinander anrichtet. Nach Dr. Debuigne hat tierisches Eiweiß (das im Übermaß genossen schädlich ist, aber das hat nichts mit unserer Theorie zu tun) folgende Vorteile gegenüber dem pflanzlichen:

– es enthält die essentiellen Aminosäuren;
– es erleichtert die Assimilierung;
– es hilft bei der Bildung neuer Muskelmasse;
– es verbessert die Koordinierungs- und Regulierungsfunktionen des Nervensystems.
– es unterstützt die Tätigkeit der Leber;
– es steigert den psychischen Tonus.

Wenn es auch stimmt, daß in den reichen europäischen Ländern zuviel Fleisch gegessen wird, so sollte doch der Fleischkonsum – vor allem bei sportlicher Tätigkeit – nicht ganz eingestellt werden. Dagegen ist es trotz einer weit verbreiteten Meinung keineswegs bewiesen, daß der Sportler mehr Fleisch essen muß als der Nichtsportler. Die moderne wissenschaftliche Forschung hat sogar das Gegenteil nachgewiesen. Ein übermäßiger Bedarf nach Fleisch ist meist psychologisch bedingt, und der in höchstem Maß anpassungsfähige menschliche Organismus gewöhnt sich an diese Fehlernährung. Der Mensch kann gut mit 100 g Fleisch pro Tag auskommen, aber einige Bevölkerungsgruppen, wie die südamerikanischen Gauchos, essen davon ohne ersichtlichen Schaden bis zu 700 g pro Tag ... Ein Beispiel, dem in unseren westlichen Ländern, in denen Überernährung herrscht, nicht gefolgt werden sollte.

Die Fette

Fette gibt es in Fleisch, Fisch und Käse, der wesentliche Anteil ist jedoch in Nahrungsmitteln tierischer Herkunft wie Sahne, Butter und Schmalz sowie in den meist pflanzlichen Ölen und in der Margarine enthalten.

Die Rolle der Fette als Energiespender ist von größter Bedeutung, obwohl sie nicht bei jeder Belastungsintensität gleich stark zutage tritt. Es stimmt zwar, daß sich vor allem ein zu großer Zuckerkonsum in Reservefett verwandelt – die Schlemmer kennen diese Hauptursache der Fettleibigkeit nur zu gut – aber der menschliche Organismus kann auch, und zar mit einem relativ guten Energie-Wirkungsgrad, die Fette in Zucker umwandeln. Da vor allem die Kohlehydrate den zur Muskelarbeit nötigen Brennstoff liefern, ist eine andere Realität lange unbemerkt geblieben, daß nämlich auch die Fette ohne Zwischenumwandlung als direkte Energiespender zur Muskelkontraktion verwendet werden können. Anders gesagt: Während man bis vor kurzem annahm, daß der Organismus seinen Fettvorrat erst verbraucht, wenn seine Reserven an Kohlehydraten erschöpft sind, weiß man heute, daß zuerst die reichlich vorhandenen Fettvorräte verbraucht werden, gerade um die in der Leber und im Gewebe gespeicherten Kohlehydrat-Derivate aufzusparen. Vor allem der Herzmuskel ist ein großer Verbraucher der aus den Fetten gewonnenen Energie.

Die Kenntnis dieser Vorgänge im menschlichen Körper ist bei der Ausarbeitung eines Trainingsprogramms von größter Bedeutung.

Warum Fette essen, wenn sie dem Körper bereits durch Umwandlung der Kohlehydrate geliefert werden?

Einem biologischen Gesetz zufolge haben Fette verschiedene Funktionen. Deshalb können sie auch nicht durch eine zusätzliche Ration von Kohlehydraten ersetzt werden, selbst wenn diese die Eigenschaft haben, sich in Fette zu verwandeln, wenn sie nicht gleich als Energiespender zur Muskelarbeit gebraucht werden. Die Muskelfette spielen beim Austausch elektrischer Energie eine wesentliche Rolle und regulieren den Natrium- und Kaliumanteil der Zellinnen- und -Außenwände. Sie sind außerdem für den Transport bestimmter Vitamine verantwortlich. Selbst das in einigen Fetten enthaltene, schlecht beleumdete Cholesterin hat seine Bedeutung für den Körper, weil es das Gerüst für die Geschlechts- und Nebennierenrinden-Hormone liefert. Nur ein Übermaß an Cholesterin ist schädlich, und es besteht kein Grund, warum der Organismus dieses Element für seine elementaren Bedürfnisse erst aus den Kohlehydraten und Proteinen aufbauen sollte.

Die Kohlehydrate

Die auch „Zucker" genannten Kohlehydrate sind das Nahrungsmittel Nummer eins des Menschen – ob Radfahrer oder nicht –, denn sie sind mit mehr als 50 % im täglichen Nahrungsbedarf vertreten.

Je nach der Schnelligkeit, mit der sie vom Organismus in Energie umgesetzt werden, gibt es mehrere Kategorien von Kohlehydraten. Die direkt assimilierbaren Einfachzucker Glucose, Galaktose, Lävulose und Mannose brauchen nicht im Verdauungsprozeß gespalten zu werden und stehen an erster Stelle. Dann kommen die Zweifachzucker – Sacharose, Laktose, Fructose und Maltose –, die zuerst verdaut und anschließend durch Hydrolyse in Einfachzucker umgewandelt werden. An dritter Stelle steht die nur langsam verdauliche Stärke und die unverdauliche, aber als Faser den Darmtransit erleichternde Zellulose.

Vollkorngetreide, Gemüse und Obst enthalten Zellulosefasern. Stärke ist in Getreide, Brot, Teigwaren, Reis, Kartoffeln und Hülsenfrüchten enthalten. Fruktose oder Fruchtzucker kommt im Obst und zahlreichen Gemüsen vor, und die Sacharose gibt es im Zucker und allen Süßwaren, inklusive Honig und Schokolade.

Die vom Organismus in Glykogen umgewandelten Kohlehydrate sind je nach Intensität und Dauer der Belastung auf verschiedene Art und Weise an der Muskelkontraktion beteiligt. Das in den Muskelzellen gespeicherte Glykogen zersetzt sich und baut sich unter Mitwirkung oder in Abwesenheit von Sauerstoff wieder auf. Es ist das Glykogen, das Höchstleistungen möglich macht, und es sieht so aus, als wolle der Körper seinen Glykogenspeicher aufsparen, indem er bei geringem Krafteinsatz vorzugsweise die Fette als Energiespender verbrennt. Aber auch die durch den Verdauungsprozeß unter Mitwirkung des im Blut enthaltenen Sauerstoffs gewonnene Glucose ist direkt an der Muskelarbeit beteiligt, weshalb die Einnahme von Zucker während eines lange anhaltenden Krafteinsatzes dazu beiträgt, den Glykogenvorrat bis zum Ende des Rennens auf ausreichendem Niveau zu halten.

Weine können, wenn sie gut sind, ebenfalls ihren Teil – wenn auch nur einen geringen – zur Tagesration an Kohlenhydraten beitragen. Sie schaffen für proteinhaltige Nahrungsmittel wie Fleisch und Käse optimale Verdauungsverhältnisse. Allerdings sollte man nicht mehr als ein Glas gegen Ende der Mahlzeit zu sich nehmen.

Die Mineralsalze

Eine ausgewogene Ernährung liefert alle lebenswichtigen Mineralsalze, aber die Arbeitsbedingungen eines Athleten – physische Höchst- und Dauerbelastung bei zeitweilig extremen Witterungsverhältnissen – können zumindest vorübergehende Mangelerscheinungen hervorrufen, die behoben werden müssen.

Das Trio Natrium-Kalium-Chlor spielt im Wasserhaushalt des Körpers eine wichtige Rolle und bestimmt den Leistungsgrad während des Krafteinsatzes. Bei Wasserverlust durch starkes Schwitzen werden daher leicht salzhaltige Getränke und Trockenobst wie Aprikosen, Feigen, Pflaumen und Datteln wegen ihres Gehalts an Kalium empfohlen – ohne das in einigen „Energie-Drinks" enthaltene Kaliumgluconat zu vergessen.

Das Paar Phosphor-Kalzium muß in einem bestimmten Verhältnis zueinander stehen. Das Element Phosphor, das bei der Verbrennung aller Moleküle vorhanden ist, wird durch eine normale Ernährung reichlich zugeführt. Kalzium stärkt den Knochenbau, beugt Muskelverkrampfungen vor und steuert zahlreiche Vorgänge im Organismus. Kalzium ist vorwiegend in Milch und Käse und in geringerem Maß in Obst und frischem Gemüse enthalten. Allerdings kann es nicht leicht vom Körper fixiert werden, weshalb eine stark fetthaltige Kost vermieden und mehr Milch und Käse gegessen werden sollten.

Eisen ist ein Bestandteil des Blutes und bindet den Sauerstoff. Eisenmangel ist beim Leistungssportler besonders schwerwiegend; er kann durch Blutuntersuchungen festgestellt werden.

Magnesium spielt ebenfalls eine wichtige Rolle. Die meisten Menschen und nicht nur die Sportler, leiden unter einem chronischen Magnesium-Defizit. Magnesiummangel verringert die Reizbarkeit der Muskeln, kann zu Verkrampfungen und zu allgemeiner Körperschwäche führen. Schokolade, Brot, Kartoffeln und Trockenobst enthalten Magnesium.

Schwefel hilft, die durch Überanstrengung erzeugten Toxine auszuscheiden. Schwefel ist in Hülsenfrüchten, Trockenbohnen, Erbsen und Linsen zu finden.

Jod ist ein Bestandteil des Schilddrüsenhormons, das den Zellstoffwechsel und die neuro-muskulären Abläufe regelt. Jod ist in Fischen, Krustentieren, Obst und frischem Gemüse enthalten.

Die Vitamine

Ohne Vitamine könnten die zur Umwandlung der Nahrungsmittel nötigen chemischen Reaktionen nicht stattfinden. Kleine Mengen, die in einer abwechslungsreichen Mischkost vorhanden sind, genügen dafür. Wie er es mit den Mineralsalzen tut, muß der Körper von Zeit zu Zeit seinen Vorrat an Vitaminen auffüllen, aber nur, um eventuellen Mangelerscheinungen vorzubeugen, und nicht um einen Vitaminüberschuß herbeizuführen, der unnötig wäre, weil Vitamine keine Brennstoffe sind. Es gibt zwei Sorten von Vitaminen, die wasserlöslichen und die fettlöslichen.

Die wasserlöslichen Vitamine sind die Vitamine B und C.
- Vitamin B 1 (in Fleisch, Leber, Vollkorngetreide, Frischgemüse) ist zur Assimilierung des Zuckers nötig.
- Vitamin B 6 (in Leber und Eigelb) ist für die Eiweißverwertung unentbehrlich und verbessert den Stoffwechsel des Herzmuskels.
- Vitamin B 12 (in der Leber) fördert die Bildung neuer Muskelmasse.
- Vitamin C spielt eine wohlbekannte Rolle bei der Bekämpfung von Ermüdung und Kälte und bei der Erhöhung der Leistungsfähigkeit. Ein Zusatz von Vitamin C aus der Apotheke kann angebracht sein, obwohl der tägliche Bedarf durch die in der Ernährung enthaltenen Zitrusfrüchte (Orangen, Clementinen, Pampelmusen und Zitronen) sowie durch Tomaten, Kohl, Kressesalat, schwarze und rote Johannisbeeren, Erdbeeren und Südfrüchte (wie Ananas und Kiwi) gedeckt werden müßte. Auch Kartoffeln enthalten Vitamin C.

Fettlösliche Vitamine sind die Vitamine A, D, E, F und K. Man sollte sich auf die in der Nahrung enthaltenen Mengen beschränken, denn Zusätze aus der Apotheke können für den Körper gefährlich werden und sollten nur unter ärztlicher Aufsicht eingenommen werden.

Meine Ernährung

Ich kenne die Ernährungsregeln und befolge sie im allgemeinen auch, bin aber gegen eine strikte Diät. Wenn man Maß hält, kann man alles oder fast alles essen. Dabei lernt der Körper, sich der Kost aller Länder und aller Restaurants anzupassen, mit denen uns unser Nomadenleben in Kontakt bringt; und wenn die Form vorübergehend etwas nachläßt, ist das auch nicht so schlimm – von Rennen natürlich abgesehen.

Ich weiß instinktiv, was mir bekommt und esse, was mir schmeckt, ohne die Kalorien zu kalkulieren ...

Auf der Tour braucht man sich über Ernährungsfragen nicht den Kopf zu zerbrechen, die Mahlzeiten, die man uns vorsetzt, sind ausgewogen. Das hindert mich allerdings nicht daran, gelegentlich Pommes frites oder ein Eis zu essen oder ein Glas guten Wein zu genießen.

Während eines Rennens achte ich natürlich auf einige besonders wichtige Details. Während der Erholungsphase direkt nach dem Erreichen des Etappenziels nehme ich z. B. sofort langsam lösliche Kohlehydrate zu mir, damit der Körper seinen Glycogenvorrat in der Leber und in den Muskeln wieder anlegen kann. Wenn das Ziel um 16 Uhr erreicht wird, esse ich schon um 17 Uhr Kohlehydrate in Form von Getreideflocken. Wenn ich bis 19 Uhr warte, sind für die Auffüllung der Kohlehydratspeicher schon zwei Stunden verloren und die vollwertige Abendmahlzeit ist bereits zu nahe gerückt.

Während des Rennens trinke ich jede Viertelstunde kleinere Mengen, bevor ich Durst empfinde. Wenn man Durst verspürt, bedeutet das, daß es zu spät ist, weil dem Körper bereits Wasser fehlt. Ein größerer Wasserverlust führt zu Leistungsminderung und muß um jeden Preis vermieden werden. Am Anfang reichte eine Trinkflasche für 150 Kilometer. Heute trinke ich bei normalem, nicht allzu heißem Wetter auf einem 300-km-Rennen zehn bis zwölf Flaschen – die Nährflüssigkeiten inbegriffen. Normalerweise darf man auf einer Etappe kaum Gewicht verlieren, deshalb muß viel getrunken werden.

In unserer Berufsmannschaft „La Vie Claire" haben wir alle möglichen Teesorten – Pfefferminz-, Zitronen- oder Honigtee – vom klaren Trinkwasser ganz zu schweigen, das manchmal noch besser den Durst löscht.

Morgens esse ich immer weniger Fleisch, aber mehr Kohlehydrate zum Frühstück. Während der Fahrt esse ich vor allem Reiskuchen und Trockenobst, die zusätzlich Vitamine und Mineralsalze enthalten.

Ich kontrolliere regelmäßig mein Mineralsalzniveau und mache deshalb jedes Jahr mehrere Blutuntersuchungen, eine immer am Anfang der Saison. Ich weiß, daß ich viel Magnesium verliere, weil ich nervös bin. Ich nehme daher unter ärztlicher Aufsicht Vitamin D ein, weil es das Magnesium bindet. Mit dem Vitamin D muß man es genau nehmen, denn ein Überschuß wird nicht ausgeschieden, wie das bei den anderen Vitaminen der Fall ist, sondern vom Körper gespeichert. Jeder Sportler sollte seine persönlichen Reaktionen kennen. Ich weiß z. B., daß ich das Vitamin B 12 vermeiden muß, weil es mich „blockiert". Jedenfalls sollten Vitamine nicht unüberlegt eingenommen werden. Eine ausgewogene Ernährung müßte den Bedarf nahezu decken.

Was das Mineralsalzniveau betrifft, so muß vor allem dem Eisenmangel vorgebeugt werden. Sportlerinnen sind besonders anfällig, weil sie mit dem

Monatszyklus größere Mengen roter Blutkörperchen verlieren. Nach jedem Bluttest verschreibt mir mein Arzt, der auch Naturheilpraktiker ist, verschiedene Teesorten, Pflanzenextrakte in Kapseln, essentielle Öle und diverse andere Präparate, die meinen Stoffwechsel wieder ins Gleichgewicht bringen sollen.

Je mehr ich dazu lerne, um so sicherer bin ich, daß man sich mit natürlichen Methoden bei Kondition halten sollte.

Bernard Hinault

DER TÄGLICHE NAHRUNGSBEDARF

Unter täglichem Nahrungsbedarf verstehen wir die Zusammenstellung der Hauptmahlzeiten, d. h. des Frühstücks, des Mittag- und Abendessens sowie der während des Rennens zu sich genommenen Nahrungsmittel.

Man unterscheidet – unabhängig von der ausgeübten Sportart – drei verschiedene Ernährungsweisen:
- **die Trainingskost,** die das ganze Jahr über gültig ist und den Sportler auf die Rennbelastung vorbereitet.
- **die Rennkost,** die der im Wettbewerb beim Kampf um den Sieg erforderlichen Höchstbelastung Rechnung trägt.
- **die Erholungskost,** die dazu beiträgt, daß der Körper nach einem Rennen wieder zu Kräften kommt.

Die Trainingskost

Die Grundregel bei der täglichen Nahrungsaufnahme ist der Respekt des richtigen Verhältnisses der Nährstoffe untereinander:

15 % Proteine, d. h.	500 Kalorien
30 % Fette, d. h.	900 Kalorien
55 % Kohlehydrate, d. h.	2000 Kalorien

sowie 1,5 bis 2 Liter Flüssigkeit, die vor allem zwischen den Mahlzeiten eingenommen werden sollte.

Die Gesamtmenge von 3 400 Kalorien ist nur ein Richtwert, denn die individuellen Besonderheiten wie Körpergewicht, Appetit oder Assimilierungsvermögen sind ebenfalls zu berücksichtigen. Im Gegensatz zu einer weitverbreiteten Meinung muß die Tagesration dem steigenden Trainingsniveau nur selten angepaßt, d. h. erhöht werden, weil eine bessere Trainingsform die Muskelkraft steigert, d. h. die Leistungsfähigkeit erhöht, den Energiebedarf aber gleichzeitig verringert. Nach einem Gewichtsverlust durch Schmelzen der Fettdepots stabilisiert sich das Gewicht im Verhältnis zur neu entstandenen Muskelmasse. Dieses Gewichtsphänomen ist übrigens ein zuverlässiger Hinweis auf die Qualität der Ernährung und auf die Wirksamkeit des Trainingsprogramms.

Dem Frühstück sollte besondere Aufmerksamkeit gelten. Die ideale Zeit dafür ist spätestens 8 Uhr. Zu einem ausgewogenen Frühstück gehören z. B. eine Tasse Tee oder Kaffee mit Zucker, Brote mit Butter, Marmelade oder Honig, Getreideflocken mit Milch und Zucker und ein Stück reifes Obst. Der schwer verdauliche Milchkaffee ist nicht zu empfehlen, obwohl er von einigen Sportlern, die daran gewöhnt sind, gut vertragen wird. Fleisch (Schinken, kalter Kalbsbraten, kaltes Huhn), früher Bestandteil des Frühstücks, wird heute von den Diätspezialisten für Leistungssport immer seltener empfohlen – außer vielleicht besonders guten Essern und bei Intensivtraining.

Mittag- und Abendessen sollen so abwechslungsreich wie möglich gestaltet werden und dem Geschmack des Sportlers angepaßt sein. Wir geben hier nur einige kurze Hinweise:
- Rohe oder gekochte Salate werden am besten zu Beginn der Mahlzeit, vor allem des Mittagessens, gereicht.
- Gemüsesuppe sollte abends gegessen werden, weil sie bei der Wasserregulierung des Körpers hilft.

Folgende Grundregeln der Ernährungshygiene müssen täglich beachtet werden. Die Nahrungsmittel gründlich kauen, weil das die Verdauung anregt und erleichtert.

Nicht während der Mahlzeiten trinken.

Die Mahlzeiten regelmäßig einnehmen und auf die Qualität und Frische der Lebensmittel achten. Es handelt sich um Verhaltenshinweise, die dem gesunden Menschenverstand ohne weiteres zugänglich sind.

Zu einer Standard-Tagesration von 3000 Kalorien gehören nach Dr. Creff folgende Nahrungsmittel:

- entrahmte Milch — 0,4 l
- Käse — 30 g
- Fleisch oder Fisch — 250 g
- Ei — ½
- Brot — 250 g
- Getreide — 30 g
- Kartoffeln, Nudeln oder Reis — 300 g
- Frisches Gemüse — 400 g
- Zitrusfrüchte — 150 g
- Anderes Obst — 150 g
- Butter — 20 g

- Öl   15 g
- Margarine   20 g
- Zucker   30 g
- Marmelade oder Honig   50 g
- Wein   0,15 l

Die angegebenen Mengen sind Durchschnittswerte. Diese Liste ist vor allem deshalb nützlich, weil sie – bei Einhaltung – dazu beiträgt, Unterlassungssünden zu vermeiden und die Ernährung abwechslungsreicher zu gestalten. Heute geht die Tendenz dahin, den Anteil der Proteine, aber auch der Fette zugunsten langsam umsetzbarer Kohlehydrate in Form von Getreideflocken, Teigwaren, Reis, Kartoffeln und Hülsenfrüchten zu reduzieren.

Gelegentliche Verstöße gegen die Ernährungsprinzipien (z. B. Fleisch mit Soße, fette Wurstwaren, Qualitätsweine in großzügig bemessenen Mengen) dürfen keine Gewissenskonflikte auslösen. Sie sind Quelle der Lebensfreude bei familiären und gesellschaftlichen Zusammenkünften und stimulieren die Anpassungsfähigkeit des Körpers.

Die Rennkost

Während der arbeitsintensiven Rennsaison nimmt der stundenlang im Sattel verbringende Rennfahrer mehr Nahrung zu sich, als das während der Trainingsperiode der Fall ist, weil die auf der Fahrt absorbierte Nahrung die Tagesration erhöht. Das gilt vor allem für Etappenrennen. Allerdings wäre es ein Irrtum, zu glauben, daß die Einnahme von Wundermitteln ein oder zwei Tage vor Rennbeginn eine unzulängliche Rennvorbereitung wettmachen könne. Mit der Ernährung ist es wie mit dem Training: Ein echtes Leistungsfundament kann nur mit der Zeit und einem Minimum an Gewissenhaftigkeit geschaffen werden. Kein Vitaminkonzentrat, kein Universalmittel kann eine auf solider Erfahrung basierende Fahrtechnik ersetzen.

Am Tag vor dem Rennen können mehr langsam assimilierbare Kohlehydrate und Mineralsalze sowie Obst und Gemüse wegen ihres Vitamingehalts gegessen werden. Damit das richtige Verhältnis der Nährstoffe gewahrt bleibt, kann auch die Eiweiß- und Fettration erhöht werden – aber Vorsicht vor einer Überdosis!

Am Austragungtag müssen ergänzende Nährstoffe zugeführt werden, wobei die Assimilierungsdauer und die im Vergleich zum Training größere Belastungszeit und Intensität zu berücksichtigen sind.

Bei einer Rennstrecke von 100 km, eine im Amateursport und den „Kriterium" genannten Straßenrennen mit Rundkurs übliche Distanz, sollte drei Stunden vor dem Start eine besonders kohlehydratreiche Mahlzeit eingenommen werden, die sich, immer nach Dr. Creff, wie folgt zusammensetzt:
– zwei Scheiben Brot oder Zwieback mit Butter, Marmelade oder Honig;
– eine kleine Schüssel voll Getreideflocken mit Milch und Zucker (oder Honig) oder ein Teller voll Nudeln oder Reis;
– ein Rinderhacksteak, mit einem Eigelb angemacht und in wenig Fett gebraten;
– 1 oder 2 Stück sehr reifes Obst;
– 1 Tasse Tee oder schwarzen Kaffee mit ein paar Stück Zucker.

Heute werden Steak und Ei immer öfter durch eine größere Ration Getreideflocken, Nudeln oder Reis ersetzt, die wegen der Proteine mit etwas Hartkäse vervollständigt wird.

Wird morgens gestartet, bedeutet das früh aufstehen und das Frühstück durch diese spezifische Mahlzeit ersetzen, die – wie der aufmerksame Leser bemerkt haben wird – keinerlei Gemüse enthält. Über die Regel der dreistündigen Verdauungszeit sollte man sich nicht hinwegsetzen, es sei denn, man ist mit einem besonders wirksamen Verdauungsapparat gesegnet und stellt eine Ausnahme dar.

Soll man während des Rennens essen?

Ja, aber unter Berücksichtigung der Streckenlänge.

Liegt sie unter 120 km (ein Richtwert), sind proteinhaltige Nahrungsmittel während der Fahrt überflüssig. Etwas Trockenobst, Kekse und Würfelzucker genügen in diesem Fall. Eine mit gesüßtem Tee und naturbelassenem Obstsaft zu gleichen Teilen gefüllte Trinkflasche sollte diesen kleinen Vorrat vervollständigen. Heute greift man allerdings immer öfter zu den in Fachgeschäften angebotenen, den Bedürfnissen des Radsportlers angepaßten Energie-Drinks. Diese regelrechte flüssige Nahrung, die zusätzlich Mineralsalze enthält, ist in den letzten Jahren dank gezielter Forschung mehrerer Länder immer wirksamer geworden.

Bei einer Rennstrecke von 200 km oder mehr wird eine Nahrungsaufnahme während der Fahrt nötig, und nicht nur in Form von Kohlehydraten. Hier kommt die famose Rennverpflegung zu ihrem Recht, die von den Veranstaltern der großen Klassiker im Profisport und der Etappen-Rundfahrten eingeführt wurde. Dabei nehmen die Fahrer an bestimmten unter Berücksichtigung der Verdauungszeit gewählten Punkten der Strecke eine speziell zusammengestellte, vollwertige Nahrung zu sich.

Im Rennsport kursieren zahlreiche Anekdoten über Siegeskandidaten, die selbst nichts essen, um während des strategischen Augenblicks der Proviantaufnahme, wenn sich das Tempo verlangsamt, einen Ausreißversuch zu machen. Fausto Coppi war ein Spezialist dieser Methode, die ihm 1950 im Rennen Paris – Roubaix den Sieg einbrachte. Er hatte seinen Verfolgern davonfahren können, weil er sich vorher die Taschen seines Renntrikots mit den nötigen, von einem ergebenen Teamgefährten zugesteckten Lebensmitteln (Kekse, Reiskuchen, Honigbrote) vollgestopft hatte.

Der leicht umsetzbare Glucosevorrat im Blut genügt in solchen Fällen nicht, Eiweiß und Fette müssen den erhöhten Energiebedarf decken, sowie Vitamine und Mineralien, welche die Speicher im Körper auf einem ausreichenden Niveau halten und für einen reibungslosen Zellstoffwechsel sorgen.

Bei der Nahrungsaufnahme während des Rennens gibt es mehrere Möglichkeiten, die vom individuellen Geschmack und der dem Fahrer zur Verfügung stehenden technischen Infrastruktur abhängen. Im Eßbeutel und in den Taschen des Renntrikots können feste, leicht eßbare und leicht verdauliche Lebensmittel untergebracht werden. Früher waren es vor allem die bekannten Fett- und Eiweißträger, wie kleine Schinkenbrote, Hühnerschenkel, speziell zubereitete Fleischpasteten (bestehend aus Hackfleisch, Eigelb, Leber, Mehl und Sonnenblumenmargarine), die heute immer mehr durch Kohlehydrate in Form von Honigbrot, Reiskuchen, Keksen und platzsparendem Trockenobst (Rosinen, Feigen, Aprikosen, Datteln, Bananen) ersetzt werden. Auch frisches Obst wie Bananen, Äpfel, Orangen und Mandarinen gehört wegen seines Wassergehalts zur bevorzugten Rennfahrerkost.

Seit einigen Jahren verdrängen vollwertige Flüssigpräparate die feste Nahrung, weil sie auch bei der Rennbelastung leicht absorbiert und verdaut werden können und ohne Rückstände verwertbar sind.

Bei einer Rennstrecke von maximal 100 km kann diese vollwertige Flüssignahrung die traditionelle Mahlzeit vor dem Rennen ersetzen. Allerdings müssen dann zusätzlich glucosehaltige Getränke mitgeführt werden, die meist noch Vitamin- und Mineralzusätze enthalten – vom klaren Trinkwasser abgesehen, das die Flüssigkeitsmenge im Körper konstant hält und nicht nur bei Hitze unentbehrlich ist.

Man sollte öfter, d. h. jede Viertelstunde, kleinere Mengen trinken, bevor sich Durstgefühl bemerkbar macht. Bei größerem Wasserverlust durch Schwitzen kann die Ausdauerleistung bis zu 25 % absinken.

Dabei erhebt sich die Frage, wieviel Trinkflaschen denn eigentlich mitgeführt werden können. Für Fahrer, die über einen Service verfügen, vor allem, wenn sie von einem Teamgefährten „beschützt" werden, gibt es dieses Problem nicht.

Die Mitglieder unserer Mannschaft „La Vie Claire" können zwischen drei verschiedenen Getränken wählen:
- Tee verschiedener Geschmacksrichtung (Zitrone, Pfefferminz oder einfacher schwarzer Tee), mit oder ohne Zucker;
- vollwertiger Flüssignahrung;
- frischem, klarem Wasser.

Der Alleinfahrer tut gut daran, sein Rad für lange Touren mit zwei Flaschenhaltern auszustatten, einen für Flüssignahrung, den anderen für Getränke.

DIE ERHOLUNGSKOST

Nach der maximalen Belastungsdauer und Intensität eines Rennens befindet sich der Rennsportler in einem Erschöpfungszustand, der mit einer harmlosen Krankheit verglichen werden kann.

Wenn zum Beispiel Tiere krank sind, verweigern sie instinktiv bis zu ihrer Gesundung die Nahrung. Im Radsport dagegen wird traditionsgemäß das Ende eines Rennens mit einem reichhaltigen und oft ebenso reichhaltig begossenen Essen gefeiert. Selbst wenn die Freude, in Gesellschaft von Freunden dieses kleine gastronomische Fest zu feiern, die Aufnahme- und Verdauungsfähigkeit des Körpers bedeutend erhöht und damit die Nachteile einer zu üppigen Kost verringert, handelt es sich dabei um einen kapitalen Ernährungsfehler. Nach optimaler Dauerbelastung muß der Körper die während des Kraftaufwandes angesammelten Stickstoffschlacken ausscheiden, bevor er wieder neue Energiereserven anlegen kann.

Wir unterscheiden demnach zwei Phasen:
- **Die Entgiftung,** die 24 Stunden dauert, während der der Wasserverlust durch Flüssigkeitsaufnahme mit Mineralzusätzen kompensiert werden muß. Unmittelbar nach dem Rennen sollte langsam und nicht in einem Zug ein Viertelliter (oder mehr) kohlensäure- oder kochsalzhaltiges, nicht eiskaltes Wasser getrunken werden, dem 1 g Kochsalz oder ½ g Kaliumgluconat beigefügt wurde.

Eine Stunde nach Ende des Rennens sollten Kohlehydrate in Form von Getreideflocken gegessen werden, mit denen der Körper seine Energiereserven wieder auffüllen kann.

In der anschließenden Ernährung soll der Protein- und Fettanteil niedrig gehalten und der KH-Anteil in Form von langsam umsetzbaren Nährstoffen zu sich genommen werden.
- **Die Aufbauphase,** die 48 Stunden dauert. Während dieser Zeitspanne nimmt der Sportler unter Berücksichtigung der richtigen Proportionen ca. 40 % mehr Nahrung auf, als das während des Trainings der Fall ist.

Drei Tage nach dem Rennen geht man wieder auf die Trainingskost über.

DIE TRENNKOST

Die spezifische Vorbereitung auf bestimmte Rennen, wie Zeitfahrwettbewerbe, zu denen der Große Preis der Nationen gehört, hat eine ganz besondere, vor einigen Jahren von skandinavischen Forschern ausgearbeitete, „Trennkost" genannte Ernährungsweise in den Blickpunkt der Öffentlichkeit gerückt.

Ihr Prinzip ist einfach. Es geht darum, mehr energielieferndes Glycogen in der Muskulatur zu speichern, als das mit einer ausgewogenen Mischkost möglich ist. Durch totalen KH-Entzug während der ersten Tage wird im Körper eine Mangelreaktion hervorgerufen und ein Bedarf geweckt, der ein paar Tage vor Rennbeginn durch ausschließliche Zufuhr von Kohlehydraten gedeckt wird. Der Körper reagiert wie vorsorgende Hausfrauen, die Geschäfte plündern, um Reserven anzulegen, sobald Notzeiten drohen. Am Ende dieser Diät ist der Glycogengehalt der Muskulatur günstigenfalls 15 mal so hoch wie bei normaler Trainingskost.

Um den Glycogenspeicher der Muskeln zu leeren, wird der Sportler am ersten Tag – ohne Kohlehydrate zu sich zu nehmen – einer zweistündigen Belastung ausgesetzt, deren Intensitätsgrad nach der von Paul Köchli, Trainer des Rennstalls „La Vie Claire", aufgestellten Rangordnung zwischen „leicht" und „mittel" liegt, d. h. zwischen 80 bis 90 % der maximalen Herzschlagfrequenz (MHF), wie wir noch sehen werden.

Am zweiten Tag setzt der Sportler, noch immer unter Entzug von Kohlehydraten, sein Training fort, kann aber mangels Brennstoff nicht viel Leistung erbringen.

Am Austragungstag haben sich in Leber und Muskulatur so große Glycogenreserven angesammelt, daß der Fahrer zu längerem Krafteinsatz und demnach zu höherer Dauerleistung fähig ist. Die zahlreichen, auf diesem Gebiet durchgeführten Experimente haben allerdings keinen unwiderlegbaren Beweis eines Leistungsanstiegs erbringen können; es wurde höchstens festgestellt, daß einige Sportler einen klaren Vorteil aus dem Diät-Trainingsprogramm zogen, während es bei anderen nicht anschlug.

Sicher ist, daß nicht jeder Organismus den künstlich herbeigeführten Schock gleich gut verträgt – sei es aus psychologischen oder physiologischen Gründen. Auch die Motivation des Fahrers und seine Umgebung, die sich vorübergehend in einer Streßsituation befinden und das Experiment negativ beeinflussen kann, sind für das Endresultat von Bedeutung.

Die Trennkost-Diät, die am besten unter Mitwirkung und Aufsicht eines befähigten Trainers durchgeführt wird, hat zahlreiche Varianten, deshalb geben wir keine erschöpfenden und bindenden Ratschläge über die Art und Weise, wie vorgegangen werden sollte.

Wir meinen, daß diese Methode für durchschnittliche Radsportler ungeeignet ist, daß sie aber von allen denen, die ihre eigenen Reaktionen kennenlernen und erproben wollen und deshalb vor Experimenten am eigenen Körper nicht zurückschrecken, praktiziert werden kann.

Für die Disziplin des Zeitfahrens eignet sich diese spezifische Rennvorbereitung zweifellos am besten.

Trennkost beim Großen Preis der Nationen

1984 habe ich in Cannes den Großen Preis der Nationen gewonnen (92 km gegen die Uhr), nachdem ich die Trennkost-Diät eingehalten habe, deren Prinzip allgemein bekannt ist:

Man ißt ein paar Tage vor dem Rennen keinerlei Kohlehydrate, trainiert aber weiter, um die Energiespeicher der Muskeln zu leeren. Dann kommt der Augenblick, in dem kein Brennstoff mehr da ist und man sich völlig ausgepumpt fühlt, aber das Training fortsetzt, bis die letzten Glycogenreserven aufgebraucht sind. Dann ißt man unter Verzicht auf Eiweiß und Fette soviel Kohlehydrate wie möglich, damit das Vorsorgesystem des Körpers in Aktion tritt und die Glycogenspeicher überdurchschnittlich stark auffüllt. Nach einer normalen Mahlzeit ist man dann theoretisch fit für das Rennen.

Es gibt verschiedene Anwendungsmethoden für die Trennkost-Diät. Ich will hier kurz die beschreiben, die mir 1984 mit Hilfe unseres Mannschaftstrainers Paul Köchli den Sieg gebracht hat:

- *Am Mittwoch bin ich die fast 300 km lange Strecke Paris – Brüssel gefahren. Während der ersten 200 km habe ich mich normal ernährt, die letzten 100 km habe ich nur noch Wasser getrunken. Abends habe ich keinerlei Kohlehydrate gegessen.*

- **Am Donnerstag** *habe ich eine mehrstündige Tour unternommen und wieder keine Kohlehydrate gegessen, weder während der Fahrt, noch bei der anschließenden Mahlzeit; ich habe viel getrunken.*
- *bis 16 Uhr immer noch keine Kohlehydrate – und das bei einer 30 km langen Tour ... ich kam überhaupt nicht voran. Um 16 Uhr habe ich es umgekehrt gemacht und unter Ausschluß von Eiweiß und Fett ein Maximum an Kohlehydraten gegessen – schnell und langsam umsetzbare. Eine Stunde später konnte ich ohne Anstrengung 30 km zurücklegen.*

- **Am Samstag** *habe ich nicht viel trainiert; meine Mahlzeiten bestanden den ganzen Tag wieder nur aus Kohlehydraten. Abends habe ich wieder Fette und Eiweiß gegessen – allerdings in kleinen Mengen.*

- **Am Sonntagmorgen** *wurde um 8 Uhr eine ausgewogene Mahlzeit serviert und kurz darauf, vor der Runde zum Warmwerden, nochmals ausschließlich Kohlehydrate. Mittags vor dem Start wollte ich wieder normal essen, hatte aber fast keinen Hunger. Deshalb habe ich, drei Stunden vor Rennbeginn, nur wenig Eiweiß und Fett zu mir genommen.*
  So konnte ich das Rennen gewinnen und sogar noch meinen letzten Rekord verbessern.
  Diese Trennkost-Diät habe ich nur dieses eine Mal so konsequent eingehalten. Ich glaube nicht, daß sie für jedermann geeignet ist. Sie kann nur unter bestimmten Voraussetzungen und mit Hilfe einer verständnisvollen Umgebung konsequent durchgehalten werden und ist auch dann nur sinnvoll, wenn das Rennen, wie beim Zeitfahren, sehr schnell gefahren wird.
  Ich kenne Fahrer, die vor einer klassischen Eintagesfahrt nach der Trennkost-Diät gelebt haben. Sie sind bei dem mäßigen Renntempo mit kaum angegriffenen Energiereserven ins Ziel gekommen, bevor sie das angesammelte Leistungspotential richtig einsetzen konnten. Der Zweck des Ganzen besteht darin, länger als die anderen über Kraftreserven zu verfügen. Bei Mannschaftsrennen hat diese spezielle Diät nur Sinn, wenn man stark genug ist, dem Feld seinen Rhythmus aufzuzwingen, indem man seinen Gegnern davonfährt, oder sie mürbe macht. Auf einer Rundstrecke wie die in Sallanches, wo 1980 die Weltmeisterschaft stattfand, ist eine Rennvorbereitung mit der Trennkost-Diät sinnvoll.

Bernard Hinault

Das Training

Radfahren ist eine Sportart, die dem Sportler, der gewillt ist, sich der Trainingsdisziplin zu unterwerfen, die größten Fortschrittsmöglichkeiten bietet.

Weshalb? Wegen der besonderen Bedeutung, die der Aneignung ihrer spezifischen Bewegungstechnik – vor allem der Tretbewegung – zukommt, und weil dabei, zumindest im Straßenrennsport, die Ausdauer optimal entwickelt werden kann.

Der Ausdruck „Ausdauer" wird hier der Einfachheit halber gebraucht, bevor wir uns mit der Terminologie der verschiedenen im Radsport gültigen Leistungsarten näher befassen, und trägt nur der Tatsache Rechnung, daß die großen Radrennen über eine Distanz von 260 km und mehr bestritten werden und acht Stunden dauern können. Eines der Probleme, die der Rennfahrer lösen muß, ist eben das „Bewältigen der Distanz" durch Entwicklung seiner Ausdauerleistung.

„Die Distanz bewältigen", eine Redensart, die an die älteste bekannte Methode zur Beurteilung des Trainingsniveaus erinnert, d. h. die Berechnung der während einer Trainingsperiode und in einem bestimmten Zeitabschnitt insgesamt zurückgelegten Kilometerzahl.

Die beim Training zurückgelegten Kilometer sind der erste Hinweis auf den Konditionsgrad des Sportlers, allerdings gibt er nur bei jenen Fahrern einen zuverlässigen Anhaltspunkt, die bereits eine gewisse Trainingsgrundlage besitzen und diese Distanzen zu Saisonbeginn planmäßig im Rahmen eines spezifischen Trainingsprogramms bewältigen. Es wird allgemein angenommen, daß ein Sportler sein Wettbewerbsniveau im Anschluß an die Winterpause erst nach 2000–3000 km Trainingsdistanz wieder erreicht.

Winterpause bedeutet nicht – in der letzten Zeit immer weniger – absoluten Stillstand der physischen Aktivität. Wenn die Trainingsdistanz allerdings mit einer regelmäßigen Geschwindigkeit von 25 km/h absolviert wird, kann von einem leistungssteigernden Trainingseffekt nicht die Rede sein. Tatsache ist, daß der Rennfahrer bei der Wiederaufnahme und am Ende seines spezifischen Konditionstrainings ganz verschiedene Trainingsprogramme absolviert. Obwohl ein Beispiel aus der Mechanik, das wir zur Erläuterung heranziehen wollen, unserem Fall nicht ganz gerecht wird, braucht man nur an das Einfahren eines Autos denken: Erst mit wachsender Anpassung aller Teile des Motors an die diversen Betriebssituationen kann die Dauergeschwindigkeit erhöht werden. Später sind größere Drehzahlvariationen möglich, zuerst auf Abfahrten, um die in Bewegung befindlichen Teile des Motors nicht zu stark zu belasten, solange der Reibungskoeffizient noch hoch ist, später auf gerader Strecke. Nichts ist schädlicher, als einen noch uneingefahrenen Motor aus niedrigen Drehzahlen im vierten Gang einen Berg hinaufzujagen – eine jedermann bekannte Tatsache.

Der versierte Rennsportler, der Mitte Januar ein Saisonaufbautraining beginnt und die Reaktionen seines Körpers kennt, erhöht nicht nur sein Tempo bei jeder Ausfahrt, sondern steigert regelmäßig seine Tretgeschwindigkeit, bis er seine Fähigkeit, mehrmals hintereinander mit Höchstgeschwindigkeit loszuspurten und allein einen Ausreißversuch durchzuhalten, wiedergefunden hat.

Daraus geht klar hervor, daß die Kilometerzahl allein zur Aufstellung eines Trainingsprogramms nicht genügt, aber nützlich ist, um sich die Trainingsausfahrten einzuprägen. Das kleine Heft, in das der Radsportler sorgfältig die im Laufe der Woche zurückgelegte Distanz eintrug, hat seine Bedeutung nicht verloren, vor allem, wenn zusätzlich Vermerke über die Belastungskategorie und Eindrücke über die persönliche Kondition gemacht werden. Diese Disziplin trägt ihren Teil zur mentalen Konditionierung des Radsportlers bei, der seine Rennvorbereitung ernst nimmt.

„Die Distanz bewältigen" ist eine Forderung, die nur für die im Straßen-Rennsport erforderliche Dauerleistung Gültigkeit hat. Wenn es stimmt, daß ein an 80-km-Rennstrecken gewöhnter Rennfahrer bei einer 120 km langen Rennstrecke mit Schwierigkeiten zu kämpfen hat, dann liegt das an der über einen größeren Zeitraum aufzubringenden Schnellkraft (Tretgeschwindigkeit und Leistungsdauer) und nicht nur an der größeren Distanz.

Louison Bobet, der lieber von den im Sattel verbrachten Stunden als von zurückgelegten Kilometern sprach, hatte das wohl verstanden – zumindest gilt das für die Rennsaison, wie der Rennsportler sein volles Leistungsvermögen wiedergefunden hat.

Für Tourenfahrer allerdings, die sich auf die Prüfungen über 400 km oder darüber vorbereiten wollen, wird die Trainingsstrecke in den Wochen vorher regelmäßig verlängert. Da aber praktisch immer mit der gleichen Geschwindigkeit gefahren wird und Tempowechsel selten vorkommen, geben die zurückgelegten Kilometer ausnahmsweise zuverlässigen Aufschluß über die Fahrstunden oder die im Sattel verbrachte Zeit... und damit wären wir wieder bei der Lieblingstheorie der Brüder Louison und Jean Bobet.

Noch vor wenigen Jahren war man der Meinung, daß die Physiologie des Radsportlers durch zwei sich ergänzende, vom Kraftaufwand abhängige Eigenschaften geprägt würde: Die Ausdauer, mit der er längere Zeit ein hohes Tempo einhalten konnte, und die Widerstandskraft, die es ihm möglich machte, wiederholt Höchstleistungen zu erbringen, wie sie beispielsweise zum Abhängen dicht auffahrender Gegner nötig sind. Die

Aufmerksamkeit richtete sich vor allem auf die Veränderungen, die durch Kraft- und Dauertraining mit dem Herzen des Athleten vor sich gingen. Man nahm an, daß eine erhöhte Widerstandskraft die Herzwände verstärkt und ein Anstieg der Ausdauerleistung das Herzvolumen vergrößert. Die ganze Kunst eines wirkungsvollen Trainings bestand darin, ein Gleichgewicht zwischen beiden Trainingseffekten zu erzielen. Vor allem bei jungen Radsportlern wurde sorgsam darauf geachtet, daß sich die Herzwände durch vorwiegendes Krafttraining nicht auf Kosten des Volumens entwickelten und so ein harmonisches und optimales Wachstum des Herzens beeinträchtigten.

Moderne Untersuchungen über die Physiologie des Sportlers haben gezeigt, daß diese Vorstellungen mit den im Körper ablaufenden Prozessen nicht übereinstimmen und daher auch keine zuverlässige Grundlage zur Gestaltung eines Trainingsprogramms bilden können.

Diesbezüglich hat Paul Köchli, Trainer der Mannschaft „La Vie Claire", unserer Meinung nach die genauesten Kenntnisse eingeführt, auf die wir in diesem Kapitel ständig Bezug nehmen. Wie Paul Köchli in seinen Ratschlägen an die Mannschaftsmitglieder ständig betont, ist ein spezifisches Vokabular unerläßlich, wenn korrekt erfaßt werden soll, was auf der Strecke vor sich geht. Wir haben uns für die Verwendung dieses auf die sportliche Realität zugeschnittenen neuen Vokabulars entschieden.

DIE TRAININGSBELASTUNG

Für alle sportlichen Disziplinen gilt das gleiche Prinzip: Der Sportler unterwirft seinen Körper einer bestimmten, dem Leistungsziel angepaßten Belastung, wobei er seinen Krafteinsatz über die erste Erschöpfung hinaus, die den Durchschnittsmenschen zur Aufgabe zwingt, aufrechterhält. Der Rennsportler erholt sich zwischen zwei Trainingsperioden – oder Trainingsintervallen, in denen Be- und Entlastungsphasen einander ablösen – und nimmt mit dem Ziel, die Belastung progressiv zu erhöhen, d. h. seine Leistung zu verbessern, sein Training wieder auf.

„Mehr als gestern, weniger als morgen" war früher die Devise der Verliebten – für die Sportler ist sie es auch heute noch. Liebe zum Sport ist kein leeres Wort! Wer sie empfindet, stellt mit Erstaunen fest, daß der Körper die ihm übermittelte Botschaft der Leistungssteigerung zu verstehen scheint, denn während der Entlastungspause zwischen jeder Belastungsphase bereitet er sich immer zuverlässiger auf den nächsthöheren Krafteinsatz vor, mit dem Effekt, daß die Schmerzschwelle als notwendiges

Warnsignal später erreicht wird. Der Körper des Rennsportlers scheint zu denken: „Du hast mich einmal kleingekriegt, das nächste Mal bin ich bereit!"

Aber auf der nächsten Ausfahrt wird noch mehr verlangt, und der Körper, enthusiastisch, gefügig oder resigniert, paßt sich an – zumindest im Rahmen seiner naturgegebenen physischen Grenzen.

Das Prinzip des Trainings besteht demnach in einer systematischen und progressiven Belastungssteigerung – indem durch Dauer- oder Krafttraining die Ausdauer oder die Widerstandskraft des Sportlers erhöht, oder durch Wiederholung bestimmter Bewegungsabläufe die Schnellkraft verbessert wird. Es gibt zahlreiche Kombinationsmöglichkeiten dieser drei Belastungskategorien. Die maximale Belastung ist für jeden Sportler verschieden und ändert sich mit den Trainingsanforderungen. Deshalb kann der Einfachheit halber jede individuelle Belastungsintensität als Bruchteil der durchschnittlichen Höchstbelastung ausgedrückt werden, die nur sekundenlang aufrechterhalten werden kann. Belastungsdauer und Belastungsstärke oder -Intensität stehen bei den verschiedenen Belastungskategorien in umgekehrtem Verhältnis zueinander. Diese unterschiedlichen Belastungen können in Kategorien eingeteilt werden, die nicht nur den meßbaren Belastungen der Straßenrennen und der traditionellen Disziplinen des Bahnrennsports, sondern auch den Stoffwechselvorgängen im Organismus des Sportlers Rechnung tragen.

DIE KATEGORIEN DER REIZINTENSITÄT BEI DER TRAININGSARBEIT

Paul Köchli teilt die Intensität der Trainings- oder Belastungsreize zur Verbesserung der Leistungsfähigkeit in sechs Kategorien ein. Wir wollen sie hier durch zahlreiche Erläuterungen über die Physiologie des Sportlers und durch Hinweise auf die physischen Signale, durch die sich diese Kategorien in der Praxis erkennen lassen, verständlich machen.

Das zur Bezeichnung der Rangordnung dieser verschiedenen Intensitätsgrade verwendete Vokabular Paul Köchlis hat eine spezifische Bedeutung, die sich von dem Sinn unterscheidet, unter dem diese Worte allgemein verstanden werden. So gehört der Stundenrekordversuch nach der Terminologie Köchlis in die Kategorie der „leichten" Belastungsintensität, obwohl er, vor allem in den letzten Minuten, bereits in die „mittlere" Kategorie übergreift, in der die Einer-Verfolgungsrennen über fünf Kilometer des Profi-Bahnrennsports zu finden sind. An dieser Stelle ist eine

Vorbemerkung angebracht: Gleich welche Stoffwechselvorgänge sich gerade im Körper abspielen (die von den Bedingungen abhängen, unter denen der Sportler die Leistung erbringt) – die Muskeln brauchen zur Kontraktion (Verkürzung), d. h. zur Arbeit, nur einen einzigen Brennstoff, von dem schon im Kapitel über die Ernährung die Rede war: Das Adenosintriphosphat (ATP), das zur Energiefreisetzung in Adenosindiphosphat (ADP) und in andere chemische Verbindungen zerfällt. Eine weitere, ebenfalls in den Muskelzellen gespeicherte organische Substanz, das Kreatinphosphat, verbindet sich mit dem Zerfallprodukt ADP, um neues ATP aufzubauen, das seinerseits unter Freisetzung von Energie zur Ausführung der nächsten Muskelbewegungen unverzüglich wieder zerfällt.

Diese Reaktionen gehen in Sekundenschnelle vor sich. Die AT- und Kreatinphosphatspeicher werden – soweit möglich – vom Organismus durch Vorgänge wieder aufgebaut, die sowohl bei schwacher Belastungsintensität (extensive oder Entlastungsphase) als bei völliger Ruhe ablaufen. Diese Vorgänge sind um so wirkungsvoller, je ausgewogener die Ernährung und je gezielter das Training war.

Schwache Belastungsintensität

Ein mit schwachem Intensitätsgrad erbrachter Kraftaufwand kann ohne Schwierigkeiten mehrere Stunden anhalten. In diesem Fall wird die nötige Energie über die Fettverbrennung geliefert, zu deren chemischer Reaktion der an das Hämoglobin (Blutfarbstoff) gebundene und vom Blut in die Muskelzellen transportierte Sauerstoff benötigt wird.

Anders gesagt: Bei Langzeitbelastung ist der Körper auf den „aeroben" (mit Sauerstoff) Stoffwechsel angewiesen, d. h. er bedarf dazu der äußeren Sauerstoffzufuhr durch Atmung.

Es ist interessant festzustellen, daß der Körper die Kohlehydrate nicht zuerst verbraucht, obwohl sie am leichtesten in Energie umgesetzt werden können. Der Organismus reagiert, als wollte er seine in Form von Glucose (Traubenzucker) im Blut und als Glycogen (Leberstärke) in Leber und Muskelzellen gespeicherten Zuckerreserven in Erwartung größerer Belastungen von mehr als 15 Minuten Dauer aufsparen, die dann ebenfalls unter Sauerstoffzufuhr (Oxydation) verbrannt werden.

Weshalb? Weil die Umwandlung der Fette – in Form von freien Fettsäuren – mehr Sauerstoff verbraucht als die der Kohlehydrate und es daher nur logisch ist, daß sich dieser Vorgang bei schwacher Belastungsintensität abspielt, solange der Sportler noch mit Leichtigkeit atmen kann.

Der schwache Intensitätsbereich liegt zwischen 20 und 40 % der Maximalintensität, was einer Herzschlagfrequenz zwischen 65 und 80 % der

Maximalfrequenz entspricht. Es ist allgemein bekannt, daß die maximale Herzfrequenz bei den Menschen verschieden ist und nicht nur vom Alter abhängt. Die Kenntnis der persönlichen Herzfrequenz, die durch einfache Messung des Pulsschlags bestimmt werden kann, ist wichtig, weil danach die Belastungsintensität bestimmt werden kann. Wir kommen noch darauf zurück.

Es gibt ein anderes, einfaches Mittel, um festzustellen, wann die Schwelle der „schwachen" zur „leichten" Intensität überschritten wird: Das Atmen fällt nicht mehr ganz so leicht, der Sportler hat Schwierigkeiten, sich während der Fahrt mit seinen Gefährten zu unterhalten. Paul Köchli nennt diesen Übergang zur nächsthöheren Stufe die „Schnatterschwelle", eine amüsante Bezeichnung, die bei den aktiven Radfahrern unter den Lesern vielleicht Erinnerungen an gescheiterte Diskussionen wachruft, weil das Fahrerfeld plötzlich Tempo zulegte . . .

Falls Sie überschüssige Pfunde loswerden wollen, sei es aus gesundheitlichen Gründen oder einfach, um fit zu bleiben, fahren Sie am besten mit mäßigem Tempo und atmen dabei tief und regelmäßig; allerdings nimmt man nur ab, wenn lange genug gefahren und anschließend nicht zuviel gegessen wird. Wer konsequent abnehmen will, muß seinen Kraftaufwand bei „leichter" Intensität erbringen und dabei seine Zuckerspeicher verbrennen, die sich sonst in Lagerfett verwandeln . . .

Leichte Belastungsintensität

Wenn der Sauerstoff zur Fettverbrennung zu knapp wird, kommen die Kohlehydrate an die Reihe. Zuerst muß die im Blut gelöste Glucose herhalten – vorausgesetzt, daß sich der Sportler vor der Fahrt richtig ernährt hat –, anschließend werden die Glycogenspeicher der Muskeln und zuletzt der Leber verbraucht.

Der Organismus wechselt also seine Energiequellen, obwohl die Muskeln unverändert und ausschließlich mit den in ihren endlosen Verwandlungsprozessen eng voneinander abhängigen Elementen ATP und Kreatinphosphat arbeiten.

Die leichte Intensitätsphase stellt 40 – 50 % der Maximalintensität dar, was sich für das Herz in einem zwischen 80 und 90 % der maximalen Schlagfrequenz liegenden Wert ausdrückt.

Für einen Spitzensportler, dessen Höchstfrequenz bei 200 liegt, bedeutet das bereits einen hohen Wert von 160 bis 180 Schlägen pro Minute. Ein hochtrainierter Sportler mit guter Konditionsgrundlage kann bei leichter Belastungsintensität über eine halbe Stunde lang seine Bestleistung erbringen, wobei der nötige Kraftaufwand bereits sehr hoch ist. Um ihn möglich zu machen, muß der Körper nicht nur über ansehnliche Zuckerreserven in ihren verschiedenen Formen verfügen, sondern sie auch verbrennen können, ohne dabei eine zu große „Sauerstoffschuld" einzugehen, die den Körper zu „anaerober" Arbeit zwingen und schneller zur Erschöpfung führen würde. Die leichte Belastungsintensität zeichnet sich nämlich durch die Aufrechterhaltung des Sauerstoffgleichgewichts aus, selbst wenn dabei schon mit dem anaeroben Stoffwechsel geflirtet wird, bei dem der Körper die zum ATP-Aufbau nötige Energie nicht mehr ausschließlich über den biochemischen Oxydationsprozeß gewinnt.

Wie merkt der Fahrer, daß er dabei ist, die Schwelle zur nächsthöheren „mittleren" Intensitätskategorie zu überschreiten? Er spürt zum erstenmal Muskelschmerzen, vor allem kann er seine Atmung nur schwer unter Kontrolle halten. Solange die leichte Intensität anhält, muß der Sportler so tief wie möglich atmen – von Unterhaltung kann keine Rede mehr sein – um ein Maximum an Sauerstoff aufzunehmen, das der Körper in dieser Phase vollständig verbraucht. Der Fahrer kann den Ratschlägen seines Trainers über Atemtechnik noch Aufmerksamkeit schenken und sie befolgen. Das wird in der nächsten Kategorie unmöglich. Zur Verbesserung der Atemtechnik ist die leichte Intensität besonders günstig, weil der Sauerstoffbedarf bereits groß ist, aber noch vollkommen gedeckt werden kann. Das Sauerstoffgleichgewicht bleibt noch erhalten.

Für den gut durchtrainierten Radsportler ist es das letzte Stadium, in dem er sich auf seine Atemtätigkeit konzentrieren kann.

Mittlere Belastungsintensität

Um weitere Energie für die Muskelarbeit bereitzustellen, ohne auf die äußere, nicht mehr ausreichende Sauerstoffzufuhr angewiesen zu sein, springen jetzt komplizierte und weniger ergiebige Stoffwechselvorgänge an – anaerobe Glycolyse genannt – während denen sich die ersten Schlacken (Milchsäure) im Blut und in den Muskelzellen ansammeln. Dort lösen sie immer stärkere Schmerzen aus, so daß nach Ablauf einer bestimmten Zeitdauer die Belastung eingestellt oder die Intensität verringert werden muß. Von diesem Augenblick an kann die Milchsäure zumindest teilweise wieder in Glycogen umgewandelt werden (teilweise Erholung). Diese Form der Regeneration wirkt am schnellsten, wenn die Intensität auf das schwache Niveau absinkt, wenn z. B. der bislang an der Spitze fahrende Sportler das Feld aufrücken und sich einige Zeit lang vom Renntempo tragen läßt.

Der mittlere Intensitätsgrad liegt zwischen 50 und 60 % der durchschnittlichen maximalen Belastungsintensität, was 90 bis 100 % der maximalen

Herzfrequenz entspricht. Dieser Belastung kann der Sportler zwischen vier und 30 Minuten widerstehen, während denen ⅓ des Energiebedarfs von der anaeroben Glycolyse und ⅔ immer noch von der aeroben Oxydation gedeckt werden. In der intensiven Endphase dieser Kategorie erreicht der Sportler sein maximales Sauerstoffaufnahmevermögen (SAV max), das Aufschluß darüber gibt, wie lange die Höchstleistung erbracht werden kann.

Bei einem hochtrainierten Sportler liegt, was den Sauerstoffverbrauch betrifft, die Schwelle zwischen leichter und mittlerer Belastungsintensität bei 80 bis 90 % des SAV max. Eddie Merckx überschritt diese Schwelle bei 100 %, was seine zahlreichen Siege zumindest teilweise erklärt. Eines der wichtigsten Trainingsziele besteht darin, das Überschreiten dieser Schwelle hinauszuzögern und damit das individuelle SAV max zu erhöhen. Diese maximale Kapazität kann nur nach Anlaufen des anaeroben Stoffwechsels erreicht werden, weil die dabei produzierte Milchsäure zusammen mit der Kohlensäure die wesentlichen Stimulatoren für das Herz-Lungen-System sind, das die Reizstoffe zum Erreichen seiner Höchstleistung braucht. Dann „atmet man nicht mehr selbst, sondern wird geatmet", wie es Paul Köchli treffend formuliert. Daher ist eine vorherige Schulung der Atemtechnik von größter Wichtigkeit.

Wenn ein Sportler bei mittlerer Intensität arbeitet, lehrt er seinen Körper, diesen Krafteinsatz mit seinem SAV max zu erbringen und diesen Rhythmus z. B. elf statt nur sechs Minuten durchzuhalten.

Hohe Intensität

Die aerobe Oxydation der Zuckerarten und ihre anaerobe Glycolyse (oder die KH-Verbrennung mit oder ohne Atemsauerstoff) sind in dieser Belastungsphase gleichwertig am Energieumsatz beteiligt, und zwar für eine Dauer, die zwei bis vier Minuten nicht übersteigt. Das Herz schlägt dabei in seinem höchsten Rhythmus. Die Kategorie „hohe" Intensität entspricht 60 bis 70 % der durchschnittlichen maximalen Belastungsintensität.

Submaximale Intensität

In dieser Phase trägt die aerobe Oxydation nur geringfügig zum Energieumsatz bei, hat aber noch für die Dauer von 25 s bis zwei min Anteil an der Arbeitsleistung. Fliegerrennen (Bahnrennen) über 1000 m werden mit submaximaler Intensität gefahren, d. h. mit 70 bis 90 % der Maximalbelastung.

Bei Straßenrennen kann diese Intensität bei brutalen Beschleunigungen oder langen Endspurts erreicht werden. Der Körper geht dabei eine sogenannte Sauerstoffschuld ein, weil der Kraftaufwand mehr Sauerstoff verlangt, als durch beschleunigte Atmung aufgenommen werden kann. Der Fahrer muß sein Tempo reduzieren – z. B. hinter einem Gegner bleiben –, um wieder „aufzuladen", was im Radsport heißt, daß der Sportler mit diesem Tempowechsel wieder Glycogenreserven anlegt, indem er durch die erleichterte Atmung einen Teil der während der vorausgegangenen Höchstleistung in den Muskeln angesammelten Milchsäureschlacken verbrennt.

Sinnvoll aufgebautes Training kann die zur teilweisen Regeneration nötige Zeit verringern. Der Radsport liefert dafür das beste Beispiel, denn die Leistung, die erbracht werden muß, um dicht am Hinterrad eines Gegners zu bleiben, ist wesentlich niedriger als die, die nötig ist, um sich bei hohem Renntempo an der Spitze des Feldes zu halten. Die Taktik, die man bei einer kleinen Gruppe von Ausreißern einige Kilometer vor dem Ziel beobachten kann, wird ausschließlich von diesen organischen Vorgängen bestimmt.

Was bisher über die partielle Regeneration oder teilweise Entlastung gesagt wurde, gilt im Straßenrennsport natürlich auch für die hohe und sogar für die mittlere Belastungsintensität. Sobald Milchsäure (und damit Schlacken = Ermüdung) in größeren Mengen produziert wird, werden Rhythmus- und Tempowechsel (Verlangsamung) zu ihrer Umwandlung unvermeidlich. Belastungen mittlerer und hoher Intensität werden z. B. erreicht, wenn eine Spitzengruppe die „Lücke vergrößern" will, die sie vom restlichen Feld trennt, oder auch beim Fahren am Straßenrand. Der Sportler, der sich mangels anaerober Kapazität (fehlende trainingsbedingte Zuckerspeicher) von einem Gegner abhängen läßt, kann die verlorene Minute nur schwer wieder aufholen, weil ein Fahrer nicht lange allein mit der dafür nötigen hohen oder auch nur mittleren Belastungsintensität fahren kann. Diese Bemerkung gilt für Mannschaftsrennen gegen die Uhr, bei denen häufig mit der hohen Intensität geflirtet wird: Die weniger guten Fahrer, bei denen die Ermüdung schon zu weit fortgeschritten ist, müssen ihren Platz abtreten, wenn die Reihe an ihnen ist, oder aufgeben, während sie problemlos ein von der tonangebenden Spitzengruppe mit leichter oder mittlerer Intensität bestrittenes Rennen durchgehalten hätten.

Maximale Intensität

Die Kategorie der individuellen maximalen Intensität wird beim Sprint erreicht und kann für die Dauer von höchstens 25 s durchgehalten werden.

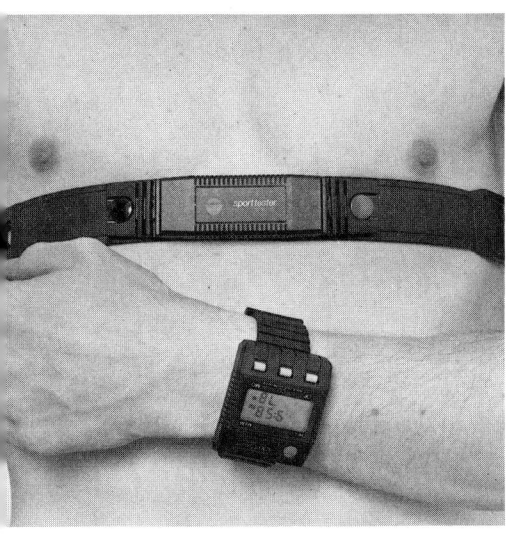

Um den Brustkorb ein einfacher Gurt.

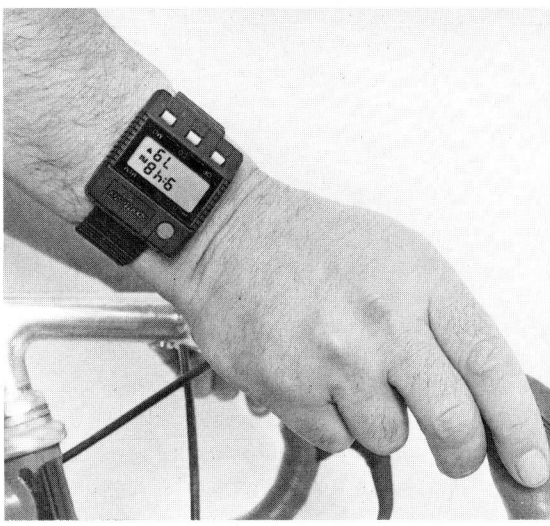

Am Handgelenk der „Sport-Tester", ein Herzrhythmusmesser in Form einer Uhr.

Am Ziel werden mit Hilfe des handlichen „Sport-Tester"-Koffers die von der Uhr aufgezeichneten Informationen ausgewertet.

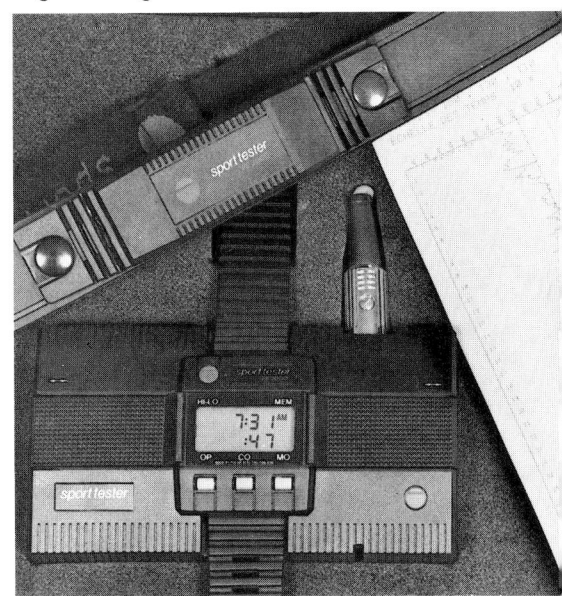

Die Herzfrequenzkurve wird aufgezeichnet. Sie gibt genaue Auskunft über die Trainingsbelastung.

Sie entspricht 90 bis 100 % der durchschnittlichen Maximalbelastung, wobei natürlich auch die Pulsfrequenz am höchsten ist. Die hierbei ablaufenden biochemischen Reaktionen unterscheiden sich wesentlich von den vorhergehenden. Der aerobe Stoffwechsel und die anaerobe Glycolyse genügen nicht mehr, sie laufen für den spezifischen Bedarf zu langsam ab. Der Körper braucht schnell verwertbare Energiequellen und greift deshalb auf seine Glucosespeicher in den Muskelzellen zurück, die er – ohne dabei den Atemsauerstoff einzusetzen – in Adenosintriphosphat spaltet und mittels seiner Kreatinphosphatreserven wieder aufbaut, um es unverzüglich unter Energiefreisetzung wieder abzubauen.

Wir haben diesen Reaktionskreislauf schon vor der Beschreibung der Intensitätskategorien erläutert. Der Körper steht im eigentlichen Sinn des Wortes unter Höchstbelastung, während der kaum mehr Zeit zum Atmen bleibt, was ihm übrigens auch nichts nützen würde, weil sich die hierzu nötigen chemischen Reaktionen ohne äußere Sauerstoffzufuhr vollziehen. Sie haben nichts mit der anaeroben Glycolyse zu tun, die sich durch Muskelschmerzen bemerkbar macht. Wenn ein mit maximaler Intensität absolvierter Sprint rechtzeitig beendet wird, hat der Fahrer, wenn er vom Rad steigt, nichts weiter als „schwere Beine".

Die Höchstleistung ist qualitativ besser oder fällt leichter, wenn sich der Sportler vorher warmfahren kann, weil sich dabei die feinen Haargefäße weiten und die dadurch erzielte bessere Sauerstoffversorgung den Zellstoffwechsel beschleunigt. Warmfahren bedeutet nicht, daß ein Sprinter vor einem 200-Meter-Rekord 100 km lange Touren absolviert, obwohl ein Sprint mit Maximalintensität auch am Ende einer solchen Disziplin, z. B. beim Paris-Roubaix-Straßenrennen, möglich ist, d. h. falls noch Glucosereserven vorhanden sind und der Sprint nicht lange dauert. Bei längeren Höchstleistungen wird die Energie sehr bald durch die anaerobe Glycolyse sichergestellt.

SICH SELBST KENNENLERNEN

Die Trainingsprogramme sollen den Sportler auf die verschiedenen Belastungsintensitäten vorbereiten, damit er die für den Wettbewerb nötigen Qualitäten entwickeln kann.

Früher sahen diese Programme ausdrücklich nur eine an bestimmten Wochentagen zurückzulegende Distanz vor. Manchmal enthielten sie noch einige Hinweise allgemeiner Art, die sich auf die Trainingsform bezogen – Ausdauertraining, Konditionstraining, Krafttraining, Schnellkrafttraining –, und der erfahrene Sportler paßte sein Tempo seinen physischen Reaktionen und seinen Ambitionen an. Fausto Coppi beendete z. B. sein Training immer mit fünf Kilometern gegen die Uhr, wobei er sich bis zur völligen Erschöpfung verausgabte. Coppi war es auch, der bewußt mit den endlosen, 200 km langen, im 25-km/h-Tempo absolvierten Trainingsfahrten Schluß machte, die damals von den Rennfahrern besonders geschätzt wurden. Sie arbeiteten, ohne es zu wissen, in der schwachen Intensitätskategorie und entwickelten dabei ihr Ausdauer- und Durchhaltevermögen. Ihr Körper lernte dabei, die Dauer der aeroben Oxydation zu verlängern, d. h. die Energiegewinnung über den Fettstoffwechsel zu mobilisieren – ein zwar nützliches Trainingsziel, das aber im modernen Renngeschehen nicht mehr ausreicht.

Die großen Meister des Radrennsports nehmen instinktmäßig die Reaktionen ihres Körpers bei unterschiedlicher Belastung wahr, und verfeinern dieses Wahrnehmevermögen beständig. Sie lernen aus ihren Fehlern und passen ihre Renntaktik den jeweils verfügbaren Kraftreserven an. Heute kann man sich eine solche Erfahrung schneller aneignen als früher. Man braucht nur ganz gezielt die hier beschriebenen Intensitätskategorien zu trainieren – vor allem die obere Grenze jeder Intensitätsphase –, um das Erreichen der nächsthöheren Gruppe möglichst lange hinauszuzögern. Dadurch verfügt der Körper bei gleicher Leistung länger über seine Energiereserven.

Das wiederum setzt voraus, daß die individuell erreichbare Trainingsdauer und Belastungsintensität bekannt sind, gezielt dosiert und respektiert werden.

Die maximale Belastungsintensität eines Sportlers zu Trainingszwecken kann durch Messung des Herzschlags oder der Pulsfrequenz festgestellt werden. Das geschieht anhand einer „Herzuhr", wie sie heute im Handel ist, mit der die Herztätigkeit in jedem Moment des Trainingsablaufs überwacht werden kann. Die Anschaffung eines solchen Geräts ist für fortgeschrittene Radsportler, aber vor allem für alle die, die anfangen, gezielt Radsport zu betreiben, hundertmal nützlicher als der Kauf ultraleichten und daher kostspieligen Zubehörs, das längst nicht den gleichen Dienst erweist wie die individuelle konkrete Kontrolle der Übergänge von einer Intensitätskategorie in die andere. Mit etwas Übung kann man die Pulsfrequenz natürlich auch feststellen, indem man mit Daumen und Zeigefinger den Herzrhythmus an den Halsschlagadern zählt und mit dem Faktor 4 multipliziert. Eine während der Fahrt, vor allem auf Kopfsteinpflaster, nicht ganz problemlose Methode, bei der ein maximaler Krafteinsatz in Rennhaltung nicht möglich ist. Die mit einem elektrischen Kilometerzähler gekoppelte Herzuhr wird zu einem wertvollen Hilfsmittel. Mit einiger

Übung kann sich der versierte Radsportler mit der Geschwindigkeitskontrolle und der Kenntnis der nötigen Übersetzungen zufrieden geben. Allerdings muß dabei umgedacht werden, was mit Hilfe der Elektronik leichter fällt.

Auch die Atemtätigkeit ist ein wichtiges Bewertungskriterium. Die erwähnte Schnatterschwelle zwischen schwacher und leichter Intensität zeigt präzise das Ausdauer- und Leistungsniveau an, das – wie mehrfach betont wurde – auf einem möglichst lang anhaltenden, die Glycogenspeicher aufsparenden aeroben Fettstoffwechsel beruht.

Der Moment, in dem eine Unterhaltung unmöglich wird – zwischen leichter und mittlerer Belastungsintensität – zeigt das Niveau des aeroben Glycogen-Stoffwechsels an, dessen Anstieg das Anlaufen der Milchsäure erzeugenden, anaeroben Glycolyse (KH-Verbrennung ohne Atemsauerstoff) hinauszögert.

Ein Rennsportler, dessen anaerobe Schwelle über der seiner Gegner liegt, kann öfter in die kräfteschonende extensive Phase übergehen – z. B. wenn er dicht hinter seinem Vordermann bleibt –, und ist am Ende des Rennens frischer, d. h. er verfügt über die zum Endspurt nötigen Reserven.

Die Schwelle am Übergang von der mittleren zur hohen Belastung, an der die Atmung nicht mehr kontrolliert werden kann, ist wegen der Muskelschmerzen und den aus der eingegangenen Sauerstoffschuld resultierenden Atembeschwerden schwer zu ertragen. In dieser Phase kann die anaerobe Kapazität, d. h. die Widerstandskraft, erhöht werden, von der die Fähigkeit abhängt, Höchstleistungen über eine möglichst große Zeitdauer zu erbringen, ohne die z. B. ein Vorsprung von 50 Metern vor den Verfolgern bis zum Ziel und zum Sieg nicht gewahrt werden kann.

TRAININGSFORMEN

Die voneinander abhängige Belastungsdauer und Intensität während des Trainings üben auf den Organismus des Sportlers einen bestimmten Effekt aus, der bei der Ausarbeitung des Trainingsprogramms berücksichtigt werden muß.

Schwieriger wird die Erstellung eines gezielten Trainingspensums durch die Tatsache, daß jede Trainingsperiode zwangsläufig unterschiedliche Belastungsintensitäten beinhaltet, es sei denn, man fährt wie die Tourenfahrer immer mit gleichem Tempo und gleicher Intensität, wobei der wünschenswerte Trainingseffekt allerdings nicht erzielt wird. Das ist nur bei kurzen, unter hoher, submaximaler und maximaler Belastung gefahrenen Trainingsperioden von jeweils zwei bis vier min, 25 bis 120 s und 10 bis 15 s

Dauer der Fall sowie bei relativ kurzen Fahrten (höchstens 30 min) bei leichter und mittlerer Intensität.

Die Trainingsperioden werden nach der Dauer ihrer intensiven und mehr oder weniger extensiven Belastungsphasen eingeteilt, die ein kontinuierliches Leistungstraining möglich machen. Wie in zahlreichen anderen Sportarten werden je nach Programmierung dieser Phasen fünf Trainingsformen festgelegt, die Paul Köchli folgendermaßen definiert:

Ausdauertraining mit nur geringen Trainingsreizen (schwache, leichte oder mittlere), ohne Pause. Auf langen Straßentouren können 20- bis 30minütige Intensivphasen als Dauertraining absolviert werden, die man mit extensiven Entlastungsphasen abwechselt.

Schnellkrafttraining mit zahlreichen Phasen von kurzer Dauer und großer Belastungsintensität (hohe, submaximale und maximale), die durch vollständige Entlastungsphasen abgelöst werden, während denen die Pulsfrequenz auf mindestens die Hälfte der Maximalfrequenz absinken muß, d. h. auf 90 bis 100 Schläge pro Minute.

Intervalltraining, nach dem englischen „intervall training" unterscheidet sich vom vorhergehenden nur durch ein einziges, allerdings wichtiges Detail: Die Entlastungsphase zwischen zwei Belastungsphasen ist unvollständig, die Pulsfrequenz sinkt nur auf 65 % der Maximalfrequenz ab, d. h. auf 120 bis 130 Pulsschläge pro Minute.

Alternativtraining mit kontinuierlicher Belastung und regelmäßigen Rhythmuswechseln, deren Intensität und Dauer vorprogrammiert sind, wie folgendes Beispiel zeigt: drei min bei hoher Belastung, acht min bei schwacher Belastung – drei min bei hoher Belastung, acht min bei schwacher Belastung etc.

Das Rennspiel simuliert die Rennbelastung im Hinblick auf das Gelände und das Renngeschehen. Es kommt in der Praxis oft beim Gruppentraining vor, wenn einer der Fahrer während der letzten Kilometer einen Ausreißversuch macht.

Alle diese Traningsformen haben ihren Sinn, vor allem das Intervalltraining, weil es die Widerstandskraft schult, so wie dieser Ausdruck im Radsport verstanden wird. Die Kenntnis dieser Trainingsformen und Belastungskategorien, die Willenskraft zu ihrer Umsetzung in die Praxis mit Hilfe einer Uhr, eines Herzfrequenz-Meßgeräts und gegebenenfalls mit einem kleinen Kilometerzähler sind völlig ausreichend für den gewissenhaften Amateur, der durch gezieltes Training seine Mängel beseitigen und seine Fähigkeiten entwickeln will.

Wer Ambitionen hegt, kann auf die Unterstützung durch einen qualifizierten Trainer nicht verzichten, der unter Berücksichtigung des Leistungsziels ein gut dosiertes Trainingsprogramm aufstellt und dessen Auswirkungen auf Kondition und Leistungsniveau des Fahrers während des Trainingsverlaufs berücksichtigt. Auch die Mitwirkung eines Sportarztes ist wegen der Notwendigkeit regelmäßiger ärztlicher Kontrolle und einer folgerichtigen Auswertung der Testergebnisse unerläßlich, die der Aufstellung des ersten, die Kapazität des Herzens und Stoffwechsels berücksichtigenden Trainingsprogramms zugrunde liegen. So wird die Belastbarkeitsschwelle des Herzens schon gleich am Anfang des Trainings festgestellt und im weiteren Verlauf den physischen Reaktionen des Sportlers angepaßt.

Trotz allem, was wir bisher bezüglich der Notwendigkeit eines Trainers gesagt haben, ist es für den Radsportler nur vorteilhaft, wenn er Selbständigkeit entwickelt, denn selbst wenn ihm sein Trainer im Auto folgt – was nur ausnahmsweise der Fall sein kann – sitzt er allein auf dem Rad und registriert und analysiert allein seine Empfindungen, so wie er auch das Rennen allein fahren muß.

Der derzeitige Stand der Kenntnisse auf dem Gebiet der Sportphysiologie, fortschrittlichere Trainingsmethoden und moderne technische Mittel können dem Sportler die Arbeit erleichtern, wenn er bereit ist, umzudenken.

Der versierte Radfahrer aus Leidenschaft, der diesen Sport als Freizeitvergnügen betreibt, verfügt heute über alles Nötige, um wirklich Spaß am Radfahren zu haben, ohne sich dabei gefährlichen und überflüssigen Belastungen aussetzen zu müssen.

DIE PHYSISCHEN EIGENSCHAFTEN DES RADSPORTLERS

Die beim Radfahren zu leistende Arbeit und die der körperlichen Ertüchtigung im allgemeinen dienenden Disziplinen wie Gymnastik, Muskeltraining und Stretching sollen die körperlichen Fähigkeiten des Sportlers nach zwei Richtungen hin entwickeln:

– Erhöhung der Leistungsdauer in allen Belastungsphasen durch Verbesserung der Stoffwechselvorgänge sowie der Herz- und Kreislauftätigkeit.

– Vervollkommnung der Bewegungsabläufe in allen Belastungskategorien durch Verbesserung der spezifischen Eigenschaften aller jeweils zur Leistungserbringung herbeigezogenen Muskelgruppen.

Beide Bereiche sind eng miteinander verbunden, denn der Körper setzt vor allem für den Stoffwechsel der Muskelzellen alle ihm zur Verfügung stehenden biochemischen und neuro-elektrischen Austausch- und Umwandlungsprozesse in Aktion, von denen die physischen Eigenschaften des Sportlers und damit sein Leistungsvermögen abhängen.

Die Grundfähigkeiten des Radfahrers unterscheiden sich nicht von denen, die Sportler aller Disziplinen besitzen sollten. Wir wollen hier die von Georges Lambert aufgestellte Liste wiedergeben:

– *Koordination* wird durch eine Reihe von Muskelkontraktionen und Streckungen erzielt, deren Stärke und Dauer präzise dosiert sind.

– *Beweglichkeit* macht Bewegungen mit großem Radius möglich.

– *Kraft*, ein Begriff, der nicht so selbstverständlich ist, wie es auf den ersten Blick scheint, wenn man an seine Bedeutung in der Mechanik denkt. Die „Kraft" eines Muskels ist nur dann isoliert meßbar, wenn die daraus resultierende Bewegung mit geringer Geschwindigkeit ausgeführt wird.

– *Geschwindigkeit* besteht aus der Reaktionszeit vor der Bewegungsauslösung, der Durchführungszeit und der zur Wiederholung nötigen Überbrückungszeit.

– *Widerstandskraft* ist die Fähigkeit, eine große Summe Arbeit in relativ kurzer Zeit zu verrichten, d. h. zwischen 30 Sekunden und einigen Minuten.

– *Ausdauer* ist die Fähigkeit, eine Arbeit ohne Unterbrechung über eine längere Zeitdauer zu verrichten.

Im Radsport wie in den meisten anderen sportlichen Disziplinen werden auch Verbindungen dieser Eigenschaften gebraucht:

– *Kraft – Ausdauer* ist nötig, wenn der Fahrer einen Berg hinauffährt.
– *Schnelligkeit – Kraft* wird für den Sprint gebraucht.
– *Schnelligkeit – Ausdauer* müssen die Fahrer der Sechstagerennen besitzen.

– *Schnelligkeit – Beweglichkeit* wird ebenfalls von den Bahnrennfahrern erwartet und von all denen, die „in Butter" pedalieren, wie es im Radfahrerjargon heißt.

Paul Köchli bedient sich zur Beschreibung der spezifischen Qualitäten, die der Radfahrer bei der Ausübung der verschiedenen Radsport-Disziplinen benötigt, ähnlicher Begriffe. Er stützt sich dabei auf zwei einfache, zähl- und meßbare Grundeigenschaften, auf die *Kraftintensität* und die *Bewegungsintensität.*

Ausdauer: Sie befähigt den Sportler, so lange wie möglich bei schwacher Reizintensität und niedrigem Tempo zu fahren, ohne starken Druck auf die Pedale auszuüben. Das setzt voraus, daß er stundenlang im Sattel bleiben kann. Ohne diese Grundfähigkeit, deren Entwicklung die alten Trainingsmethoden rehabilitiert, kann keine gute Entspannungstechnik erworben und die bei höherem Tempo nötige Mehrleistung nicht erbracht werden.

Kritische Ausdauer. Es handelt sich dabei um eine bei höherer Kraft- und Bewegungsintensität zu erbringende Ausdauerleistung, deren obere Grenze an der Schwelle zur mittleren Belastungsintensität liegt, d. h. nach Köchlis Definition, bevor der Organismus eine Sauerstoffschuld eingehen muß. Kritische Ausdauer ist für Stunden-Rekordversuche auf der Bahn nötig. Das Adjektiv „kritisch" zeigt, daß der Körper bereits unter hoher Belastung arbeitet.

Widerstandskraft – Intensivkraft: Der Sportler fährt so lange wie möglich bei submaximaler, hoher oder mittlerer Belastung mit großer Kraft- aber nur mäßiger Bewegungsintensität. Die folgenden drei Beispiele aus der Praxis sollen das erläutern:
– Lange Endspurts an der Spitze des Feldes; nicht länger als zwei Minuten dauernde Steigungen, die mit hohem Krafteinsatz gefahren werden, sowie Attacken und Gegenattacken von gleicher Dauer und submaximaler Belastung (Lücke zum Feld schaffen oder schließen).
– Kurze, nicht mehr als vier Minuten dauernde Rennen gegen die Uhr, und die gleichen Beispiele wie die vorhergehenden, allerdings mit hoher Belastungsintensität.
– Zeitfahrten von höchstens einer halben Stunde sowie an Steigungen oder auf flacher Strecke bei mittlerer Belastung erbrachte Leistungen gleicher Dauer.

Widerstandskraft – Schnelligkeit: Diesmal fährt der Sportler in den drei oben genannten Belastungskategorien (submaximal, hoch und mittel) so lange wie möglich mit nur mäßiger Kraft-, aber hoher Bewegungsintensität.
Das sollen die drei Beispiele mit abnehmendem Intensitätsgrad zeigen:
– Ablösung eines Mannschaftsmitglieds bei einer Sechstagefahrt (submaximale Belastung).

- Verfolgungsrennen über drei Kilometer, Start nicht inbegriffen (hohe Belastung).
- Verfolgungsrennen über fünf Kilometer, Start nicht inbegriffen (mittlere Belastung).

Anfahrkraft: Ist die Eigenschaft, die es einem Sportler möglich macht, bei höchster Belastung mit sehr großer Kraft-, aber nur ganz geringer Bewegungsintensität zu fahren. In der Praxis ist das bei Standstarts bei Bahn- oder Straßenrennen und bei brutalen Beschleunigungen aus niedrigen Drehzahlen (vor allem an Steigungen) der Fall, die meist stehend im Wiegetritt gefahren werden.

Explosivkraft: Wird ebenfalls bei höchster Belastung aufgebracht, unterscheidet sich aber von der vorhergehenden durch ihre kurze Dauer (10 bis 25 s) und die große Bewegungsintensität, die außer der bedeutenden Kraftintensität in dieser Leistungskategorie nötig ist. In der Rennpraxis wird sie bei Endspurts in Straßenrennen gebraucht, wenn ein Fahrer vor seinem Gegner buchstäblich die Ziellinie überspringt. Auch ein 200-m-Pistenrennen mit fliegendem Start gehört in diese Leistungskategorie.

Schnelligkeit: Diese Eigenschaft greift nicht direkt im Renngeschehen ein, sondern ist eine Resultante verschiedener Faktoren, zu denen vor allem die Wahl der Übersetzung gehört. Sie ist aber unter den Grundeigenschaften des Rennsportlers zu finden, weil sie die Koordinierung der Bewegungsabläufe, vor allem der Tretbewegung, zum Ausdruck bringt und zusammen mit der Muskelkraft die Voraussetzung für die Schnelligkeit vor allem beim Sprinten schafft. Schnelligkeit setzt voraus, daß bei maximaler physischer Belastung, größter Bewegungs- und paradoxerweise ganz geringer Kraftintensität gefahren wird. Praktisch geschieht das an steileren verdeckten Senken und auf Abfahrten mit fliegendem Start und kleiner Übersetzung.

DIE TRAININGSPROGRAMME

Training verdient ein Buch für sich allein und kann in unzähligen Varianten ausgeübt werden. Es ist unmöglich, ein Einheitsprogramm für jedermann aufzustellen, weil die persönliche Motivierung und das Temperament mitspielen und den konkreten Situationen auf dem Gelände Rechnung getragen werden muß.

Alles hängt in erster Linie vom angestrebten Leistungsziel und vom Ausgangsniveau ab. Die Grundregeln des Trainings sind für alle verbindlich, aber ihre Anwendung ist unterschiedlich, je nachdem es sich um einen Champion handelt, der für ein Rennen trainiert, um einen durchtrainierten Amateursportler, der eine höhere Leistungskategorie erreichen will, um einen aktiven Radsportler, der Leistung und Kondition verbessern will oder auch um einen engagierten Freizeitsportler, der eines schönen Tages beschließt, ein Training aufzunehmen, weil er an einem Veteranenrennen teilnehmen will.

Deshalb geben wir hier kein Standardprogramm, sondern nur Anregungen, denen einige Beispiele folgen.

– Wintertraining

Mit dem Wintertraining in einer Zeit des Jahres, in der keine Radrennen stattfinden, bewahren sich die Amateur- und Berufsfahrer ein Aktivitätsminimum, mit dem sie das Training im Frühjahr unter den günstigsten Bedingungen wieder aufnehmen können. Für die Berufsfahrer, das sei hier nebenbei bemerkt, beginnt das spezifische Training mit den Anfang Februar stattfindenden ersten Wettbewerben, für die eine überdurchschnittlich gute Kondition Voraussetzung ist. Früher war die saisonbedingte Trainingspause deutlicher spürbar und der Winterspeck bei der traditionellen Wiederaufnahme des Trainings an der Côte d'Azur merklich angewachsen.

Das Wintertraining, so wie wir es hier beschreiben, kann von Radfahrern aller Kategorien ausgeübt werden. Selbst für Neulinge im Radsport ist es die beste Methode, den Körper auf die erste Trainingssaison in der neugewählten Disziplin vorzubereiten. Nur die Tatsache, daß sie im Winter keine Radsportdisziplin betreiben (Querfeldeinrennen, Bahnrennen) – es sei denn, sie wären besonders motiviert –, unterscheidet ihr Training von dem der anderen Kategorien.

Im Wintertraining sollten drei Disziplinen gepflegt werden:
– Disziplinen zur Gesundheitspflege und körperlichen Ertüchtigung, wie Gymnastik, Muskeltraining und Stretching;
– andere Sportarten, die dem oft ausschließlich seine Disziplin betreibenden Radfahrer Gelegenheit bieten, Wendigkeit, Geschicklichkeit, Gleichgewichtssinn und Muskeltonus zu entwickeln und dabei seine Herz- und Kreislauftätigkeit zu verbessern.
– Winterradsport mit Querfeldeinrennen und Bahnrennen.

Die Disziplinen zur körperlichen Ertüchtigung, die jedermann in einem individuell angepaßten Trainingsprogramm berücksichtigen sollte, werden in einem besonderen Kapitel getrennt behandelt.

In den anderen Sportarten, die der Radfahrer ebenfalls praktizieren sollte, kann der Phantasie freier Lauf gelassen werden. Wir führen hier die wesentlichen auf:

Laufen ist witterungsunabhängig und kann in jedem Gelände betrieben werden – ein nicht unwesentlicher Vorteil! Im Unterholz der Wälder läßt es sich am besten laufen. Waldlauf stärkt die beim Radfahren einseitig beanspruchten und daher anfällig gewordenen Knöchel. Er lockert Arm- und Schultermuskulatur, ein aus dem gleichen Grund ebenfalls erwünschter Effekt. Schließlich stärkt Laufen das Herz- und Lungensystem und erhöht seine spezifische Kapazität. Während der ersten Wochen ist es unnötig, etwas anderes als die Ausdauer zu trainieren. Vorsicht nachher bei zu heftigem Anfahren, weil leicht Zerrungen der beim Radfahren besonders beanspruchten Wadenmuskeln vorkommen können.

Laufen kann vorteilhaft durch Lockerungsübungen ergänzt werden, die ebenso vorteilhaft unter freiem Himmel durchgeführt werden können. Die Trainingsperioden fangen mit zehnminütigen Übungen zum Warmwerden an und werden progressiv auf anderthalb Stunden ausgedehnt.

Schwimmen, das die Rennsportler während der Saison vermeiden sollten, wird wegen der Komplementarität seiner Bewegungsabläufe als Zusatzdisziplin empfohlen. Schwimmen weitet den Brustkorb und verbessert die Atemkapazität, stärkt aber vor allem die neben der Wirbelsäule befindlichen Muskeln. Rückenschwimmen wirkt sich besonders günstig aus, weil die Wirbelsäule dabei gestreckt wird und, wie beim Brustschwimmen, der natürlichen Wirbelsäulenkrümmung entgegenwirkt.

Skilanglauf ist der ideale Wintersport für den Radfahrer. Er wird in den Bergen in mittlerer Höhenlage und bei hervorragender Luftqualität ausgeübt. Skilanglauf ist der Ausdauersport schlechthin und verhilft daher zu einer guten Konditionsbasis. Anfangs wird lange, aber mit relativ niedrigem Kraftaufwand gefahren, später kann die Dauer verringert, aber Tempo und Krafteinsatz erhöht werden. Skilanglauf lockert und stärkt die Arm- und Schultermuskulatur. Die Arbeit der unteren Gliedmaßen ist eine ausgezeichnete Vorbereitung auf die Tretbewegung im Radsport und zwar besonders auf die Schub- und Zugphase, bei der immer ein Fuß nach hinten geschoben und nach oben gezogen wird – eine Bewegung, die konzentriert trainiert werden sollte. Skilanglauf entwickelt außerdem das Gleichgewichtsgefühl.

Schlittschuhlauf ist ein von den Radfahrern verkannter Sport, den zu praktizieren es sich lohnt. Er entwickelt die Muskulatur der Oberschenkel, der Lendengegend und des Unterleibs in einer Position, die an die des Radfahrens in Rennhaltung erinnert. Die fehlende Stütze für die Arme muß von der Rückenmuskulatur übernommen werden, die verstärkt beansprucht wird und sich daher stärker entwickelt. Guter Zustand der Wirbelsäule ist wichtig – der Schlittschuhlauf kann etwaige Mängel aufdecken.

Mannschaftssport, wie Fuß-, Hand-, Volley- und Basket-Ball, sind für Trainingszwecke nicht zu verachten. Sie helfen, Reflexe und Geschicklichkeit zu entwickeln und gewöhnen den Radfahrer an Rhythmuswechsel. Vorsicht ist allerdings wegen der Gefahr von Zerrungen und Verletzungen auf dem künstlichen Bodenbelag der Hallen geboten. Querfeldeinfahrten und Bahnrennsport liegen während der Winterperiode in der Gunst der Radfahrer ganz vorn.

Querfeldeinrennen sind für den, der Resultate erzielen will, eine anspruchsvolle Disziplin. Sie setzt eine physische Kondition voraus, die ein Radsportler, der eine komplette Straßenrennsaison bestreiten will, nur schwer erringen kann. Die in punkto Rennen extensive Winterperiode mit ihrer zumindest teilweisen Regeneration ist eine physiologische wie auch psychologische Notwendigkeit. Viele Straßenradsportler üben Querfeldeinfahren einmal wöchentlich, manchmal auch öfter, einfach um bei Kondition zu bleiben und gleichzeitig ihre Geschicklichkeit und Wendigkeit auf dem Rad zu verbessern.

Bahn-Radsport ist eine Disziplin, die andere Adepten hat als die Straßenfahrer. Sie entwickelt Eigenschaften wie Geschicklichkeit, Wendigkeit und vor allem natürlich Schnelligkeit. Die gleichmäßige runde Tretbewegung des Bahnfahrers ist für den oft Muskelkraft privilegierenden Straßensportler (vor allem seit Aufkommen der großen Übersetzungen) eine nützliche Ergänzung.

Radtraining

Nur die Rennfahrer, die ein bestimmtes Ziel verfolgen, benötigen einen über mehrere Wochen verteilten Trainingsplan. Dauer- und Belastungsintensität jeder Trainingsperiode richten sich nach der gewählten Trainingsform. Das beste Beispiel hierfür ist die über drei Monate dauernde Rennvorbereitung Francesco Mosers, nach der er 1984 einen neuen Stundenrekord aufstellte. Erwähnung verdient auch Jacques Anquetil, der sich drei

Wochen auf seinen Besitz in der Normandie zurückzog, um sich auf den Grand Prix der Nationen vorzubereiten. Neunmal startete er in diesem prestigereichen Einzel-Zeitfahrwettbewerb und neunmal wurde er Sieger – ein absoluter Rekord.

Meist genügt es jedoch, wenn man sich ein Tagespensum vornimmt, um die persönliche Höchstform und damit Bestleistung zu erreichen und zu bewahren. Gut fundiertes Training basiert auf drei einfachen Prinzipien: Dem Prinzip der Überbelastung, der Belastungskompatibilität und dem Prinzip der Zyklen.

Das Prinzip der Überbelastung

Belastungsintensität, Häufigkeit und Dauer helfen, die Belastung progressiv höher anzusetzen, d. h. die Überbelastung präzise nach dem erreichten Trainingsniveau zu dosieren und so die Leistung zu verbessern. Die Belastungsintensität ist für einen Spitzenfahrer der wichtigste Faktor, weil sie direkt vom trainierbaren Sauerstoff-Aufnahmevermögen (SAV max) abhängt. In der Trainingsarbeit mit wachsender Belastungsintensität liegt der grundlegende Unterschied zwischen einem Rennfahrer und einem einfachen Touren-Radsportler.

Belastungshäufigkeit und Dauer der Trainingsperioden – ohne die der teilweisen oder kompletten Erholung gewidmeten Zeitabschnitte zu vergessen – machen ein dem bereits erreichten Leistungsstand angepaßtes Training möglich.

Wie wird die Maximale Herzfrequenz gemessen?

Die verschiedenen Kategorien der Belastungsintensität stimmen mit Herzschlagfrequenzwerten überein, die einem bestimmten Prozentsatz der durchschnittlichen Maximalfrequenz (MHF) entsprechen:
– Schwache Intensität: Zwischen 65 und 80 % der MHF.
– Leichte Intensität: Zwischen 80 und 90 % der MHF.
– Mittlere Intensität: Zwischen 90 und 100 % der MHF.
Es gibt zwei Methoden, um die maximale Herzfrequenz zu messen:

Test mit dem Ergometer

Mit dem Ergometer kann das maximale Sauerstoff-Aufnahmevermögen (SAV max) gemessen und ein Elektrokardiogramm (EKG) unter Belastung aufgenommen werden, das über die Herztätigkeit und eventuelle Anomalien Aufschluß gibt.

Nachteilig bei dieser Methode ist die Tatsache, daß der Fahrer unter künstlichen Bedingungen arbeitet, bei denen die Herz- und Kreislauftätigkeit vor allem durch die im Körper stattfindende Wärmeregulierung angeregt wird. Ohne eine die Verdunstung fördernde Frischluftzufuhr gibt der Körper seine Verbrennungsenergie, d. h. die Wärme, über die an der Körperoberfläche maximal geweiteten Haargefäße ab. Der Effekt ist ähnlich wie bei der Sauna, denn ein nicht unwesentlicher Teil der Herztätigkeit wird von der Wärmeregulierung und nicht von dem durch Belastung stimulierten Stoffwechsel bestimmt – weshalb der Ergometer-Meßwert der MHF max nur bedingt zuverlässig ist.

Test auf dem Gelände

Zur Messung der Herzfrequenz auf dem Gelände bedarf es einer Herzuhr. Die zuverlässigsten Resultate werden mit einem Gerät vom Typ „Sport-Tester" erzielt, das die Herzschläge nach Wahl alle 5, 15 oder 60 Sekunden registriert und – wenn man über ein zusätzliches Gerät verfügt – die Meßwertkurve aufzeichnet. Aber die Uhr reicht völlig für präzise Messung. Paul Köchli empfiehlt diese Methode.

Man suche sich eine lange Steigung aus, für die die Testperson mindestens sieben Minuten benötigt (ein Richtwert), und trainiere nach beendetem Einfahren fünf Minuten lang bei „kritischer" Belastungsintensität, d. h. an der Grenze von leichter zu mittlerer Intensität, wenn der Körper anfängt, einen Teil seiner Energie über den anaeroben Stoffwechsel zu gewinnen. In dieser Phase kann die Testperson ihre Atmung gerade noch kontrollieren.

Nach den fünf Minuten ist der Körper bereit, seine Arbeitsweise zu ändern. Jetzt kann der Fahrer das Tempo steigern, indem er abwechselnd sitzend in Rennhaltung und stehend im Wiegetritt beschleunigt, bis er nach ca. drei Minuten seine absolute Höchstleistung erreicht. Diese Technik führt mit Sicherheit zur „hohen" Intensitätsphase mit der höchsten Herzfrequenz, weil der Körper genug Milchsäureschlacken (im anaeroben Austausch) angesammelt hat, um Herz und Lunge maximal zu stimulieren. Der Herzrhythmus braucht dann nur noch auf der Uhr abgelesen zu werden.

Das Prinzip der Belastungskompatibilität

Früher notierten die Fahrer die während des Trainings zurückgelegte Kilometerzahl in einem kleinen Heft. Diese Kontrollaufzeichnungen haben nur dann einen Wert, wenn mit vermerkt wird, wie die Strecke zurückgelegt wurde. 50 km mit hoher Leistung zu trainieren, hat mehr Effekt, als 100 km mit niedriger Leistung im Promenadenstil. Der Begriff „Belastung" (während einer Trainingsperiode benötigte Energiemenge) liefert einen wertvollen Hinweis.

Paul Köchli verwendet einen Bezugswert, mit dem er die im Laufe einer Trainingsperiode geleistete *Belastungsmenge* ermittelt. Er kalkuliert diesen Bezugswert, indem er die in Stunden ausgedrückte Trainingsdauer mit der jeweiligen Belastungsintensität multipliziert, die ihrerseits durch einen Koeffizienten ausgedrückt wird, der einem bestimmten Prozentsatz der durchschnittlichen Maximalintensität entspricht. Wir wollen die verwendeten Belastungskoeffizienten noch einmal zusammenfassen:

Belastung	**Koeffizient**
Schwache Intensität	30
Leichte Intensität	45
Mittlere Intensität	55
Hohe Intensität	65
Submaximale Intensität	80
Maximale Intensität	95

Die *Belastungsmenge,* die ein Sportler bei anderthalbstündigem, bei schwacher Belastung absolviertem Training aufbringt, beträgt demnach 45: (1,5 × 30 = 45).

Ein Intervalltraining, das z. B. sechs Intervalle zählt (Belastung/Entlastung), bei dem jede Belastungsphase eine Minute dauert, mit submaximaler Intensität gefahren und von ca. dreiminütigen Entlastungsphasen abgelöst wird, dauert demnach ½ Stunde. Wie aus dem Beispiel hervorgeht, werden die insgesamt 18 Minuten dauernden Entlastungsphasen als Entlastungsphasen angerechnet, weil der Körper während dieser Zeit einer beträchtlichen Stoffwechselbelastung ausgesetzt ist, die als Teil der Trainingsarbeit angesehen wird. Es handelt sich daher um Reiz- oder Stimulierungspausen und nicht eigentlich um Belastungspausen.

Diese Methode trägt der Gesamtzeit Rechnung und erleichtert die Ermittlung, ohne daß auf Details eingegangen werden muß.

Wenn täglich die Belastungsmenge errechnet und notiert wird, kann die Addition am Ende der Woche präzise Auskunft über den effektiven Belastungswert und die geleistete Trainingsarbeit geben.

Mit etwas Übung kann sogar die Belastungsmenge eines Rennens geschätzt werden. Wenn die ganze Zeit nur im Feld mitgefahren wird, bleibt man in der „schwachen" Intensitätsphase. Wird ein Ausreißversuch über ca. 40 km unternommen, kommt der Koeffizient für „leichte" Intensität zum Einsatz.

Ein Rennen mit vielen Rhythmus- und Tempowechseln ist nicht ganz so leicht zu berechnen, aber im Grunde kommt es nur darauf an, mit dieser Methode allen Situationen gerecht zu werden. In schwierigen Rennen genügt auch eine nur annähernde Kenntnis der erbrachten Leistung und Belastung.

Ein Berufsfahrer erreicht während der Rennsaison den Belastungswert (Belastungsmenge) von 1 100 bis 1 200 pro Woche. Dieser Wert kann in den intensivsten Phasen eines Etappenrennens z. B. auf 1 400 ansteigen, oder auf 1 200 in einem Sechstagerennen. Dieser manchmal stark kritisierte Wettbewerb verlangt von den Fahrern echte Leistung. Ein Neuling schafft im Training 300 pro Woche. Sie, werter Leser, werden es wahrscheinlich auf einen zwischen diesen beiden Extremen liegenden Wert bringen.

Jedenfalls hängt Ihre persönliche Belastungskompatibilität, die besser nicht überschätzt werden sollte, von Ihrem erreichten Trainingsniveau ab und erhöht sich mit Ihrer wachsenden Leistungsfähigkeit. Eine schnelle Berechnung nach der oben beschriebenen Methode hilft Ihnen dabei.

Das Prinzip der Zyklen

Das Training wie das Leben unterliegen Zyklen verschiedener Dauer. L. Matveiev, anerkannter russischer Trainingsspezialist, unterscheidet eine ganze Serie von Zyklen, von denen die progressive Erhöhung der Trainingsbelastung abhängt – einzige Garantie einer Leistungsverbesserung.

Bereits eine einzelne Trainingsperiode ist ein kleiner Belastungs-/Entlastungszyklus für sich. Beim Intervalltraining gibt es innerhalb einer Periode Mini-Zyklen von Belastung/teilweiser Entlastung.

Paul Köchli definiert als erstes einen Zyklus von unterschiedlicher Dauer, der zwischen 9 und 30 Wochen betragen kann und aus drei Perioden besteht, die er Perioden der *Vorbereitung,* des *Wettbewerbs* und des *Übergangs* nennt und die jeweils etwa 45 %, 45 % und 10 % der Gesamtdauer betragen. Jede dieser Perioden besteht aus einem oder mehreren, drei bis sieben Wochen dauernden Makro-Zyklen, die mit einer mehrtägigen Entlastungsperiode abschließen. Jeder dieser Makrozyklen setzt sich wieder aus mehreren, drei- bis siebentägigen Mikrozyklen zusammen, die mit einem Erholungstag beendet werden. Schließlich enthält jeder dieser Mikrozyklen täglich ein oder zwei Belastungseinheiten, die im Radsport allgemein „Trainingsausfahrten" genannt werden.

In einem gut konzipierten Trainingsprogramm fallen die täglichen Trainingsausfahrten innerhalb eines Mikrozyklus immer anders aus. Die Gestaltung der Mikrozyklen variiert ebenfalls innerhalb der Makrozyklen, die sich ihrerseits nach den Perioden der *Vorbereitung,* des *Wettbewerbs* und des *Übergangs* richten. Die Aufstellung eines solchen Programms, das nur für einen Rennfahrer sinnvoll ist, geschieht im Einvernehmen mit dem Trainer. Die folgenden Hinweise können dem interessierten Leser als Richtlinien dienen:

Die Perioden

– Während der Vorbereitungsperiode geht es darum, die Belastungskompatibilität durch Erhöhung der Belastungsmenge unter Erschöpfung der Energiereserven zu verbessern. Mittels lang anhaltender Belastungszeiten bei niedriger Intensität soll die aerobe Kapazität gefördert werden.
– Während der Wettbewerbsperiode soll die Bestform erreicht werden. In dieser Periode soll im Gegensatz zur vorhergehenden mit den Energiereserven hausgehalten und die anaerobe Kapazität bei großer Belastungsintensität und kurzer Belastungsdauer entwickelt werden.
– Die Übergangsperiode gibt dank minimaler – vor allem aerober – Belastungsmengen die Möglichkeit zur teilweisen Entlastung und Erholung.

Die Makrozyklen

– Im Grundtraining, das für alle Amateur-Radsportler und Rennfahrer geeignet ist, sind vor allem lange Makrozyklen üblich. Kurze Makrozyklen von ca. drei Wochen sind nur für Spitzenfahrer sinnvoll.
– Der Unterschied zwischen einem Makrozyklus der Vorbereitungs- und einem Makrozyklus der Wettbewerbsperiode ist rein formaler Natur. Der eigentliche Unterschied liegt im Konditionsniveau des Sportlers.
Ein Makrozyklus der Wettbewerbsperiode kann sehr wohl ein richtiges Rennen beinhalten, weil es das Konditionsniveau verbessern hilft. Ein kleines Etappenrennen kann zum Beispiel einen Makrozyklus der Vorbereitungsperiode abschließen.
– Der Vorbereitungs-Makrozyklus soll zu einer Erschöpfung der Energiereserven führen, während der Wettbewerbs-Makrozyklus diese Reserven im Gegenteil erhalten soll. Es ist bekannt, daß der Sportler seine einmal erreichte Kondition zwar erhalten und kultivieren soll, aber nicht mehr so hart zu arbeiten braucht, wie zu ihrer Erwerbung in der Vorbereitungsphase.
– In einem Wettbewerbs-Makrozyklus ist die Belastungsintensität durchschnittlich höher und nimmt gegen Ende stark ab. Im Vorbereitungs-Ma-

krozyklus ist die Intensität anfangs geringer, erhöht sich aber im Verlauf des Trainings, zumindest in der ersten Zyklushälfte.

Die Mikrozyklen

Die Mikrozyklen zeichnen sich – unabhängig von ihrer Dauer – durch eine progressive Erhöhung ihrer Belastungsmenge und eine Verringerung der Intensität aus.

– Die anfängliche Belastungsintensität richtet sich nach dem im vorausgegangenen Makrozyklus erreichten Leistungsniveau.

Musterbeispiel eines Wochenschemas

Das Gruppentraining eines Vereins eignet sich gut zur Aufstellung eines Wochenplans mit zwei Mikrozyklen, einem von Dienstag bis Freitag, der andere von Samstag bis Montag, wie es aus dem nachstehenden Schema ersichtlich ist.

Musterbeispiel eines Mikrozyklus von einer Woche.

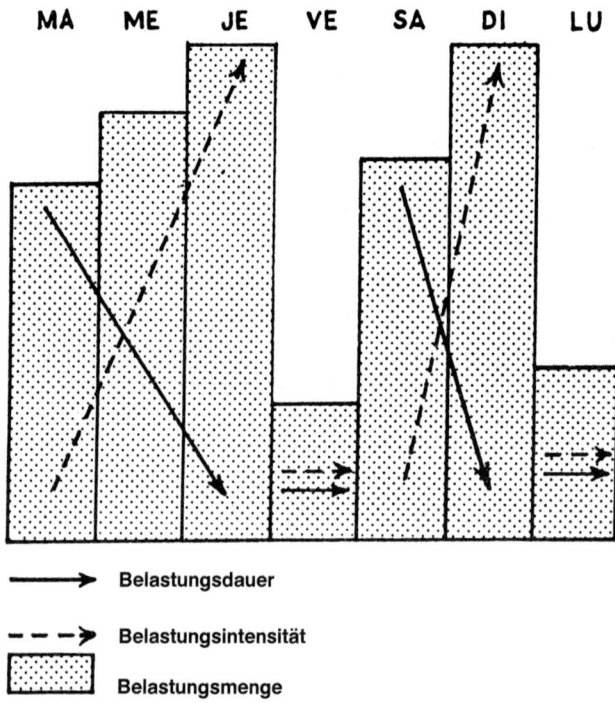

Am Anfang des Mikrozyklus werden Schnelligkeit, Explosivkraft, Anfahrkraft, sowie die Kombinationen Widerstandskraft – Schnelligkeit und Widerstandskraft – Intensivkraft trainiert (anspruchsvolle Technik, hohe Intensität, kurze Dauer).

Am Ende der Belastungsphase werden Widerstandskraft – Schnelligkeit und Widerstandskraft – Extensivkraft, kritische Ausdauer und Ausdauer trainiert (wenig anspruchsvolle Technik, niedrige Intensität, lange Dauer).

Am Entlastungstag, auch aktiver Ruhetag genannt, wird die Energie – bei schwacher und leichter Intensität und kurzer Dauer – ausschließlich über den aeroben Stoffwechsel bereitgestellt.

Disziplinen zur Gesundheitspflege und körperlichen Ertüchtigung

Früher hatte der Radsport bei Radsportlern eine ziemlich schlechte Presse, weil er kein „natürlicher" Sport sei. Wenn man ihnen Glauben schenken wollte, würde der Radsport nach dem Motto „alles in den Beinen, nichts in den Armen", bestimmte Muskelgruppen übermäßig und auf Kosten der anderen entwickeln. Der Körper würde gezwungen, seiner Gesundheit abträgliche Positionen einzunehmen, die ihn zu krummem Rücken, schlaffer Bauch- und unterentwickelter Armmuskulatur verdammen...

Dieses pessimistische Bild stimmt nicht mit der harmonisch proportionierten, athletischen Silhouette der modernen Radsportler überein.

Im übrigen ist jede extrem praktizierte Sportart im Grunde un-natürlich und hat ihre Nachteile, die sich in spezifischen Krankheiten ausdrücken. Die Epoche ist vorbei, in der Biagio Cavanna, der blinde Masseur Fausto Coppis, dem Champion untersagte, zu Fuß zu gehen und ihm anheimlegte, mit angezogenen Beinen zu schlafen, um den Körper auch nachts an die Radfahrposition zu gewöhnen.

Man nimmt heute an, daß Gymnastikübungen, Muskeltraining und Stretching, um nur die wichtigsten Disziplinen zu nennen, dem Sportler die Möglichkeit geben, die Auswirkungen der für seine Sportart charakteristischen Körperhaltung zu neutralisieren, für seine Disziplin nützliche Fähigkeiten zu entwickeln und Mängel zu korrigieren.

Auf dem Rad ist jedes überflüssige Kilo ein Handicap – und nicht nur an Steigungen – selbst wenn diese Kilos aus Muskelfasern und nicht aus Fett bestehen. Arme und Schultern vom Format der Gewichtheber zu besitzen hat also Nachteile, zu denen der durch die vergrößerte Stirnfläche erhöhte Luftwiderstand gehört.

Man sollte einen athletischen Körper besitzen, ohne ein Muskelprotz zu sein. Im Mittelalter ließ sich der durch seine Rüstung schwer und unbeweglich gewordene Ritter auf sein Pferd hieven. Wenn der Radsportler heute auf sein Stahlroß steigt, sollten ihn seine Muskelpakete nicht ähnlich behindern! Sein Körper muß in allen Situationen und den unterschiedlichsten Haltungen, vor allem stehend im Wiegetritt, imstande sein, dynamisch zu reagieren. Das wiederum setzt voraus, daß alle Muskeln gleichmäßig und ausreichend entwickelt sind, daß er wendig und anpassungsfähig geblieben ist und seinen weiten Bewegungsradius erhalten hat. Bei Stürzen werden ihm alle diese Fähigkeiten nützlich sein.

Außerdem wird beim Trainieren der Tretbewegung der beste Wirkungsgrad erzielt, wenn die Gelenke so frei wie möglich mit größerem Bewegungsradius arbeiten, als das bei normalem Rundtritt allgemein der Fall isst. So kann ein Fahrer mit gut durchtrainierten Oberschenkel-Hebemuskeln das Knie sogar in Rennposition, d. h. mit tief über den Lenker gebeugtem Oberkörper, leichter zum O. T. aufwärtsbewegen und mit höherem Wirkungsgrad pedalieren.

Die fast waagerechte Oberkörperhaltung darf die Beinbewegung nicht behindern. Wir denken hier an die Sitz- und Schienbeinmuskulatur, die die Tendenz hat, sich durch die wiederholte Tretbewegung zu verkürzen und als antagonistische Muskelgruppen die Hebelbewegung des Oberschenkels durch Zug am Becken zu behindern. Hier kann durch Dehnungen der Sitz- und Schienbeinmuskulatur, welche die japanischen Sprinter oft am Austragungsort selbst durchführen, Abhilfe geschaffen werden.

Diese beiden Beispiele zeigen die Bedeutung der zur körperlichen Ertüchtigung ausgeübten Disziplinen als nützliche Ergänzung des eigentlichen Radsporttrainings.

Die Übungen sollen:
- Kraft und Volumen einiger durch die Tretbewegung ununterbrochen beanspruchter Muskeln entwickeln;
- andere, weniger beanspruchte Muskeln, die nur gelegentlich arbeiten müssen, z. B. wenn im Wiegetritt gefahren wird, ebenfalls entwickeln;
- die für die Erhaltung der Sitzposition auf dem Rad verantwortlichen, unter statischer Belastung stehenden Muskeln stärken;
- durch Lockerungsübungen den Körper in die Lage versetzen, entspannt zu arbeiten, denn jede Verkrampfung bei der Kraftaufbringung – statischer oder dynamischer Art – verbraucht Energie.

Einige Radfahrer haben sich eine schlechte Position auf ihrem Rad angewöhnt, weil ihnen die zur Ermittlung der optimalen Sitzposition nötige Gelenkigkeit fehlt. Sie sollten versuchen, durch entsprechende Übungen innerhalb ihrer natürlichen physischen Grenzen ihre optimale Position zu finden.

Schließlich tragen diese Disziplinen zur Konditionserhaltung bei, weil sie das Herz- und Lungensystem kräftigen. Aus diesem Grund gehören sie zum Wintertraining, während dem der Sportler sein Rad seltener benutzt. Die Winterpause, die zwar weniger ausgeprägt, aber noch genauso notwendig ist wie früher (und sei es nur aus psychologischen Gründen), hat heute durch die körperliche Aktivität zur Konditionserhaltung gegenüber der Rennsaison an Bedeutung gewonnen.

GYMNASTIK

Gymnastik, Leibesübung, Leibeserziehung, Turnen, körperliche Ertüchtigung sind Bezeichnungen, die eine Reihe „natürlicher" Übungen umfassen. Diese sollen die durch die Lebensbedingungen des zivilisierten Menschen hervorgerufene progressive Verringerung seiner physischen Aktivität ausgleichen. Mit diesen Übungen werden verschiedene Ziele verfolgt, unter anderem sollen sie:
– bestimmte, nur wenig beanspruchte Muskeln stärken;
– durch Dehnungen oder Streckungen den Körper lockern;
– durch Weiten des Brustkorbs die Atemkapazität steigern;
– die Herz- und Kreislauftätigkeit stimulieren.

Gymnastik ist für den Radsport eine unentbehrliche Ergänzung. Sie trägt dazu bei, durch ausschließliche Ausübung einer Sportart entstandene Mängel aufzudecken und zu beheben.

Gymnastik kann ohne Geräte ausgeübt werden, wenn man von gelegentlich benötigten kleinen Hanteln oder an den Knöcheln befestigten Gewichten absieht. Sie kann daher allein oder mit anderen gleichzeitig mit dem Lauftraining in frischer Luft betrieben werden.

Gymnastikübungen von etwa einer halben Stunde Dauer können auch in einem Zimmer – nach Möglichkeit bei geöffnetem Fenster – oder in einer Turnhalle stattfinden. Im letzteren Fall kann die Verwendung eines Heimtrainers oder Ergometers mit dosierbarer Belastungssteuerung das Warmfahren an der frischen Luft ersetzen. Dabei werden die Atemtätigkeit, vor allem aber Herz- und Kreislauf, angeregt. Auch Seilspringen kann diesen Zweck erfüllen. Wir wollen hier kein Musterprogramm aufstellen, weil diese Übungen erstens jedem bekannt sind und zweitens weil wir meinen, daß es in jedem Fall besser ist, ein Arbeitsprogramm mit einem Gymnastiklehrer aufzustellen, der die besonders zu trainierenden persönlichen Schwächen erkennt und in einigen Fällen auf gefährliche Bewegungen oder auf die bei den Bewegungsabläufen nötigen Vorsichtsmaßnahmen hinweist.

Meist sollen Gymnastikübungen folgende Muskelgruppen stärken:
- die Bauchmuskulatur, deren Tonus die Atemtätigkeit und die Arbeit der Verdauungsorgane erleichtert, aber auch zur Aufrechterhaltung der Wirbelsäule beiträgt;
- die Lenden- und Rückenmuskulatur, mit der die Rennposition eingenommen werden kann, die für die Gleichgewichtslage des Beckens verantwortlich ist und das Fahren im Wiegetritt erleichtert;
- die Beugemuskeln der Hüfte, die an der Arbeit der Oberschenkel-Hebemuskeln beteiligt sind (eine der Grundbewegungen beim Pedalieren), deren mangelhafte Ausführung die Aufwärtsbewegung der Pedale und das dynamische Überwinden des O. T. erschwert. Der Tonus aller an der Oberschenkelbewegung beteiligten Muskelgruppen ist in Rennposition bei eingeschränktem Bewegungsradius des Beins besonders wichtig;
- Die Sitz- und Schienbeinmuskeln, die gedehnt werden, um die den flüssigen und gut koordinierten Tretbewegungen abträglichen Verkürzungen zu vermeiden;
- die Muskulatur, die hilft, den Brustkorb zu weiten, um die Atemkapazität zu steigern und die Atmung zu kontrollieren. Wir sprechen hier der Einfachheit halber von „Muskeln". In Wirklichkeit nützt die Gymnastik allen Komponenten des Bewegungsapparates, d. h. den Bändern, Sehnen, Knorpelgeweben der Gelenke und sogar den
- Knochen, die bei ständiger Belastung durch ein anpassungsfähiges Adersystem reichhaltiger mit Blut versorgt werden. Deshalb heilen Brüche bei Sportlern schneller als bei körperlich Inaktiven.

Die traditionelle Gymnastik stärkt, lockert und streckt gleichzeitig die Muskeln. Vor kurzem sind zwei neue Disziplinen aufgetaucht, die sich Muskeltraining und Stretching nennen. Die erste soll die Muskelkraft entwickeln und die zweite die Muskeln durch systematisches Dehnen und Strecken verlängern.

Wir wollen beide Disziplinen hier kurz untersuchen:

DAS MUSKELTRAINING

Die anfangs fast ausschließlich auf der Verwendung von Hanteln basierenden Techniken zur Muskelentwicklung sind vielseitiger geworden. Heute werden immer kompliziertere Apparaturen herangezogen, mit denen die Belastungsbedingungen variiert werden können.

Wie der Name sagt, dient das Muskeltraining der Gesundheit der Muskeln und darf nicht mit spektakulärer Muskelvergrößerung verwechselt werden. Die Vergrößerung des Muskelvolumens wird hierbei nicht als Selbstzweck betrieben, sondern es geht vielmehr darum, durch progressiv höher angesetzte und kontrollierte Belastungen die physiologischen und dynamischen Eigenschaften der Muskeln zu verbessern, was die spezifische Trainingsarbeit in einer sportlichen Disziplin nicht erreichen kann.

In jeder Sportart wird zur Ausführung einer spezifischen Bewegung immer eine ganze Muskelgruppe, und nicht nur ein einzelner Muskel beansprucht. Die Bewegung besteht in einer Kontraktion (Verkürzung) und einer Verlängerung oder Streckung der beteiligten Muskeln. Die Belastungen, denen sie ausgesetzt werden, können von einer Trainingsphase zur anderen verschieden sein, bewegen sich aber immer in relativ eng umrissenen Grenzen.

Muskeltraining nach der Methode des Bodybuilding ist eine Technik, bei der ein Muskel – meist eine Muskelgruppe – getrennt von den anderen beansprucht und entwickelt wird. Es gibt zahllose, im Hinblick auf das angestrebte Leistungsziel ausgearbeitete Varianten des Muskeltrainings. Sie kombinieren Kriterien wie Widerstandsform, Widerstandsgrad, Kontraktionsart, Bewegungssumme, Anzahl der für einen Bewegungsablauf nötigen Bewegungsserien, Anzahl der Wiederholungen pro Serie, Entlastungsdauer, Arbeitsrhythmus und viele andere mehr. Ein gut konzipiertes Programm kann einen Muskel verlängern oder verkürzen, seinen Tonus verbessern oder verschlechtern, es kann ihn an eine statische oder dynamische Bewegungsweise gewöhnen und seine Eigenschaften wie Kraft, Ausdauer, Schnelligkeit und Schnellkraft fördern. Muskeltraining kann aber auch aus einem Sportler, der auf gut Glück trainiert, einen Zauberlehrling machen. Deshalb darf der Radfahrer diese Übungen keinesfalls ohne den Rat eines befähigten Trainers durchführen, der sowohl das Muskeltraining als auch den Radsport kennt. Alleine und ohne genaue Kenntnisse Muskeltraining in einer mit den nötigen Geräten versehenen Turnhalle zu betreiben, kann enttäuschend verlaufen und zu einem dem Trainingsziel entgegengesetzten Resultat führen.

Ein Sprinter, der stolz ist, immer größere Gewichte heben zu können und mit großer Befriedigung den wachsenden Umfang seiner Oberschenkel kontrolliert, büßt dabei vielleicht seine Schnelligkeit ein. Außerdem läuft man bei unbedachtem Hantieren mit den Gewichten Gefahr, Verletzungen der Lendenwirbel davonzutragen. Die einzelnen Übungsphasen müssen nach einem genau festgelegten Plan absolviert werden – etwa wie

Radtraining mit hoher, submaximaler und maximaler Belastungsintensität
– weil planmäßige, individuell angepaßte Übungen die Atemtätigkeit, den
Stoffwechsel und das Herz-Lungen-System stark belasten. Vor allem die
Atemtätigkeit muß planmäßig trainiert werden.

Wenn diese Vorsichtsmaßnahmen beachtet werden, ist das Muskeltraining in der Winterperiode eine empfehlenswerte Ergänzung zum Radsport. Es hilft, Schwächen aufzudecken, Fehler zu korrigieren, spezifische Eigenschaften wie das Sprinten zu entwickeln und stärkt außerdem die gesamte Rückenmuskulatur. Mit dem Muskeltraining behebt der Radsportler eine natürliche Schwäche bestimmter Muskeln der unteren Gliedmaßen, wie die der Oberschenkel, des Sitz- und Schienbeins, und stärkt gezielt die Lenden- und Kreuzbeinmuskulatur sowie die Bauchmuskeln.

Alec Pontet, ehemaliger Meister im Sprinten, staatlicher Trainer für Radrennsport auf Bahnen, leitet heute das Muskeltraining der Nachwuchsfahrer. Seiner Meinung nach darf ein Straßen-Radsportler seine Beinmuskulatur nur mit Vorsicht entwickeln, dagegen kann er die des Oberkörpers, d. h. des Rückens, der Schultern, des Brustkorbs, Beckens und Unterleibs, gefahrlos und uneingeschränkt trainieren. Im Straßenradsport müssen Stunden in gebeugter Haltung im Sattel verbracht werden, was den Brustkorb einengt und die Schultermuskulatur verkrampft. Diese unliebsamen Auswirkungen können noch besser durch gezieltes Muskeltraining als durch Gymnastik behoben werden. Alex Pontet rät auch, jedes Muskeltraining mit zehn Minuten Stretching oder 15 Minuten auf dem Hometrainer abzuschließen. Das ist wichtig, um sich den „runden" Tritt und eine gute Koordination der Tretbewegung zu bewahren und Muskelverkürzungen zu vermeiden.

DAS STRETCHING

Die amerikanischen Mitglieder der Mannschaft „La Vie Claire" versäumen nie ihr Stretching, und nicht nur weil diese Disziplin einen angelsächsischen Namen trägt. Sie besitzen genügend Kenntnisse der Physiologie, um die Nützlichkeit dieser Übungen einzusehen und haben sie deshalb in ihren Tagesablauf integriert.

Nach der Meinung Paul Köchlis wäre es ideal, wenn das Stretching mindestens einmal täglich, wenn möglich vor und nach einem Rennen oder einer Trainingsausfahrt, betrieben würde.

Stretching ist die bewußte und folgerichtige Ausübung von Dehn- und Streckbewegungen. Die während der Gymnastik oft wiederholten automatischen Streckungen durch rhythmisches Schwingen der Arme und Beine bis zum Erreichen extremer Positionen haben damit nichts zu tun. Diese dynamischen Streckungen setzen die Muskeln nicht unter Spannung, was beim Stretching erreicht werden soll. Anspannung verlängert den Muskel bereits nach kurzer Zeit und vergrößert damit seinen Bewegungsradius. Das Prinzip des Stretching basiert auf folgender Feststellung: Wenn eine Muskelgruppe ein Körperglied durch eine heftige Bewegung in eine extreme Position bringen soll, schickt sie ein Signal zum Zentralnervensystem, das gegensätzliche Muskelgruppen alarmiert und in Tätigkeit setzt. Diese Muskeln versuchen nun, die Bewegung zu bremsen, um Faserrisse zu vermeiden. Diese sinnvolle Verteidigungsreaktion (im täglichen Leben hemmt sie übertrieben weite, zu Verrenkungen führende Bewegungen) bewirkt die Zusammenziehung der antagonistischen Muskeln und verhindert den Bewegungsvollzug durch Streckung, obwohl das der Sinn der Übung war. Deshalb besteht das Stretching aus langsamen Bewegungsabläufen. Die neuro-muskulären Verbindungswege sollen an der Weiterleitung der Kontraktionssignale zu den antagonistischen Muskelgruppen gehindert werden. Auf diese Weise werden gleichzeitig die eigentlichen Muskelfasern, die Fasern des Bindegewebes (die „schnellen" Bewegungsbefehlen widerstehen) und die Muskelfortsätze (Sehnen) zu beiden Seiten der Muskeln gedehnt. Beim Stretching werden extreme Positionen – bei gleichzeitig bewußtem Erfassen des Phänomens, ähnlich wie beim Yoga – etwa 30 Sekunden eingehalten.

Wie das Muskeltraining, besteht auch das Stretching aus einer Summe sehr präziser Techniken, auf die wir hier nicht im einzelnen eingehen wollen. Für den Interessenten gibt es Fachliteratur, obwohl auch diese Methode am besten gemeinsam mit einem qualifizierten Trainer erlernt werden sollte.

Stretching kurz vor einem Rennen, z. B. vor einem Zeitfahrwettbewerb, bereitet die Muskulatur durch Lockerungsübungen und Erhöhung des Muskeltonus auf den zu leistenden Krafteinsatz vor. Die abwechselnden Kontraktionen/Streckungen während des Rennens können vollständiger ausgeführt werden, was ihre Wirksamkeit erhöht, wenn schnell gefahren werden soll und den Bewegungsablauf ökonomischer, d. h. kraftsparender gestalten, wenn es um Ausdauer geht.

Nach dem Rennen hilft Stretching, wieder zu Kräften zu kommen. Von den positiven Auswirkungen dieser Disziplin wollen wir nur die Möglichkeit erwähnen, den Sattel höher zu stellen, d. h. mehr Druck-Kraft auf die Pedale zu bringen und dabei dank einer vollständigeren Entspannung der jeweils entlasteten Muskeln den runden Tritt und die Bewegungsschnelligkeit beibehalten zu können.

Die Sitz- und Schienbeinmuskeln, die eine natürliche Tendenz haben, die Abwärtsbewegung des Beins zu hemmen, verlieren diese Reaktion durch das Stretching. Ihre unvollständige Entspannung würde das Höherstellen des Sattels unmöglich machen. Es sei daran erinnert, daß ein hoher Sattel einen doppelten Vorteil bietet: Einerseits erhöht diese Position den ergonomischen Wirkungsgrad, andererseits befindet sich die Wirbelsäule in einer günstigeren Position, um den spezifischen Belastungen des Radsports zu widerstehen.

Medizinische Aspekte des Radsports

Krankheiten des Radsports

Dr. Bernard Teboul
Dr. Jacques-Louis Rey

Jeder Sport hat seine spezifischen Krankheiten. So kennt man den „tennis-elbow", eine Erkrankung des Ellbogens, die ihren Ursprung im Tennisspielen hat. Der Radsport macht da keine Ausnahme.

Nachdem wir kurz die durch die Tretbewegung verursachten spezifischen Probleme der unteren Gliedmaßen beschrieben haben, wollen wir die Erkrankungen, unter denen der Radsportler am häufigsten leidet, der Reihe nach untersuchen.

FUNKTIONSWEISE DER GELENKVERBINDUNGEN DER UNTEREN GLIEDMASSEN

Wenn man einem Radfahrer zusieht, wie er seine Leistung erbringt, hat man den Eindruck, als funktioniere sein Knie wie die Verbindung von Pleuel und Kurbelwelle in der Mechanik.

Allerdings arbeitet das Knie während der muskulären Spannungs- und Entspannungsphase nicht nur auf der senkrechten Ebene, sondern wegen der asymmetrischen Anordnung der beiden Oberschenkelknorren (Kondylen) findet bei jeder Tretbewegung mit der Drehung des Schienbeins zum Oberschenkelknochen auch eine waagerechte Bewegung statt.

- Das untere Körperglied stützt sich nicht ab; in diesem Fall dreht sich das Schienbein im Verhältnis zum Oberschenkelknochen.

– Das untere Körperglied stützt sich ab; dabei wird das Schienbein am Drehen gehindert und der Oberschenkelknochen übernimmt die Drehbewegung. Beim Radfahrer kommt der zweite Fall zur Anwendung, weil seine Füße unbeweglich auf den Pedalen festgehalten werden. Das Schienbein kann sich nicht mehr bewegen und bei jeder Beuge- und Streckbewegung des Beins während einer Kurbelumdrehung kommt es zu einer leichten waagerechten Drehbewegung des Oberschenkelknochens. Um dieser Bewegung den größtmöglichen Spielraum zu lassen, ist es besonders wichtig, daß der Radsportler Testfahrten unternimmt, bevor er die Position seiner Schuhe auf den Pedalen endgültig festlegt. Er muß fühlen, daß seine Fußstellung die automatische Drehbewegung des Oberschenkelknochens nicht behindert, was der Fall ist, wenn der Schuh zu stark in die eine oder die andere Richtung gedreht wird. Eine schlechte Position des Fußes auf der Pedale, die diese Drehbewegung einschränkt, wird zwangsläufig zu Spannungen in den Gelenken und vor allem in der Umgebung der Gelenke führen.

Um einen solchen Positionsfehler auszugleichen, werden vor allem die drei Kreuzmuskeln, aber auch der zweiköpfige Schenkelmuskel (biceps femoris) und die breite Schenkelbinde (fascia lata) anomal starken Spannungen ausgesetzt, was mit der Zeit zu Sehnenentzündungen führen kann.

Im Gegensatz zum Knie ist das Hüftgelenk beim Radfahrer nur geringen Belastungen ausgesetzt – und zwar aus zwei Gründen:
– Radsport wird meist sitzend ausgeübt, was den vom Körpergewicht ausgeübten Druck stark reduziert;
– das Hüftgelenk ist ein Scharnier mit drei Bewegungsebenen und daher besonders anpassungsfähig.

KNORPELERKRANKUNGEN DER KNIESCHEIBE

Einige Zahlen sollen ein Bild von den Belastungen geben, denen das Knie ausgesetzt ist, vor allem aber ein kleiner Knochen, Kniescheibe genannt, der eine ausschlaggebende Rolle spielt.

Bei einer Beugung des Beins um 130° wird ein Druck von 260 kg auf die Kniescheibe ausgeübt. Bei 145° steigt der Druck auf 420 kg. Beträgt die Beugung 45° und wird der Fuß mit einem Gewicht von 20 kg beschwert, erreicht der Druck 400 kg und kann, bei einer Beugung von 90° auf 900 kg ansteigen. Das sind enorme Belastungen.

Die Kniescheibe ist ein Knochen, der in der Mitte zwischen dem bei Radfahrern stark ausgebildeten vierköpfigen Schenkelmuskel (Quadri-

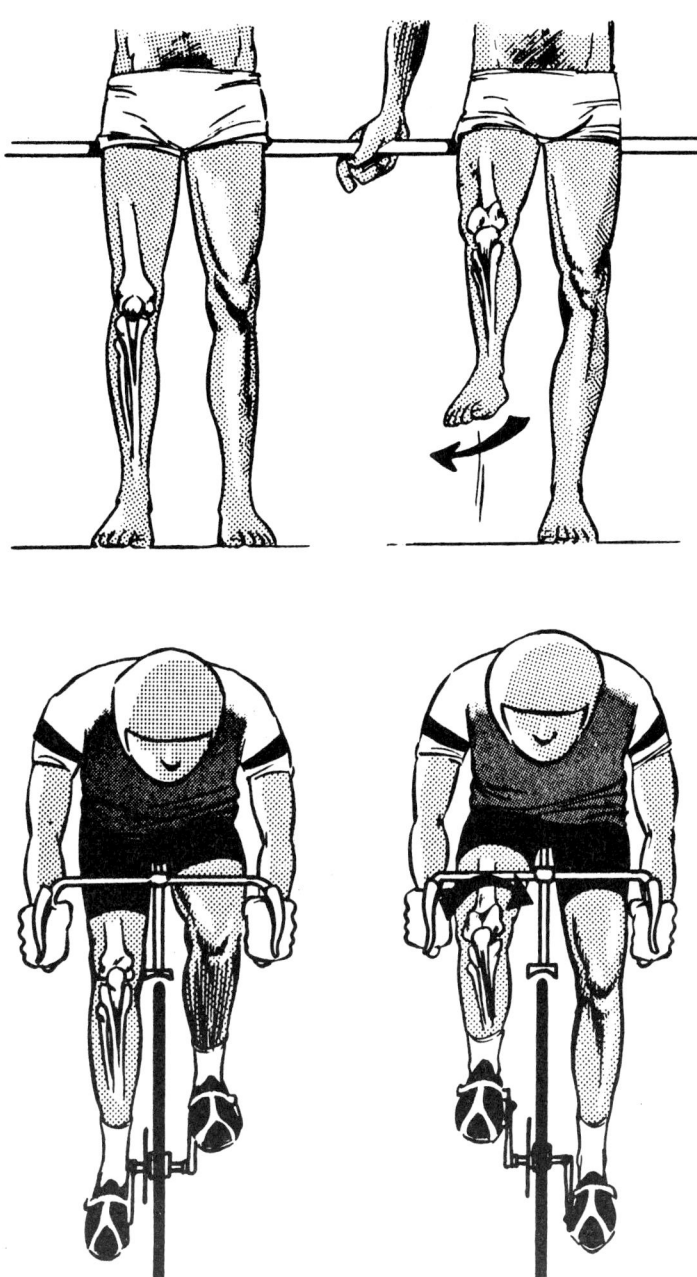

Oben: Wenn der unbehinderte Fuß eine Tretbewegung ausübt, erfolgt bei der Aufwärtsbewegung eine Rotation des Schienbeins um den Oberschenkelknochen.

Unten: Wird der Fuß auf dem Pedal unbeweglich gemacht, rotiert der Oberschenkelknochen im Verhältnis zum Schienbein.

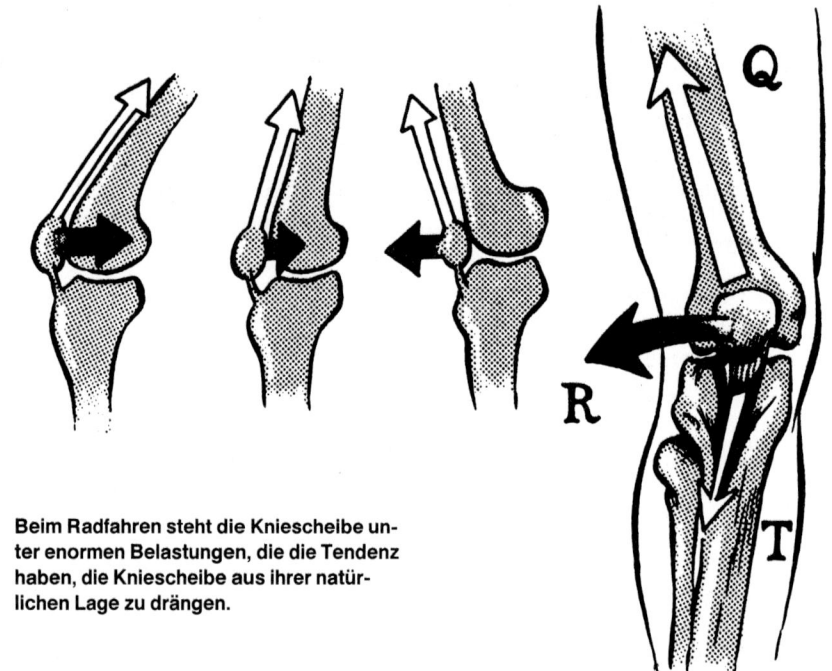

Beim Radfahren steht die Kniescheibe unter enormen Belastungen, die die Tendenz haben, die Kniescheibe aus ihrer natürlichen Lage zu drängen.

Bei Sehnenentzündungen der Kniescheibe löst Druck auf den entzündeten Bereich Schmerzen aus.

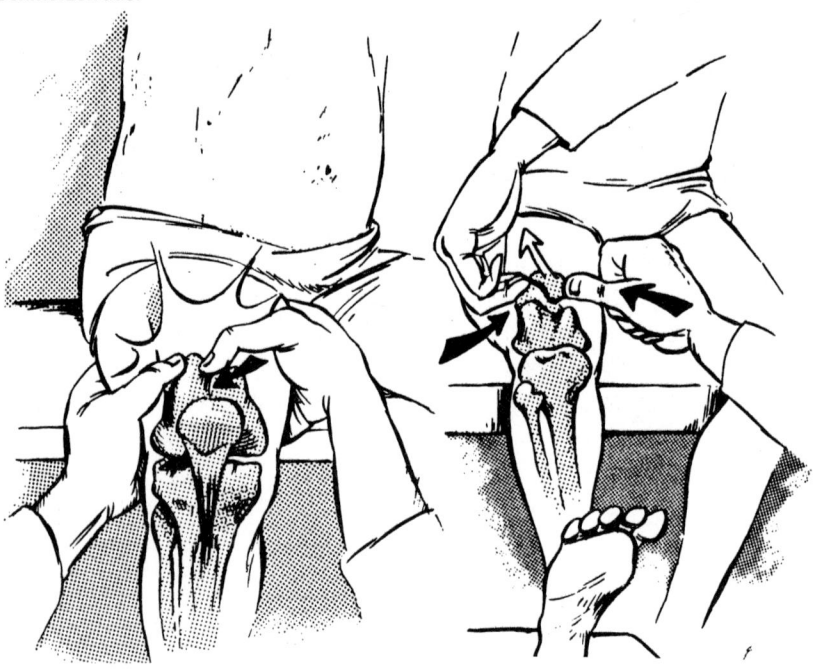

ceps) und dem soliden Kniescheibenband liegt, das die Verbindung zum vorderen Schienbeinhöcker herstellt.

Die Kniescheibe ist auf zwei Seiten beweglich mit der Oberschenkelwalze (Trochlea) verbunden. Diese Walze besitzt ebenfalls zwei Seitenflächen, eine innere und eine äußere, die denen der Kniescheibe genau gegenüberliegen. Dabei ist von größter Bedeutung, daß die äußere Seite der Walze stärker hervorragt und deshalb eine besondere Rolle spielt.

Die auf der Oberschenkelwalze wie auf einer Schiene rollende Kniescheibe ist zwei Kräften unterworfen:
– Der Kraft Q, die der Quadriceps ausübt;
– der Kraft T, eine Reaktion des Kniescheibenbandes auf diese erste Kraft

Da diese beiden Kräfte nicht in die gleiche Richtung wirken, entsteht eine dritte Kraft,
– die Kraft R, die dahin tendiert, die Kniescheibe aus ihrer Rollschiene hinauszudrängen. Die Kniescheibe verbleibt aber an ihrem Platz, und dafür gibt es mehrere Gründe:
– ein starker innerer Kniescheibenfortsatz hält die Kniescheibe zurück;
– die innen liegenden Muskelfasern des Quadriceps sind ebenfalls sehr stark;
– schließlich – und das ist der wichtigste Grund – dient die äußere Seite der Oberschenkelwalze der Kniescheibe als Puffer.

Daraus sind zwei Schlußfolgerungen zu ziehen:
– Die auf die Kniescheibe einwirkenden enormen Belastungen werden von einer acht bis 10 mm starken Knorpelschicht abgefangen. Die geringste Prellung oder Überbelastung dieser Knorpelschicht löst unverzüglich Schmerzgefühl aus.
– Da das Gleichgewicht der Kniescheibe ständig bedroht ist, besteht das Risiko einer unvollständigen Verrenkung. Die dadurch entstehende Spannung führt ebenfalls zur Schmerzempfindung.

In diesen beiden Fällen kommt es zu einem schmerzhaften, schwer kontrollierbaren Kniegelenkerguß (femoral-patellares Syndrom). Radfahren ist dabei ausdrücklich untersagt. Radsport ist nämlich wegen der ständigen Belastung des Kniegelenks eine gefährliche Disziplin. Das Kniegelenk sollte daher für den Radsportler Gegenstand größter Aufmerksamkeit sein. Bei der geringsten Beschwerde ist ärztlicher Rat einzuholen. Heilgymnastik spielt bei dieser Pathologie eine große Rolle, d. h. bei Analyse und Behandlung dieser im Kniegelenkbereich auftretenden Beschwerden.

ENTZÜNDUNGEN DER KNIESCHEIBE

Auch hier sollen einige Zahlen das Problem veranschaulichen.

Beim Schnellauf wird bei jeder Beinbewegung eine Zugkraft von 700 kg auf die Sehne der Kniescheibe ausgeübt; diese Belastung liegt in einigen Fällen noch höher und kann 1 200 kg erreichen.

Unter der Bezeichnung Kniescheibenentzündung sind alle die Sehne der Kniescheibe betreffenden schmerzhaften Erscheinungen zu verstehen. Diese Sehne wird beim Radsportler besonders stark beansprucht, der 150 Tretbewegungen pro Kilometer ausführt, d. h. rund 30 000 auf einer durchschnittlich langen Etappe der Tour de France.

Meist handelt es sich dabei um Entzündungen der Sehnenansätze, d. h. der Übergangsstellen zwischen Knochen und Sehne. An diesen strategischen Verbindungsstellen treten winzige Sehnenrisse auf, die infolge der unablässigen, überdurchschnittlich starken Beanspruchung keine Zeit zum verheilen haben. Diese winzigen Risse werden der Sitz von manchmal großvolumigen Zysten und Knötchen, die progressiv auftretende schmerzhafte Beschwerden verursachen oder nach einer Trainingsausfahrt oder einem Rennen plötzliche Schmerzen auslösen.

Der Schmerz geht von der Kniescheibensehne aus und kann besonders stark werden, wenn man in die Hocke gehen will, eine Bewegung, die manchmal sogar unmöglich wird.

Die Behandlung der Kniescheibenentzündung ist äußerst schwierig. Im Anfangsstadium kann Ruhe in Verbindung mit Naturheilmitteln (Physiotherapie), Kühlung oder Mineralschlammbädern (Fangotherapie) Erfolg bringen, vorausgesetzt, daß das Training langsam und progressiv wieder aufgenommen wird. Wenn der Erfolg ausbleibt, können Infiltrationen und völlige Ruhestellung mit einem Gipsverband helfen, den Schmerz zu mildern, aber oft entsteht eine chronische Krankheit, bei der die medizinische Behandlung nichts mehr ausrichten kann. Ein chirurgischer Eingriff kann in solchen Fällen erwogen werden, der aus einem „Auskämmen" der Sehne besteht. Die sportliche Tätigkeit kann dann allerdings erst nach vier bis sechs Monaten wieder aufgenommen werden.

ENTZÜNDUNGEN DER ACHILLESSEHNE

Die Achillessehne ist die stärkste Sehne des gesamten Organismus. Bei Versuchen an Leichen wurde festgestellt, daß sie einer Kraft von 300 kg widersteht, bevor sie reißt. Bei lebenden Menschen ist die Belastbarkeit der Achillessehne wahrscheinlich noch bedeutend höher.

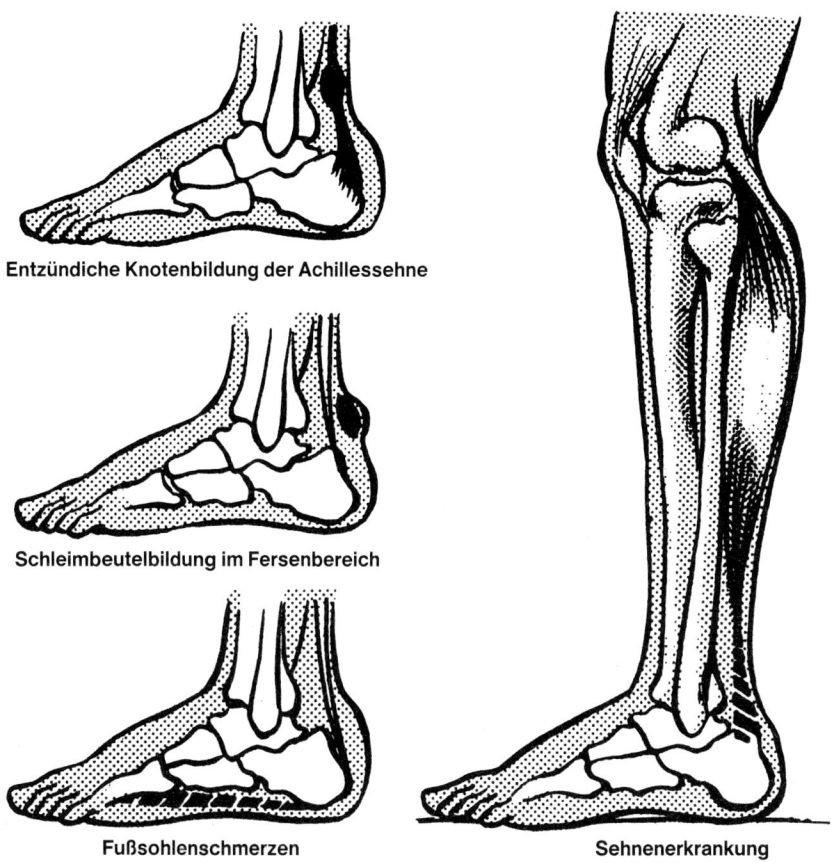

Entzündiche Knotenbildung der Achillessehne

Schleimbeutelbildung im Fersenbereich

Fußsohlenschmerzen

Sehnenerkrankung

Entzündungen der Achillessehne und Schmerzen der Fußsohle.

Die Achillessehne ist für den Hochleistungs-Radsport von großer Bedeutung, denn durch sie kann der Sportler bei jeder Kurbelumdrehung den maximalen Druck auf die Pedale bringen. Diese ununterbrochen starke Belastung kann zu schwerwiegenden entzündlichen Prozessen führen.

Diese Entzündungen können verschiedene Ursprünge haben, wir wollen hier nur die wichtigsten erwähnen:

– die Achillessehne ist von Schleimbeuteln umgeben, mit deren Hilfe der Sehnenstrang über das umgebende Gewebe gleiten kann. An diesen Schleimbeutel können Reizungen und Schwellungen entstehen, die starke Schmerzen hervorrufen.

– die Achillessehne ist von einer Schutzhülle umgeben, die ebenfalls Sitz schmerzhafter Entzündungen sein kann.

– die Sehne selbst kann verletzt werden.

● innerhalb der Sehne entstehen manchmal kleine Faserrisse, die – wenn sie nicht ausheilen können – wie bei der Kniescheibenentzündung, zur Bildung größerer und oft schmerzhafter Knoten führen.

● am Endfortsatz der Sehne, am Übergang zum Fersenbein (Calcaneus) können ebenfalls kleine, mit Schmerzen verbundene Risse auftreten.

● schließlich kann während einer manchmal sogar unbedeutenden Anregung die Sehne teilweise, manchmal sogar ganz reißen.

Die Behandlungsbasis aller entzündlichen Erscheinungen der Achillessehne ist vor allem Ruhe. Entzündungshemmende Mittel, Naturheilverfahren (Physiotherapie), Infiltrationen und Stillegung durch Gipsverbände genügen oft in solchen Fällen. Nur wenn sich kein Erfolg einstellt, wird ein operativer Eingriff in Erwägung gezogen.

ENTZÜNDUNGEN DER DREI KREUZMUSKELN

Am oberen Ende des Schienbeins befindet sich auf der Innenseite der Ansatz von drei Oberschenkelmuskeln: Der Schneidermuskel, der halbsehnige Muskel und der innere Schenkelmuskel, die zusammen die Gruppe der Kreuzmuskeln bilden. Diese drei Muskeln enden in einem Sehnenband, das sich sechs bis zehn cm auf der Innenseite des oberen Schienbeinendes hinzieht, bevor es auf den Schienbeinknochen übergeht. Zwischen diesem Sehnenband und dem Schienbein befindet sich ein die reibungslose Gleitbewegung erleichternder, besonders großer Schleimbeutel.
  Wir erinnern daran, daß diese Muskelgruppe zwei Funktionen hat, nämlich die Beugung des Knies zu bewirken und die Innenrotation des Schienbeins um den Oberschenkelknochen zu erleichtern.
  Eine Entzündung kann auftreten, wenn dieser Schleimbeutel unverhältnismäßig starken Belastungen ausgesetzt ist, die entweder durch eine schlechte Position der Schuhe auf den Pedalen oder durch ununterbrochene Anspannung dieser Muskeln hervorgerufen werden, die sich nach der Beugung nicht wieder vollständig strecken. Sie funktionieren nämlich als antagonistische Gruppe zum mächtigen vierköpfigen Oberschenkelmuskel. Der daraus resultierende Schmerz wird durch die ruckartige Fahrweise noch schlimmer, was die Tretbewegung weiter beeinträchtigt. So entsteht

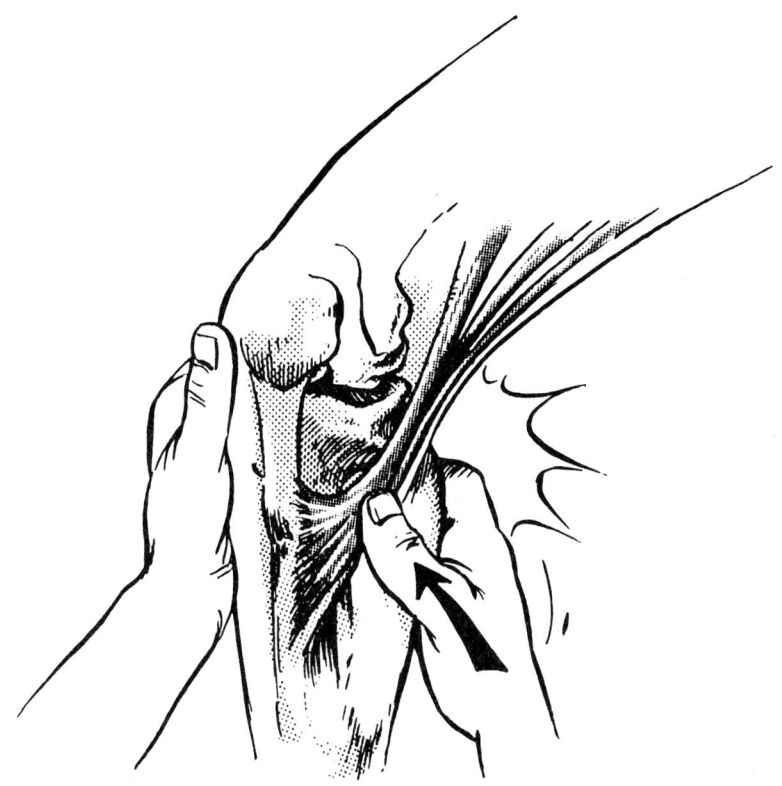

Durch die Entzündung der drei Kreuzmuskeln hervorgerufener starker Schmerz.

ein Teufelskreis, der zu Entzündungen der Sehnen-Schleimbeutel führt. Auch hier ist die Behandlung nicht einfach. Physiotherapie und Ruhe können manchmal Hilfe bringen. Ist das nicht der Fall, muß ein operativer Eingriff ins Auge gefaßt werden.

DIE BEHANDLUNG DER SEHNENENTZÜNDUNGEN

Sehnenentzündungen sind nicht leicht zu behandeln. Im Anfangsstadium genügen oft die bereits erwähnte Physiotherapie in Verbindung mit Eiskühlung und Fangotherapie.
– Der Patient muß absolute Ruhe wahren, mindestens drei bis fünf Wochen, manchmal bis zu drei Monaten, bevor ein operativer Eingriff in Erwägung gezogen wird.

– Die Eiskühlung, die mehrmals am Tag jeweils 20 Minuten durchgeführt wird, hat eine doppelte Wirkung: Sie hat entzündungshemmenden Einfluß und lindert leichte Schmerzen. Die Kühlung kann in Verbindung mit einer entzündungshemmenden Pomade, die während der Nacht dick aufgetragen wird, eine deutliche Besserung herbeiführen. Auch Physiotherapie und Heilgymnastik können die Behandlung wirkungsvoll ergänzen.

– Die Physiotherapie, zu der elektrische Behandlungsmethoden gehören, soll den Schmerz lindern und die Entzündung bekämpfen, was zur Reduktion des häufig mit örtlichen Entzündungen einhergehenden Ödems führt. Die zu therapeutischen Zwecken verwendeten Stromstärken sind Nieder- und Mittelfrequenz sowie Gleichstrom, bei dem durch „Ionophorese" der verletzte Bereich mit Ionen (elektrisch geladenen Teilchen) „beschossen" wird. Ultraschall- und Kurzwellen, und in selteneren Fällen die Radiotherapie, werden ebenfalls zur Behandlung herangezogen.

– Die Fangotherapie, oder die Behandlung mit warmem Mineralschlamm, muß nach einer ganz bestimmten Methode durchgeführt werden und sollte Spezialisten überlassen bleiben.

– Stützschienen zur Entlastung des erkrankten Glieds können nachts angelegt werden.

– Gipsverbände sorgen während einer bestimmten Zeitdauer für völlige Stillegung des erkrankten Glieds.

– Eine Schuheinlage zur Stütze der Ferse kann bei den Erkrankungen der Achillessehne die Spannung der Sehne mildern und ebenfalls zu ihrer Entlastung beitragen.

Diese Serie von Behandlungsmethoden wird oft durch Medikamente vervollständigt, zu denen vor allem entzündungshemmende, schmerzstillende und muskelentspannende Mittel gehören.

Das Training darf auch hier nur langsam und progressiv aufgenommen werden. Während dieser Periode ist eine gezielte Heilgymnastik sowie eine ärztliche Überwachung des Sportlers auf dem Gelände unerläßlich.

GRUNDREGELN ZUR VERHÜTUNG VON SEHNENENTZÜNDUNGEN

Wir wollen die Hauptursachen der Sehnenentzündungen, deren Beseitigung die eigentlichen Verhütungsmaßnahmen darstellen, noch einmal kurz zusammenfassen:

– Ernährungsfehler sind ein nicht unwesentlicher Faktor. Hier sei nur auf die vorrangige Bedeutung der Flüssigkeitsaufnahme und eines ausgewogenen, d. h. nicht zu großen Proteinkonsums bei der Verhütung von Sehnenentzündungen hingewiesen.

– Bestimmte Erkrankungen können das Auftreten von Sehnenentzündungen begünstigen, insbesondere:

● Zahnerkrankungen;

● Erhöhung des Blutcholesterins (Hypercholesterinämie);

● Erhöhte Plasmakonzentration der Harnsäure (Hyperurikämie = Gicht);

– Menschen mit ganz bestimmtem Körperbau sind besonders anfällig für Sehnenentzündungen. Personen mit hohem Fußgewölbe z. B. haben oft eine zu kurze Achillessehne, die infolge Überanstrengung zu Entzündungen neigt. –

Der „Teufelskreis" der Sehnenentzündungen, den man in den verschiedenen Stadien durch spezifische Behandlungsmethoden zu unterbrechen sucht.

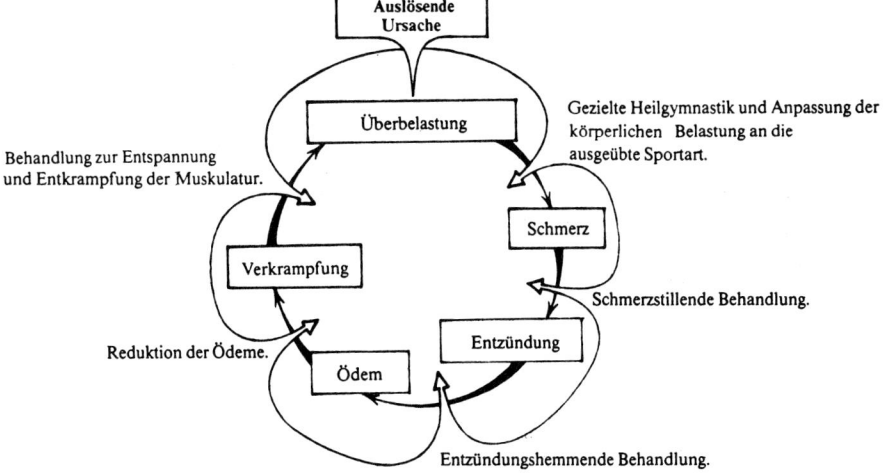

– Nach einem Schock, gleich welchen Ursprungs, muß die Wiederaufnahme der sportlichen Aktivitäten, vor allem bei Spitzenathleten, streng überwacht werden. Manchmal wird das Training ohne die nötige Kontrolle wieder aufgenommen, was neue Sehnenentzündungen hervorrufen oder die bereits bestehenden verschlimmern kann.

– Ein schlecht konzipiertes oder unzureichendes Trainingsprogramm kann sich schädlich auswirken. In diesem Zusammenhang sei an einige Grundregeln erinnert:

- Vor jeder Trainingsperiode und jedem Rennen sollte unbedingt eine Zeit zum Warmwerden und zur Muskelstreckung einkalkuliert werden.

- Beim Ausüben jeder sportlichen Disziplin sollten brutale Änderungen im Trainingsrhythmus vermieden werden; alle Modifikationen sind progressiv durchzuführen.

- Es ist wichtig, vor allem beim Radfahrer, die sich jeweils kontraktierenden Muskeln während der Tretbewegung zu beobachten, um festzustellen, ob keine funktionelle Anomalie der antagonistischen Muskelgruppen vorliegt.

- Die Einstellung des Rades muß vom Trainer sorgfältig kontrolliert werden. Eine schlechte Position des Sattels, ein zu hoher Lenker oder schlecht arretierte Schuhplatten sind die Erklärung und die Hauptursache einer Erkrankung.

SCHMERZEN DER FUSS-SOHLE

Es sei daran erinnert, daß der große Fersenbeinhöcker sich in der Mitte auf zwei Gruppen von Sehnen befindet:
– Oben: Der Achillessehne;
– Unten: Den Ansätzen der Fußsohlenmuskeln.
Der Bereich des Fersenbeins ist daher der Sitz großer gegensätzlicher Spannungen. Die durch die Tretbewegung hervorgerufenen ständigen starken Belastungen können winzige Verletzungen verursachen, die zu entzündlichen Prozessen im Bereich des Fersenbeins führen. Wenn der Endfortsatz der Achillessehne geschädigt ist, handelt es sich um die bereits

erwähnte Fersenbeinentzündung. Tritt die Schädigung an einer anderen Sehnenstelle auf, spricht man von Entzündungen der Sehnenansätze der Fußsohlenmuskeln. Der Schmerz tritt oft ganz plötzlich auf und macht die Tretbewegung äußerst beschwerlich.

Sehnenentzündungen der Fußsohlenmuskeln werden mit Physiotherapie, Fangotherapie und Elektrotherapie behandelt, was zu ihrer Heilung meist ausreicht. Ist das nicht der Fall, können Infiltrationen und Verabreichung von Cortisonpräparaten weiterhelfen. Orthopädische Schuheinlagen sind dagegen nicht zu empfehlen, weil sie keine wirkliche Besserung bringen. Auch die Chirurgie ist eine Notlösung und nur anzuwenden, wenn alle anderen Behandlungsmethoden erfolglos waren.

ZERRUNG DER SITZ- UND SCHIENBEINMUSKELN

Die Sitz- und Schienbeinmuskeln sind zwei starke Muskelgruppen, die auf dem Sitzbein ansetzen und auf dem Knie auslaufen. Sie sind Strecker (Extensoren) des Hüftgelenks und Beuger (Flexoren) des Kniegelenks. Wenn die Sitz- und Schienbeinmuskeln kontrahieren, muß sich der Quadriceps im Prinzip strecken. Das Zusammenziehen oder Kontrahieren der Muskeln ist die grundlegende Bewegung im Radsport.

Kontrahieren die beiden Muskelgruppen aus irgend einem Grund gleichzeitig, reagiert der wesentlich stärkere Quadriceps mit einer brutalen Dehnung der Sitz- und Schienbeinmuskeln, wobei es zu einer Zerrung einer oder mehrerer Gruppen von Muskelfasern kommen kann.

Meist wird die Zerrung nicht gleich bemerkt und die Bewegung fortgesetzt, bis vier oder auch sechs Stunden danach der Schmerz einsetzt. War die Dehnung besonders stark, kann das Schmerzgefühl schon früher auftreten, dann wird die Tretbewegung eine halbe Stunde später unmöglich.

Die Behandlung der Zerrungen und Dehnungen der Sitz- und Schienbeinmuskeln besteht vor allem in absoluter Ruhe. Bei weniger ausgeprägten Muskelzerrungen klingen die Symptome schnell von allein ab und verschwinden nach 10 bis 15 Tagen völlig. Bei starken Zerrungen hält der Schmerz dagegen lange an und klingt erst nach Wochen, ja sogar Monaten langsam ab. Wenn der Schmerz erneut auftritt, muß der Sportler vernünftig genug sein, um seine Trainingsbelastung konsequent zu reduzieren oder das Training ganz zu unterbrechen.

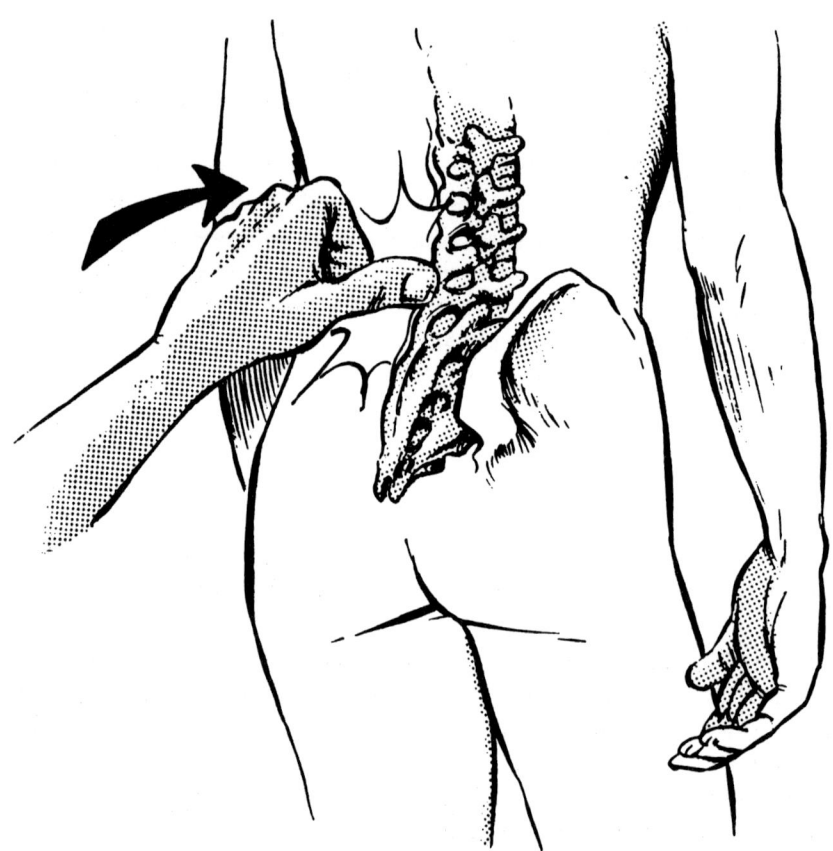

Lokalisierung eines Lendenschmerzes

LENDENSCHMERZEN

Das Verbindungsscharnier von Rumpf und Becken wird im Radsport ständig stark belastet. Dieses Lenden-Kreuzbeingelenk (Lumbo-Sakralgelenk) ist beim Menschen allgemein eine anfällige Zone, die insbesondere beim Radsportler zwei verschiedenen Belastungen ausgesetzt ist:

– Den durch die Bodenunebenheiten hervorgerufenen und durch die Fahrgeschwindigkeit verstärkten Belastungen, denen vor allem die Wirbel L5 – S1 und L4 – L5 standhalten müssen.

– Der unkontrollierten und anomalen Anspannung der neben der Wirbelsäule befindlichen Muskelgruppen.

Wenn die Tretbewegung nicht gleichmäßig und locker ausgeübt wird, d. h. in Ermangelung des „runden Tritts", beansprucht der Radfahrer seine

Lenden- und Kreuzbeinmuskeln zu stark, die auf das Verbindungsscharnier extrem, anomalen Druck ausüben. Sie sind der Ursprung von Lendenschmerzen, die manchmal durch Reizung des Ischiasnervs verschlimmert werden.

Flüssiger Fahrstil, bei dem die Rückenmuskulatur so entspannt wie möglich bleibt, ist für den Radfahrer von größter Wichtigkeit.

Die Arm- und Oberkörperhaltung sind ebenfalls entscheidend. Je tiefer der Oberkörper über den Lenker gebeugt ist, d. h. in waagerechter Rennhaltung, um so geringer sind die Spannungen im Bereich der Lendenwirbel, die sich zur Beugungsebene hin strecken müssen. Allerdings sind dieser gebeugten Position durch die Auf- und Abwärtsbewegung des Knies Grenzen gesetzt.

Die beste Methode besteht darin, den Sattel so hoch wie möglich einzustellen, damit sich der Körper, wenn die Hände den Lenker erreichen wollen, zwangsläufig nach vorn beugen muß. Die Sitzlänge (Distanz zwischen Sattel und Lenker) muß dabei natürlich dem individuellen Körperbau angepaßt sein.

Wenn der Radsportler diese verschiedenen Vorkehrungen trifft, können Lendenschmerzen vermieden oder zumindest Stärke und Zahl der Schmerzanfälle verringert werden. Falls diese trotz der oben genannten Maßnahmen auftreten, ist eine komplette Bilanz der Wirbelsäule angezeigt.

Lenden- und Ischiasschmerzen sind weder leicht noch schnell zu behandeln. Zuerst muß anhand von Röntgenaufnahmen und klinischen Untersuchungen festgestellt werden, ob eine Anomalie der Wirbelsäule vorliegt. Muskelverkrampfungen sind das Zeichen aller kleineren akuten oder chronischen, durch Störungen im Bereich der Gelenke, Knochen, Muskelansätze, Gelenkbänder, Gelenkkapseln oder Sehnen ausgelösten Anomalien des Bewegungsapparates, die sich durch eine schmerzerzeugende Reaktion der beteiligten Muskeln bemerkbar machen. Diese Verkrampfungen schränken die Bewegungsfreiheit ein, entweder weil die Verkrampfung den normalen Bewegungsablauf beeinträchtigt oder weil sie Schmerzen auslöst, die der Radfahrer zu lindern sucht.

Wie im Kapitel über Sehnenentzündungen beschrieben, sollte man sich immer den oben abgebildeten „Teufelskreis" vergegenwärtigen und wissen, wie die Symptome zu behandeln sind. Je nachdem es sich um eine kleinere, die Knochen betreffende mechanische Störung des eigentlichen Bewegungsablaufs oder um eine entzündliche Reflexreaktion der Muskeln, Bänder oder Gelenkkapseln handelt, wird die Behandlung anders ausfallen. Ist das Problem mechanischer Art, wird zuerst versucht, das geschädigte Glied durch einen chiropraktischen Eingriff einzurenken und anschließend durch Dehnungen der Wirbelsäule in Verbindung mit Massagen, Fangotherapie und Physiotherapie die ursprüngliche Bewegungsfähigkeit wiederherzustellen. Dann beginnt die eigentliche Heilgymnastik, deren Ziel entweder myotensiv (Dehnung der Muskeln), isometrisch (Verkürzung der Muskeln) oder propriorezeptiv (Schulung des Bewegungsempfindens) sein kann. Eine Besserung wird oft auch durch Aushängungen, Dehnlagerungen oder Dehn-Schüttelungen erzielt. Nach Röntgenaufnahmen und klinischen Untersuchungen kann ebenfalls auf korrektive orthopädische Schuheinlagen zurückgegriffen werden.

Handelt es sich dagegen um einen entzündlichen Prozeß, so wird die Ursache direkt behandelt, und zwar wieder mit Elektrotherapie, Fangotherapie, Massagen und Muskeldehnungen, bevor – wenn sich Erfolg eingestellt hat – zu einer gezielten Heilgymnastik übergegangen wird.

In beiden Fällen wird die Behandlung, je nach Schmerzintensität, durch Ruhe und entsprechende Medikamente vervollständigt, zu denen meist entzündungshemmende, schmerzstillende und die Entspannung der Muskeln fördernde Präparate gehören. Auch örtliche Infiltrationen können manchmal Erfolg bringen. Falls sich jedoch trotz dieser Behandlungsmethoden keine Besserung einstellt, kann man es mit dem vorübergehenden Tragen eines Stützkorsetts versuchen.

Wenn neben dem Lendenschmerz noch Schmerzen in den unteren Gliedmaßen auftreten, ist ein Bandscheibenvorfall nicht ausgeschlossen. Auch in solchen Fällen ist die Behandlung nicht leicht. Ein chiropraktischer Eingriff und entzündungshemmende Mittel genügen oft nicht, so daß operative Behandlung nötig wird.

SCHMERZEN AM ELLENBOGENFORTSATZ

Radfahrer setzen ihre Ellbogen, die zwischen Schulter und Handgelenk die Rolle eines Stoßdämpfers spielen, großen Belastungen aus. Es ist daher nicht erstaunlich, daß manchmal Schmerzen am Ellbogenhöcker (am Hakenfortsatz der Elle oder Olecranon) auftreten können. Lange Radtouren fördern den chronischen Verlauf dieser Beschwerden. Bei einer Untersuchung löst ein Druck auf den Ellbogenhöcker heftigen Schmerz aus. Auf dem Röntgenbild des Ellbogens ist manchmal eine Wucherung in Form einer Knochennadel zu sehen. Meist lindert die Physiotherapie die schmerzhaften Beschwerden. Bleiben diese jedoch bestehen, so wird eine operative Entfernung der Knochennadel nötig, mit der meist ein gutes Resultat erzielt wird.

Diese wenigen Beispiele zeigen deutlich die Bedeutung, die der Wahl des Materials und allen Einstellungen am Rad zukommt, wenn der Radsport ohne jeglichen Schaden betrieben werden soll.

Der Mensch muß gut funktionieren und die Maschine in gutem Zustand sein – aber das Geheimnis des Radsports liegt in ihrer harmonischen gegenseitigen Beziehung.

Eine Mannschaft, in der Trainer, Arzt und Ingenieur mitarbeiten, hat die größten Erfolgschancen auf ihrer Seite.

UNTER MEDIZINISCHER AUFSICHT

Mindestens einmal im Jahr sollte eine gesundheitliche Bestandsaufnahme gemacht werden, die über das körperliche Befinden Aufschluß gibt.

Das bedeutet, daß man sich nicht mit einer Routineuntersuchung zufrieden geben darf, bei der lediglich Größe, Gewicht, Brustumfang des Sportlers und diverse ähnliche Details kontrolliert werden. Ein praktischer Arzt kann untersuchen, ob der Körper im Hinblick auf den mechanischen Bewegungsablauf gut funktioniert, aber es ist besser, einen Sportarzt zu konsultieren, der den Radsport kennt.

Über eine allgemeine gesundheitliche Bestandsaufnahme hinaus sollte sich der Sportler vor allem auf zwei verschiedenen Gebieten eingehenderen Untersuchungen unterziehen:

– Einer Untersuchung der Herz- und Lungenfunktionen anhand einer Testserie, welche die sportliche Befähigung der Testperson ermittelt.

Wir wollen hier nur das Elektrokardiogramm (im Ruhezustand, unter Belastung und nach der Belastung) und die eigentlichen Leistungstests erwähnen, durch die das maximale Sauerstoffaufnahmevermögen (SAV max), die mit dem Anlaufen des anaeroben Stoffwechsels übereinstimmende Herzschlagfrequenz und die maximale Herzfrequenz festgestellt werden.

– Biologische Untersuchungen, die über die Arbeitsweise des Organismus im Hinblick auf den Zellstoffwechsel, eventuelle Ernährungsfehler und Mangelerscheinungen – vor allem Mineralsalzmangel – Aufschluß geben.

Eine Blutuntersuchung (Cholesterin, Blutzucker, Blutfett, Harnsäure) zur Kontrolle der Ernährungsweise ist ebenfalls unerläßlich.

Diese gründlichen Untersuchungen liefern einerseits eine seriöse Basis zur Aufstellung eines Trainingsprogramms, sie helfen andererseits, die meist unpassenden Eßgewohnheiten der Sportler zu ändern, um ihnen zu ausgewogener Ernährungsweise zu verhelfen. Da jeder Mensch seine Besonderheiten hat, muß jeder auch seine Bedürfnisse auf diesen verschiedenen Gebieten kennen, und vermeiden, blind sogenannte allgemeingültige Rezepte zu befolgen. Wer seine physischen Möglichkeiten kennenlernen will, sollte die oben beschriebenen Untersuchungen mindestens zweimal pro Saison, bei der Wiederaufnahme des Trainings und während der Periode der Wettkämpfe, durchführen lassen.

Auch ein Zahnarztbesuch ist unerläßlich. Zahnerkrankungen können Ermüdung und Leistungsabfall verursachen und so die schönsten Trainingspläne zunichte machen. Sie müssen entdeckt und behandelt werden, bevor sie heimtückisch die Gesundheit untergraben.

Schließlich versteht es sich von selbst, daß eine Zusammenarbeit zwischen dem behandelnden Arzt, dem Trainer und dem Sportler die beste Gewähr für Gesundheit und Erfolg bietet.

Was ich dem Radsport verdanke

Radfahren hat mir schon immer viel Spaß gemacht, daran hat sich bis heute, vor meiner letzten Rennsaison, nichts geändert.

So erstaunlich das vielleicht scheinen mag, Radfahren war für mich immer ein Spiel, selbst wenn die Beine dabei ab und zu weh tun.

Ich fahre oft um den Sieg, bin aber auch gern im Rennen der Drahtzieher, gleich wie es ausgeht.

An diesem Spiel lasse ich meine Teamgefährten teilhaben; so baut sich eine echte Mannschaft auf. Man sollte nicht immer alles für sich selbst beanspruchen.

Ich lebe nicht wie ein Mönch; das Leben macht mir Spaß und ich genieße es! Ich arbeite hart, nichts ist mir zuviel, aber wenn ich mir selbst eine Freude machen will, tue ich das, sogar mitten in der Rennsaison. Das ist gut für den Kopf – eine Frage der Dosierung und der Organisation.

Warum Radsport und nicht irgend eine andere Sportart? Die Frage gab es für mich gar nicht, das hat sich alles ganz von selbst entschieden. Der Radsport hat mir die Möglichkeit gegeben, jedes Terrain kennenzulernen, von der Ebene bis zum Hochgebirge. In keinem anderen Sport ist das in diesem Maß möglich, für mich ist das ausschlaggebend. Nach all den Jahren, in denen ich durch die Rennen so viel herumgekommen bin, genieße ich immer noch die Landschaft, durch die ich fahre; selbst im härtesten Wettkampf vergesse ich nie, die Umgebung zu betrachten. Radfahren ist ein anspruchsvoller Sport!

Durch ihn habe ich mich ganz verwirklichen können, indem ich mein Bestes gegeben habe, manchmal bis an die Grenze meiner Kraft. Die enorme Anstrengung hat mir oft geholfen, den nötigen Abstand zu finden, wenn ich ein schweres Problem zu lösen hatte. Außer bei Rennen fällt mir das Abreagieren auf dem Rad nicht so leicht wie anderen, obwohl ich auch gerne Radtouren fahre. Der bloße Versuch, auf zwei Rädern, vor allem mit dem Mountain-bike in Wäldern und im freien Gelände, das Gleichgewicht zu halten, ist für mich schon eine Ablenkung.

Das Radsportmilieu? Da gibt es, wie in jedem anderen Milieu, Gutes und Schlechtes. Man muß sich an das Gute halten.

Der Erfolg, der mir im Radsport zuteilgeworden ist, hat mich mit vielen bekannten Persönlichkeiten aus anderem Milieu, Sportlern anderer Disziplinen, Künstlern, Ärzten, Ingenieuren oder Geschäftsleuten in Verbindung gebracht. Durch diese Kontakte habe ich viel dazugelernt... und bin noch nicht am Ende! **Bernard Hinault**

Ein Herz fürs Radfahren

Mit zehn Jahren Eroberung eines neuen Gleichgewichts auf einem kleinen, auf dem Dachboden aufgestöberten Fahrrad; ganze nur mit Radfahren verbrachte Tage; heiße Luft, die die Wangen rötet, und Dorfstraßen, die sich heben, senken, drehen... ohne Ende unter der Sommersonne. Hinter den letzten Häusern kurze Streifzüge quer durch die Felder...

Mit 13 Bergtouren und Eskapaden im Herzen der Vogesen, von einem Tal ins andere, Proviant auf dem Gepäckträger. Endlose Fahrten hinunter in die Ebenen, die in der Augusthitze brüten. Limonadenstops in kleinen Wirtshäusern am Rande verlassener Dorfplätze. Nachfüllen der Trinkwasserflaschen, schweißüberströmt, über moosbedeckten Trögen, an denen die Kühe bei Sonnenuntergang trinken. Lange Kinderträume und aufmerksames Lauschen auf das Murmeln rieselnder Bäche unter Tannen; trunken von der belebenden klaren Luft; grünes Paradies der Poesie, die in den Schulbüchern gelehrt wird.

Mit 16 Explosion der physischen Kraft, höherer Sattel, neu eingestellte Pedalhaken, mit nichts zu vergleichende Freude, immer schneller, höher, weiter und länger fahren zu können und dabei auf den Sieg Louison Bobets – des Vorbilds – in der Tour de France hoffen. Eine Spur Verachtung für die Automobilisten in ihren Metallkisten, bei dem herrlichen Wetter! Eingestandene Genugtuung beim Anblick der sich klar unter der Haut abzeichnenden Muskeln und diskrete Freude, morgens beim Aufwachen im hellen Gasthofszimmer, das Herz langsamer schlagen zu fühlen. Mut, 100, dann 200 und bald darauf 300 km in einem Zuge zurückzulegen; ganz Frankreich mit ein paar Kurbelumdrehungen zu durchqueren, Rhythmus in den Beinen und den Kopf voll von der Schönheit der Landschaft. Entzücken im Morgendämmern, nach einem Nachtstart, beim Flußaufwärtsfahren am Loire-Ufer. Begeisterter Ansturm der Hochgebirgsgipfel: Je steiler, desto stärker die Emotionen; und das erste Rennen, unvergeßlich, über 150 km, mit fest angezogenen Schuheisen, die Nase über dem Lenker, der ganze Körper gespannt wie ein Pfeil, der auf sein Ziel zufliegt.

Mit 18 wilde Runden um die Rennbahn von Longchamp, zusammen mit den echten Rennfahrern, auf einem 15 kg schweren Rad mit Ballonreifen.

Mit 22 Kauf des ersten Rennrads, gleich Spitzenqualität, Avenue de la Grande Armée in Paris. Vom ersten Sold – er reichte gerade.

Damit wollen wir es genug sein lassen!

Ich liebe das Fahrrad – von jeher.

Claude Genzling

NICHTS FÜR SONNTAGSRADLER

Dieter Kreutzkamp
12.000 Kilometer Australien und Neuseeland
Mehr als 12.000 Kilometer radelten Dieter Kreutzkamp und seine Frau durch Australien, die ehemalige Sträflingsinsel Tasmanien und Neuseeland. Daraus entstand dieses faszinierende Reisehandbuch mit praktischen Hinweisen.
188 Seiten, 94 Abb., davon 24 in Farbe, geb.,
32,–   Best.-Nr. 50090

Arne Krötzinger
Allein durch Island per Fahrrad
Ausgerechnet Island hatte sich Arne Krötzinger zum Ziel seiner Fahrrad-Expedition gesetzt. Sein Erlebnisbericht bringt dieses Land zwischen Feuer und Eis sehr nahe.
184 Seiten, 96 Abb., davon 16 in Farbe, geb.,
29,–   Best.-Nr. 50071

Stefan Etzel
Mit dem Fahrrad unterwegs
Stefan Etzel weckt die Lust an der aktiven Urlaubstour und radelt mit uns durch die Seiten. Er hilft, das Rad tourentauglich auszurüsten, berät bei der Routenauswahl und Vorbereitung.
174 Seiten, 74 Abb., brosch.,
29,80   Best.-Nr. 50089

Siegfried Rauch
Mein Fahrrad
Radfahren macht Spaß, ist gesund und schont die Umwelt. In sechs ausführlichen Kapiteln wird umfangreiches Wissen über den richtigen Umgang mit dem Fahrrad vermittelt. Ein Leitfaden für alle Fahrrad-Freunde.
168 Seiten, 163 Abb., geb.,
25,–   Best.-Nr. 10793

Bert Alfrink
Renn- und Sporträder
Mit anschaulichen Texten, vielen Zeichnungen und Fotos. Alles Wissenswerte über Technik, Wartung und Reparatur des Rennrades. Spezial-Informationen über Konstruktion, Werkstoffe, die Gangschaltung u.v.m. runden das Buch ab.
176 Seiten, 210 Abb., geb.,
32,–   Best.-Nr. 01139

Thomas Schulz
Außergewöhnliche Fahrradtouren
Nichts für Sonntagsradler: 12 mitreißende Reportagen von selbst erfahrenen Radtouren von Istanbul bis Gibraltar. Eine gelungene Mischung aus Abenteuer-Report und Ratgeber.
232 Seiten, 117 Abb., 12 Karten, broschiert,
29,–   Best.-Nr. 50016

Patrick Hettrich
Mit dem Fahrrad von Feuerland nach Mexiko
Patrick Hettrich fuhr allein durch Südamerika. In seinem Erlebnisbericht beweist der 20jährige, daß er ebenso gut schreiben kann wie radfahren kann.
192 Seiten, 100 Abb. und Karten, brosch.,
29,80   Best.-Nr. 50061

Postfach 10 3743 · 7000 Stuttgart 10

Änderungen vorbehalten

Sportrad bringt Sie voll auf Touren

In Sportrad erleben Sie die Faszination von Test und Technik, Sport und Reisen hautnah und detailliert

Das neue Sportrad erhalten Sie am Kiosk oder fordern Sie Ihr kostenloses Probeheft an.
☎ 07 11 / 20 43-336

sportrad
RÄDER RAT & SPORT